复杂系统可靠性分析在轨道交通供电系统中的应用

Complex System Reliability Analysis and Application in Rail Transit Power Supply System

何正友　著

科学出版社

北　京

内 容 简 介

轨道交通供电系统结构复杂、规模庞大,是典型的复杂系统。为提高轨道交通供电复杂系统的可靠性建模分析技术,本书作者提炼多年研究成果,总结并著成本书。

全书共 13 章,主要内容包括复杂系统可靠性分析模型的建立和方法的选择,地铁牵引供电系统、磁浮牵引供电系统、地铁综合监控系统、高速铁路"四电系统"等的可靠性分析,以及高速铁路系统的健康风险评估。全书体系完善、内容新颖,既有理论方法知识,又有工程实践案例,对复杂系统可靠性分析技术在轨道交通供电系统中的应用和发展具有重要价值。

本书可作为高等院校电气工程、系统工程相关专业师生的参考书,亦可供从事复杂系统设计、轨道交通运营的技术人员和管理人员阅读。

图书在版编目(CIP)数据

复杂系统可靠性分析在轨道交通供电系统中的应用＝Complex System Reliability Analysis and Application in Rail Transit Power Supply System/何正友著. —北京:科学出版社,2015
   ISBN 978-7-03-043408-1

   Ⅰ.①复… Ⅱ.①何… Ⅲ.①系统可靠性-分析方法-应用-城市铁路-轨道交通-研究 Ⅳ.①U239.5

中国版本图书馆 CIP 数据核字(2015)第 031343 号

责任编辑:范运年 / 责任校对:桂伟利
责任印制:张 倩 / 封面设计:无极书装

科学出版社 出版
北京东黄城根北街 16 号
邮政编码:100717
http://www.sciencep.com
文林印务有限公司 印刷
科学出版社发行 各地新华书店经销
*
2015 年 6 月第 一 版 开本:720×1000 1/16
2015 年 6 月第一次印刷 印张:17 1/4
字数:336 000
定价:98.00 元
(如有印装质量问题,我社负责调换)

序

自 20 世纪 60 年代,我开始从事铁道供电系统远动监控和综合自动化的理论研究和技术研发工作,面对的技术问题之一是,如何分析和提高通信系统、控制中心系统和 RTU 等的可靠性。我深感,在系统的规划、设计和运营中,对复杂系统的可靠性分析是极具挑战性的。

复杂系统普遍具有工况繁多、因素繁杂、信息繁巨和计算繁琐等特点,其可靠性分析需综合考虑多样的故障失效模式、多变的动态工况、不确定的系统特性、庞大的状态空间等因素。因此,根据不同复杂系统的应用特点,研究可靠性建模分析理论与方法,对准确评估系统可靠度及提高复杂系统的运行可靠性都具有重要意义。

轨道交通系统是国家重要的基础设施,在经济社会发展中起着中流砥柱的作用,轨道交通供电系统是列车的动力源泉,也正因此,轨道交通供电系统的故障(失效)将在经济和安全等方面产生严重的影响和后果。从系统的观点来看,轨道交通供电系统是涵盖一次、二次,包含软件和硬件,是一个开放的复杂系统,涉及季节环境、监控运营等多种因素,各子系统之间的关系较为复杂,系统间以及系统与外界交互频繁。可以预见,随着轨道交通供电系统的智能化,其复杂化程度还将加剧,这迫使研究人员不得不站在复杂系统的角度考查其可靠性。

该书作者何正友教授作为电力系统及其自动化领域的专家,多年来一直从事供电系统故障诊断与可靠性分析及其在轨道交通中的应用研究工作,培养了一批的博士和硕士研究生,获得多项科研和教学奖励。他带领团队取得的成果涵盖了地铁及磁悬浮牵引供电系统、地铁综合监控系统、高速铁路"四电系统"等复杂系统的可靠性建模分析,以及高速铁路复杂系统健康评估与风险评估,《复杂系统可靠性分析在轨道交通供电系统中的应用》一书正是对这些成果的总结与提炼。

该书内容涉及复杂系统可靠性基本理论、复杂系统可靠性分析模型的建立、轨道交通中多个典型复杂系统的可靠性分析,以及轨道交通复杂系统的健康风险评估。从模型和方法上看,该书包括了模糊理论、Kronecker 代数、Markov 链、动态故障树、高级 Petri 网、层次随机回报网等,讨论了它们在不同轨道交通系统的适用性,具有一定的指导性。同时,为便于理解,书中还给出了来源于工程实践的算例。

该书集中反映了轨道交通复杂系统可靠性分析的新技术,全书理论体系完善、分析方法精准、应用实例丰富,蕴含了复杂系统可靠性分析在轨道交通复杂系统应用的系列学术思想。相信该书的读者——高等院校教师、研究生以及从事相关领域的科技人员，能通过阅读该书了解与掌握轨道交通复杂系统可靠性分析的重要方面，例如：如何考虑系统失效的模糊性；如何根据不同系统的特点定义合适的可靠性指标；如何选择适应性强的可靠性分析方法；如何将复杂的轨道交通系统划分为多个子系统进行分析；如何利用不同时间尺度的信息对系统进行健康评估；如何计及环境因素进行系统的风险评估等。

　　复杂系统的可靠性分析和风险评估可以从概率的角度评价系统的运行状态，并发现系统的薄弱环节。面对实际工程中的复杂系统，我们可以采用基于概率模型的可靠性分析或风险评估方法，辅助系统规划、设计和运营，保证在较低的成本下提供较高的可靠性。期待在不远的将来，可靠性分析和风险评估技术能够在复杂系统中发挥更大的作用。

　　是以为序。

钱清泉

中国工程院院士

西南交通大学教授、博士生导师

国家轨道交通电气化与自动化工程技术研究中心主任

前　　言

随着社会经济和科技的发展,各类系统在结构、功能等方面日趋复杂,系统对可靠性的要求越来越高,从而对系统可靠性建模分析的准确性提出了更高的要求。复杂系统的可靠性分析,已成为可靠性发展的必然结果。

轨道交通系统作为典型的复杂系统,其结构复杂、规模庞大,各子系统功能需要由复杂的硬件系统和软件系统集成协同完成。因此,轨道交通复杂系统的可靠性建模分析成为复杂系统研究中的代表性难题。

传统可靠性分析方法在系统多故障模式、系统动态变化、状态空间较大、系统特性不确定等情况下,建模分析存在局限和困难,难以满足实际应用的要求。因此,针对轨道交通这一复杂系统的可靠性分析,应根据供电系统、监控系统等子系统侧重点的不同而采用不同的可靠性模型和分析方法。

以轨道交通复杂系统的可靠性建模分析为重点,近年来,作者在国家自然科学基金资助项目(50878188)、国家自然科学基金高铁联合基金重点项目(U1234203)、铁道部科技研究开发计划项目(2013J010-A)子课题、中国铁路总公司科技研究开发计划课题(2014J009-A)等项目的资助下,从模型建立和方法选择的角度,开展轨道交通复杂系统可靠性分析的研究,具体研究了地铁牵引供电系统、磁浮牵引供电系统、地铁综合监控系统、高速铁路"四电系统"等的可靠性分析,以及高速铁路系统的健康风险评估。这些具体系统中可靠性分析问题的研究,对于理论方法的验证和工程实践的指导都具有重要的价值。

全书共 13 章。

第 1 章概述可靠性及可靠性分析的定义、可靠性的研究进展和可靠性建模分析方法的研究现状,是对可靠性分析研究的宏观解读。

第 2 章概述复杂系统可靠性分析的背景与基础,包括复杂系统及可靠性的定义特点、建模分析方法,以及复杂系统可靠性分析的重点、热点、难点问题,是复杂系统可靠性分析研究的基础知识。

第 3～8 章阐述常用的复杂系统可靠性分析方法,包括动态故障树、高级 Petri 网、层次随机回报网、Markov 链、Kronecker 代数等的原理和具体步骤、模糊理论,是对可靠性分析具体方法的介绍。

第 9～11 章详述城市轨道交通牵引供电系统、地铁综合监控系统、高速铁路"四电系统"等具体系统的可靠性建模分析实例,是复杂系统可靠性分析的典型应用。

　　第 12 章详述中短时间尺度下的高速铁路牵引供电系统健康评估模型和方法,包括多因素评价模型的建立和因素权重的确定方法,同时给出了具体实例,是复杂系统可靠性分析在不同时间尺度上的拓展应用。

　　第 13 章详述外部环境因素作用下的高速铁路牵引供电系统风险状态评估模型和方法,包括气象关联模型的建立和雷击灾害风险评估方法,同时给出了具体实例,是复杂系统可靠性分析在计及外部环境因素作用下的拓展应用。

　　本书由何正友著,部分章节参照总结了博士研究生于敏、程宏波及其硕士研究生曾德蓉等的相关研究成果,符玲、杨健维、于敏、臧天磊、唐进和王玘等参与了本书的整理工作。在本书的撰写过程中,参考和引用了哈尔滨理工大学张国志教授、南京航空航天大学王华伟副教授、太原工业学院原菊梅副教授等国内外学者的研究成果和文献资料。同时,本书得到了科学出版社和西南交通大学电气工程学院的大力支持,以及西南交通大学钱清泉院士的悉心指导。在此一并谨表衷心谢忱!

　　复杂系统可靠性分析及应用领域的研究成果浩如烟海,囿于作者水平,书中难免会有不妥之处,敬请读者批评指正,以便在修订时加以完善。

作　者

2014 年于西南交通大学

目　　录

第 1 章　可靠性分析概论

可靠性分析是伴随航空工业和军事技术的应用而发展起来的,随着人类社会经济和科技的发展,可靠性技术指标作为产品质量最重要的指标之一,早已受到世界各国的高度重视。任何产品和技术都是以可靠性为基础的,因为科学技术的发展要求高可靠性,现代工业生产过程需要贯穿可靠性,维修使用阶段依赖可靠性。系统的不可靠会造成经济和人员的重大损失,也可能对国家的军事、政治声誉产生严重后果。因此,目前现代可靠性分析技术已经逐步渗透社会生产和生活的多个领域,除了在家用电器、汽车工业等发生故障不会造成很大社会经济影响的领域中得到了应用,还在核工业、电力工业、大型重工业等发生故障后会带来严重社会经济影响的领域中得到了广泛应用。

随着科学技术的进步,各类系统的结构日趋复杂、功能日臻完善,对可靠性的要求也越来越高,但达到高可靠性的难度却大大增加。同时,大规模重要系统的大量涌现,以及运行环境的多样化等现状决定了迫切需要从系统的角度研究可靠性,这是可靠性发展的必然结果,也是从经验教训中总结出的规律。钱学森教授曾明确指出:不论是技术领域或经济领域,若研究一个大而复杂的系统,就不能不考虑它的可靠性,不仅要研究其各个组成部分的可靠性,更要研究系统整体的可靠性。可见,系统可靠性已成为不可忽视的重要问题。

1.1　可靠性定义及可靠性分析

可靠性是指产品或系统在规定的条件下、规定的时间内,完成规定功能的能力。其中,产品可以泛指任何系统、设备和元器件。规定条件、规定时间和规定功能构成产品可靠性定义的三个要素。

规定条件包括使用时的环境条件和工作条件。例如,同一型号的列车在不同地区和不同季节条件下行驶,其可靠性的表现就有所不同,要谈论产品可靠性就必须指明其规定的条件。

规定时间是指产品规定的任务时间。可靠性分析贯穿于产品的全寿命周期,在产品不同阶段进行可靠性分析的途径和方法是不同的。随着产品任务时间的增加,产品出现故障的概率将增加,而产品的可靠性将下降。例如,一台机车用了 10 年后和刚刚出厂时相比,它发生故障的概率显然会大很多。因此,谈论产品的可靠性离不开规定的任务时间。

　　规定功能是指产品规定的必须具备的功能及其技术指标。要求产品功能的多少和其技术指标的高低,直接影响产品可靠性指标的高低。例如,轨道交通系统的主要功能有加大运输力量、提升运输速度和缓解交通拥堵,那么规定的功能是三者都要,还是仅需要列车能够载运乘客就行,得出的可靠性指标是完全不同的。

　　可靠性分析包括定性的可靠性分析和定量的可靠性分析。定性的可靠性分析包括故障模式影响危害性分析法(Failure Mode、Effect and Criticality Analysis,FMECA)、故障树分析法(Fault Tree Analysis,FTA)、事件树分析法(Event Tree Analysis,ETA)和可靠性框图法(Reliability Block Diagrams,RBD);定量的可靠性分析包括可靠性模型和可靠性统计数据分析。

　　可靠性分析指标可使用概率指标或时间指标,具体包括可靠度、失效率、平均无故障工作时间、平均失效前时间、有效度等。例如,典型的失效率曲线是浴盆曲线,分为三个阶段:早期失效期、偶然失效期和耗损失效期。早期失效期的失效率为递减形式,即新产品失效率很高,但经过磨合期,失效率会迅速下降;偶然失效期的失效率为一个平稳值,意味着产品进入了一个稳定的使用期;耗损失效期的失效率为递增形式,即产品进入老年期,失效率呈递增状态,产品需要更新。

　　可靠性分析研究的基础是可靠性数据。通过可靠性数据分析技术,从可靠性数据中有效挖掘出关于产品可靠性的多层面和多角度的状态信息。可靠性数据分析是一种既包含数学理论又包含工程实际的分析方法,是通过收集系统或者单元产品在研制、试验、生产和维修中产生的可靠性数据,并依据系统的功能或可靠性结构,利用概率统计方法,给出系统可靠性指标的定性和定量估计。

1.2　可靠性发展及我国研究进展

1.2.1　可靠性发展

　　可靠性的提出至今已有 60 余年,其发展可分为以下三个阶段。

　　(1) 第一阶段,20 世纪 30～40 年代,可靠性研究初期发展阶段。这一时期经历了两次世界大战,战争中运输工具和武器装备的大比例因意外事故而失效,使得人们注意到并开始研究这些意外事故发生规律,这就是可靠性问题的提出。到第二次世界大战末期,德国火箭专家 Lussen 首次把 V-Ⅱ火箭诱导装置作为串联系统,利用概率乘法,求出其可靠度为 75%,标志着对系统可靠性研究的开始。

　　(2) 第二阶段,20 世纪 50～60 年代,可靠性技术发展形成阶段。这一时期世界上不少发达国家都注意到产品可靠性问题,并对可靠性问题进行了深入的研究,大体上确定了可靠性研究的理论基础和研究方向。

　　1952 年,美国军事部门、工业部门和有关学术部门联合成立了"电子设备可靠性咨询组"(Advisory Group on Reliability of Electronic Equipment, AGREE);1975 年提出了《军用电子设备可靠性报告》,该报告首次比较完整地阐述了可靠性理论及研究方向,从此可靠性研究的方向大体被确定下来。1954 年,美国召开了第一次可靠性和管理学术会议。1962 年,召开了第一届可靠性与可维修性学术会议及第一届设备故障物理学术会议,将对可靠性的研究发展到对可维修性的研究,进而深入产品故障机理方面的研究。20 世纪 60 年代以后美国大约 40%的大学开设了可靠性工程课程。

　　日本是在 1956 年从美国引进可靠性技术的。1958 年日本科技联盟(Japanese Union of Scientists and Ergineers, JUSE)成立了可靠性研究委员会,1971 年日本召开了第一届可靠性学术会议。日本虽然开展可靠性工作较晚,但其注意到将可靠性技术推广运用到民用工业部门,取得了很大的成功,大大提高了其产品的可靠度,使其高可靠性产品(如汽车、彩电、冰箱、收录机、照相机等)畅销全世界,也正是日本人率先预见了今后产品竞争在于可靠性的竞争。

　　1962 年英国出版了《可靠性与微电子学》杂志。同时法国国立通信研究所也成立了"可靠性中心",进行可靠性数据的收集与分析,并于 1963 年出版了《可靠性杂志》。

　　苏联从 1950 年开始注意到可靠性问题,并开始对可靠性理论及其运用进行研究。20 世纪 60 年代初开始从技术、组织上采取措施,提高产品可靠性,促进了可靠性技术的发展。

　　(3) 第三阶段,20 世纪 70 年代以后,可靠性进一步发展的国际化时代。可靠性引起国际的高度重视,1977 年国际电工委员会(International Electrotechnical Commission, IEC)设立了可靠性与可维修性技术委员会,负责协调各国的可靠性用语及定义、可靠性管理、数据的收集等。可靠性研究已经由电子、航空、宇航、核能等尖端工业部门扩展到电机与电力系统、机械、动力、土木等一般产业部门,扩展到工业产品的各个领域。如今,提高产品的可靠性已经成为提高产品质量的关键。在全球化的趋势下,只有那些高可靠性的产品才能在日趋激烈的市场竞争中幸存下来。不仅如此,现在国外还把对可靠性的研究工作提高到节约资源和能源的高度来认识,力求通过可靠性研究来延长使用期,通过有效的可靠性分析设计达到有效利用材料、减少工时和产品轻便化。

1.2.2　我国可靠性研究进展

　　我国对可靠性问题的研究起步较晚,20 世纪 60 年代进行了有关可靠性研究的开拓性工作,但直到 70 年代末、80 年代初可靠性研究才重新受到重视。特别是80 年代初,伴随着全面质量管理的兴起和质量意识的深入,可靠性研究的重要性逐渐被人们所意识。同时,人们也认识到提高产品的可靠性必须从设计、制造等方面开始,虽然会使产品的设计费用、元件成本和制造成本增加,但是因产品减少了维修、提高了使用寿命,总的经济效益将得到大幅度提高。可靠性研究在我国的发展主要表现在以下几个方面。

(1) 行业相继成立了可靠性学术组织。1979 年,中国电子学会成立了可靠性与质量委员会。1981 年,中国数学学会成立了可靠性专门委员会。1984 年,中国汽车工程学会成立了汽车可靠性专门委员会。1987 年,中国机械工程专业管理委员会成立了机械可靠性专门委员会。此外,还成立了"中国电子元器件质量认证委员会"和"电子电工产品可靠性与维修性标准化委员会"等机构。

(2) 制定和颁布了一批可靠性标准。1981 年颁布了第一个可靠性和实验系列标准国标 GB 2689—81《寿命实验和加速寿命实验》,根据其编写的《可靠性实验及其统计分析》成为我国可靠性研究人员自行编制的具有较大影响的重要参考书目;1982 年颁布了第一个可靠性标准国标 GB 3187—82《可靠性基本名词术语》。此外,还相续颁布了一系列国家标准,如 GB 4885—85《正态分布完全样本可靠度单侧置信下限》,GB 5085—86《设备可靠性实验有关标准》,GB/T 7289—1987《可靠性、维修性与有效性预计报告编写指南》,GB/T 3187—1994《可靠性、维修性术语》,DL/T 861—2004《电力可靠性基本名词术语》;以及一些可靠性的行业标准:DL/T 989—2005 直流输电系统可靠性评价规程;GB/T 21194—2007 通信设备用的光电子器件的可靠性通用要求;GB/T 21562—2008 轨道交通可靠性、可用性、可维修性和安全性规范及示例;GB/T 7163—2008 核电厂安全系统的可靠性分析要求;GB/T 14394—2008 计算机软件可靠性和可维护性管理等。

(3) 召开可靠性相关会议。2000 年,北京航空航天大学筹办了"第一届发动机可靠性学术讨论会";2001 年,湖南省召开了"线损、无功电压、可靠性会议";2002 年,召开了"第二届全国结构安全性与可靠性学术会议";2002 年 10 月,在大连召开了"全国可靠性学术交流会";2009 年 7 月,在成都召开了"第八届国际可靠性、维修性、安全性会议(ICRMS'2009)";2014 年 8 月,在广州召开了"第十届国际可靠性、维修性、安全性学术会议(ICRMS'2014)";2014 年 11 月,在上海召开了中国区首届"国际可靠性技术应用亚太区研讨会(ARS)"。此类学术交流会议主要集中在机械工程方面,可靠性分析的应用主要集中在航空、航天和军事方面。

从目前的可靠性研究现状来看,我国的可靠性研究发展较晚,在理论、实践和运用方面都有待于进一步深入研究探讨。

1.3　可靠性建模和分析方法的研究现状

系统可靠性研究是对目标系统的可靠性水平进行综合分析,为系统可靠性设计、分配和改进等提供理论依据。对于功能、层次、属性较少的系统,系统可靠性研究是确定评价指标并求解的过程,即是可靠性建模和分析的过程,此时系统可靠性研究方法实际上也就是系统的可靠性建模和分析方法。现行通用的系统可靠性建模和分析求解方法主要包括解析法、模拟法及混合法。

解析法主要有故障模式影响及危害性分析法(FMECA)、可靠性框图法(RBD)、故障树分析法(FTA)、动态故障树(Dynamic Fault Tree, DFT)分析法、Markov 过程分析法、Petri 网分析法等;模拟法主要指 Monte Carlo 模拟法;而混合法是综合使用解析法与模拟法,充分利用解析法模型精确、物理概念清楚的特点,以及利用 Monte Carlo 模拟法具有能够求解规模超出解析法求解能力的特点。

1) FMECA

FMECA 可分为两步,即故障模式及影响分析(FMEA)和危害性分析(CA)。FMEA 为自底而上的可靠性定性分析方法,通过对系统各组成单元潜在的故障模式及对系统功能的影响进行分析,可确定系统的薄弱环节,并为发现及消除故障提供依据;CA 是按每一故障模式的严酷度类别及发生概率产生的影响进行分类,以便全面地评价各种可能故障模式的影响。CA 仅可作为 FMEA 的补充和扩展,但若将 FMECA 单独应用于系统可靠性分析,则由于故障之间的因果关系表达不明确而不能体现系统与组件之间的信息传递,所以一般将其与 FTA 等其他方法相结合来使用。

故障模式影响后果分析法在体系上是一种提高系统和设备可靠性的设计方法。将系统划分为不同的子系统,分析可能发生的故障模式,并将每一个潜在的故障模式按其严重程度予以分类,提出可能采取的设计、预防和改进措施。

图 1-1 所示的轨道交通牵引供电接触网的基本结构,利用 FMECA 进行可靠性分析,首先需要建立 FMEA 表。

根据轨道交通牵引供电接触网的结构、工作原理及日常维护工作,可建立接触网的 FMEA 表如表 1-1 所示。

在接触网 FMEA 表的基础上,可以建立完整的故障树模型。因此,FMEA 是进行后果分析和 FTA 的基础。

2) RBD

RBD[1-3]是最早和最基本的传统可靠性分析方法,是一个自上而下的可靠性分析方法,可表示系统功能与系统组件之间的可靠性关系,故 RBD 是系统和组件功能逻辑结构的图形表示。对于 RBD 的量化评估,可使用布尔技术、真值表或割集分析等方法依据结构进行计算,得到系统的可靠性指标值,并用于系统可靠性分析。

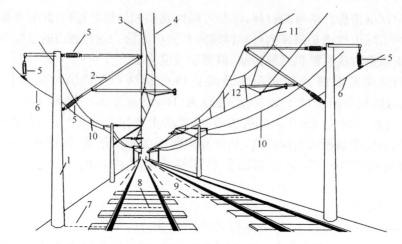

图 1-1　轨道交通牵引供电接触网的基本结构

1-支柱；2-腕臂；3-承力索；4-接触线；5-绝缘子；6-馈线；7-支柱基础；8-钢轨连线；
9-上下行钢轨连线；10-回流线；11-弹性吊索；12-吊弦

表 1-1　接触网的 FMEA 表

序号	部件	失效模式	后果影响	检验方式	应对措施
1	接触线	断线、磨损超限、电气烧伤	接触网失电、行车中断	检测车检测、人工巡视检查	及时维修与更换
2	承力索	断线、弛度不符合标准	接触网悬挂不符合标准、弓网耦合故障、打弓、钻弓	检测车检测、人工巡视检查	及时维修与更换
3	吊弦	断线、电气烧伤、疲劳超限	接触网悬挂不符合标准、弓网耦合质量差	检测车检测、人工巡视检查	及时维修与更换
4	线夹	松动、电气烧伤	接触线定位不符合标准要求	检测车检测、人工巡视检查	及时维修与更换
5	定位器、定位器支座	弯曲过度、脆裂	定位装置失效	检测车检测、人工巡视检查	及时维修与更换，调整定位器和定位管坡度
6	定位钩、定位销钉套管	电气烧伤、断裂	定位装置失效	检测车检测、人工巡视检查	及时维修与更换，调整定位器和定位管坡度
7	斜腕臂、水平腕臂	磨损、断裂	支持装置失效	检测车检测、人工巡视检查	及时维修与更换
8	承力索座、定位环、套管双耳	腐蚀超度、疲劳开裂	支持装置的连接故障	检测车检测、人工巡视检查	及时维修与更换
9	支柱	倾斜、倒塌	塌网、行车中断	人工巡视检查	及时维修与更换
10	支柱基础	下沉、不牢固	支柱倾斜甚至倒塌	人工巡视检查	及时维修与更换
11	绝缘子	破损、闪络击穿	绝缘水平降低、短路故障	人工巡视检查	及时维修与更换

RBD 以功能框图为基础,依靠方框和连线的布置,绘制出系统各个部分(或其组合)发生故障时对系统功能特性的影响,具有很强的逻辑直观性。RBD 最基本的模型有串联、并联、备用、表决等。RBD 的特点是简单、直观,能够表征基本的系统结构,但只是一种静态的建模和分析方法,难以描述系统部件(或子系统)之间存在的时序、相依、受环境条件影响等较为复杂的系统关系。

RBD 主要用于对简单的两状态系统进行分析。串联结构是指任意单元发生故障,就会导致结果发生故障的一种模式,该结构如图 1-2 所示。图中,$E_i(i=1,2,\cdots,n)$ 表示系统的各单元或子系统,设其可靠度分别为 $R_i(t)$,$i=1,2,\cdots,n$,则系统的可靠度 $R_s(t)$ 可表示为

$$R_s(t)=R_1(t)R_2(t)R_3(t)\cdots R_n(t) \tag{1-1}$$

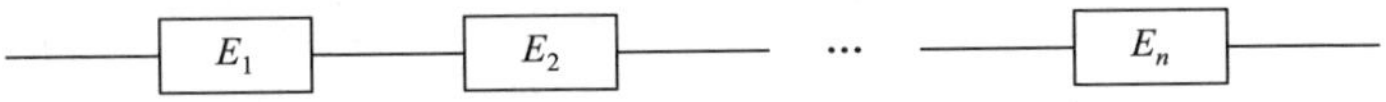

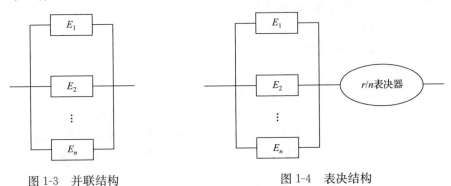

图 1-2　串联结构

例如,各单元的寿命服从指数分布,且 $R_i(t)=\mathrm{e}^{-\lambda_i t}(t>0)$,式中,$\lambda_i$ 是第 i 个单元的失效率。串联系统的可靠度为 $R_s(t)=\prod\limits_{i=1}^{n}\mathrm{e}^{-\lambda_i t}=\mathrm{e}^{-\sum\limits_{i=1}^{n}\lambda_i t}=\mathrm{e}^{-\lambda_s t}$。

并联结构是指当且仅当所有单元都发生故障,才会导致结构发生故障的一种模式。并联结构的可靠性框图如图 1-3 所示。

系统的可靠度可表示为

$$R_s(t)=1-[1-R_1(t)][1-R_2(t)]\cdots[1-R_n(t)] \tag{1-2}$$

如果系统由 n 个单元组成,当且仅当至少有 r 个单元正常工作时,整个系统才能正常工作,这种模式称为表决结构。表决结构的可靠性框图如图 1-4 所示。

图 1-3　并联结构　　　　　　　图 1-4　表决结构

当系统中 n 个单元相同时,系统的可靠度可表示为

$$R_s(t)=R_m(t)\sum_{i=r}^{n}C_n^i R_i(t)\left[1-R_1(t)\right]^{n-i} \tag{1-3}$$

式中，$R_m(t)$ 表示表决器的可靠度。

3）FTA[4-6]

故障树在 1961 年由贝尔实验室首次提出，是一种用于表明系统哪些部件的故障或外界事件，导致系统发生某种给定故障之间关系的逻辑图。故障树将顶事件、中间事件、底事件及逻辑门连接成树形逻辑图，描述了系统中各种事件之间的因果关系。这种图形化的方法清楚易懂，使人们对描述事件之间的逻辑关系一目了然，而且便于对多种事件之间复杂的逻辑关系进行深入的定性、定量分析。故障树分析的关键是获得最小割集或最小路集，通过将最小割集或最小路集进行不交化处理获得顶事件的故障概率。最小割集或最小路集的求法有上行法、下行法、Petri 网法[7,8]和二元决策图（Binary Decision Diagram，BDD）法[9,10]等，其中二元决策图法是目前应用最多的方法。传统的故障树模型一般是关于清晰事件的静态模型，一方面没有考虑故障发生的时序关系；另一方面也没有涉及模糊事件的处理，因此遇到动态时序关系和模糊事件时，采用故障树法进行可靠性建模和分析将十分困难。近年来，国内外提出了 DFT[11-13]和模糊故障树[14-16]的概念，将具有动态时序关系的部分采用 Markov 过程理论分析求解，将模糊事件采用模糊数学的方法进行分析处理，并取得一定的进展，但其实际应用的效果还需要做进一步的探索与验证。

FTA 同样是自上而下的可靠性分析方法，它可以表示系统特定事件（不希望发生的事件）与其构成组件故障事件间的逻辑关系，即从最顶端开始到最底端，依次确定系统功能级别的故障模式。FTA 把系统失效的各种因素联系起来，易于找到系统薄弱环节。故障树的定性评价一般是基于最小割集的，最小割集是所有可能导致系统故障（即顶事件发生）的部件故障的组合，它们不仅是定性评价的主要结果，还是定量评价的基础；定量评价一般以顶事件的故障概率或失效率等定量数据及各组件的概率重要度等作为最后的评价，简单系统可以由人工直接分析，但遇到复杂系统的故障树模型时，则需要借助计算机编制相应的软件才能解决相应问题。

传统的 FTA 是一种基于静态逻辑或静态故障机理的分析方法，对于具有顺序相关性、容错性和冗余（冷、热备件）等特性的系统可靠性分析是无能为力的，DFT 分析法通过引入表征上述动态特性的新逻辑门符号，并建立相应的 DFT 进行系统的可靠性分析，是解决具有动态特性系统可靠性分析的有效途径。

4）Markov 分析法

Markov 分析法主要利用 Markov 理论，通过数学模型评价系统在具体时间间隔处于各状态的概率，通过系统的状态转移图构造转移矩阵并用于系统可靠性的计算。

Markov 分析法由俄国科学家 Markov 于 1907 年提出，并于 1951 年被引入可靠性建模和分析中。Markov 过程的基本概念是"状态"和"状态转移",Markov 模型法通过系统的状态及状态转移构造相应的结构函数,进而建立 Markov 模型,并由模型建立相应的微分方程,再通过求解微分方程来对系统的可靠性进行分析和求解。

Markov 过程最大的特征就是系统下一刻状态只与当前状态有关,而与之前状态无关,因此 Markov 模型法要求系统部件、元器件的寿命和维修时间满足指数分布,但实际中很多系统并不满足这个条件。为解决此问题,在 Markov 模型法的基础上衍生了半 Markov 模型法[17,18]和补充变量法[19,20]等。Markov 模型法存在的另一个问题就是模型的状态数会随着系统复杂度的增加而急剧膨胀(即 NP 问题),这很大程度上增加了模型建立和求解的困难。为此,研究人员提出了多种方法来简化模型,如分解法[21]、聚合法[22]、状态删减法[23]等,大多数方法都是通过对系统建立一个完整的模型,然后对完整模型进行简化分析而得到结果。模型的简化必须建立在对系统结构和部件重要性有充分了解的基础上,即便是同一系统,如果工作方式不一样,则简化方法和简化模型也将不一样,这很大程度上增加了方法的烦琐性;此外,由于对模型进行了简化,其得到的结果也必定存在一定误差,与系统实际的可靠性有一定差距。

Markov 过程适合于评价具有复杂失效与维修模式的可维修系统可靠性,当系统各部件的寿命分布和故障后的修理时间分布及其他出现的有关分布均为指数分布时,适当定义系统的状态,可采用图形方式(状态转移图)建立系统的可靠性模型,然后用 Markov 过程来分析系统可靠性;但若相关分布为非指数分布的情形,则此时系统构成的随机过程不是 Markov 过程,因此需要借助更新过程、补充变量等方法进行分析。

5) Petri 网分析法[24,25]

Petri 网在 1961 年由德国的 Petri 博士在其博士论文中首次提出,Petri 博士用 Petri 网对自动机通信进行了描述,并取得了很大的成功,后来该方法成为离散时间动态系统建模的一种重要工具。Petri 网用图形符号表示事件的原因和结果之间的关系,着眼于系统状态描述及状态的动态变化,兼有图形化建模和数学计算能力,为复杂系统的集成化建模、分析和评价提供了良好环境。近些年,它被引入可靠性领域,并日益受到重视。Petri 网分析法在可靠性领域最初的应用是采用随机 Petri 网进行系统可靠性建模,并通过随机 Petri 网状态空间与 Markov 链同构的性质对系统可靠性进行分析求解。建立 Markov 模型的过程往往相当复杂,而 Petri 网更接近设计者的系统描述思维,因此其建模过程比 Markov 模型法相对简单得多。由于随机 Petri 网模型采用 Markov 过程理论进行求解,所以要求系统部件的寿命和维修时间服从指数分布,并且随着系统规模的增大,状态空间同样存在指数爆炸的问题。目前主要的解决方法是一方面对非指数分布情况采用计算机仿真法进行仿真求解;另一方面采用层次化法、提高抽象度、进行等效变换等方法简化模型,由此衍生出一系列高级 Petri 网模型,如广义随机 Petri 网[26]、着色 Petri 网[27]、混合 Petri 网[28]、面向对象 Petri 网[29]等,在对一些特定类型系统的研究中取得不错的效果。但一般的高级 Petri 网模型还存在两个主要问题:①难以描述部件故障的强关联性和工作条件的影响;②模块结构不够清晰,模型对系统结构与部件的变化比较敏感。

Petri 网及其扩展形式已成为系统可靠性研究的热点,目前用于可靠性分析的 Petri 网主要有随机 Petri 网(Stochastic Petri Net,SPN)、广义随机 Petri 网(Generalized SPN,GSPN)[30]及随机回报网(Stochastic Reward Net,SRN)[31]三种形式,其中,SPN 把变迁与随机的指数分布实施延时联系起来,一个 SPN 同构于一个 Markov 链;GSPN 是 SPN 的一种扩充,将变迁分成瞬时变迁与延时变迁两类,是缓解状态爆炸的有效途径;SRN 是 GSPN 的进一步扩充,主要表现在系统的可靠性度量可以用回报形式表达,并在 GSPN 的基础上通过添加弧权变量、变迁实施函数及变迁实施优先级方面做了扩展。

6) Monte Carlo 分析法

可靠性分析的模拟法是指 Monte Carlo 分析法,仿真的基本原理是:某事件的概率可以用大量试验中该事件发生的频率来估算,当样本容量足够大时,可以认为该事件的发生频率即为其概率。Monte Carlo 仿真按一定的步骤在计算机上模拟随机出现的各种系统状态,即用数值计算方法模拟一个实际的过程,从大量的模拟试验结果中统计出系统相应的可靠性指标,具有适应性强、算法及程序结构简单、随机模拟的次数与系统规模无关等优点,适合进行复杂系统的可靠性计算,但其计算精度往往受到各种因素的限制。

7) 模糊分析法

模糊分析法是利用模糊数、区域数等进行可靠性分析的方法。模糊数是模糊可靠性常用的方法,该方法把零件或系统单元的可靠性参数用模糊数描述,以模糊数描述可靠度,因而从一定程度上依赖人的主观意识。模糊数的隶属函数虽然并不一定确实可信,但是比舍去模糊信息,用精确值表示可靠度更接近于真实程度。它反映了人们对模糊信息的一种认识,是对实际情况的一种逼近。在进行可靠性计算时,因为存在不同论域的模糊数且获得的隶属函数形式也不尽相同,应将不同论域归一到同一论域,并将其隶属函数形式归一成同一形式。由于梯形模糊数与三角模糊数为线性分布隶属函数,所以一般将其他形式的模糊数都统一转化为梯形模糊数或三角模糊数参加运算。区域数作为特殊的模糊数也经常用于模糊可靠性分析,模糊数的运算可利用模糊集合的扩展原理或利用区间数的运算法则进行。目前利用模糊数进行系统可靠性分析多采用与故障树方法相结合的方法,即采用模糊概率取代精确的概率值,并根据模糊数学中的扩展原理引入模糊数及其运算规则定义模糊故障树与门和或门等的模糊算子进行模糊定量分析。目前关于可维修系统的模糊可靠性研究主要集中在模糊事件、精确概率情形时的模糊可靠性,如文献[32]利用模糊随机过程理论研究了可修单部件系统的模糊有效度和模糊可靠度,文献[33]利用 Markov 过程在定义隶属函数的基础上,基于模糊状态的理论对可修表决系统的模糊可靠性进行了分析。

上述的可靠性方法在一定条件下对系统的传统可靠性分析与模糊可靠性分析都取得了较好的成效,但这些研究方法还存在某些局限或有待改进,如 FMECA 需要对系统可能的故障模式和影响比较熟悉,所以很难对具有多故障模式的复杂系统进行可靠性分析;RBD 与 FTA 等静态分析方法虽然可以用图形化的方式描述系统和组成单元之间的故障逻辑关系,但却难以分析可维修系统动态变化过程中的可靠性;Markov 分析法与 Petri 网分析法等动态可靠性分析方法的图形化建模能力可使模型被直观地描述,并具有较强的数学计算能力。但是,这样的方法对于复杂系统的可靠性建模难以用计算机实现,尤其当系统状态空间较大时,模型的可读性下降,使得状态空间的确定和系统特性的分析困难等,故部分算法由于建模复杂或模型分析的困难,难以满足实际应用的要求,这些都是需要进一步解决和完善的问题。同时,考虑对不同问题的可靠性分析时,应根据侧重点的不同,选择不同的分析方法,因此利用何种方法来对具体系统进行可靠性模型分析是要解决的首要问题。

1.4　本章小结

本章概述了可靠性的定义、发展阶段、分析方法和研究现状。在此基础上,本书后续章节将重点围绕复杂系统可靠性的研究,在复杂系统可靠性定义、内容、方法和建模分析应用等方面,具体详细地予以阐述。

1.5　本书整体结构

本书以可靠性分析的概述为基础,介绍复杂系统可靠性分析的背景和基础,再对复杂系统可靠性的分析方法进行深入细致的研究,总结完善系统的可靠性模型,具体介绍轨道交通可靠性研究的建模、分析和健康风险评价方法,再具体论述可靠性分析方法在轨道交通(高铁、地铁等供电系统和综合监控中)可靠性分析及健康风险评估中的应用。本书的整体结构如图 1-5 所示。

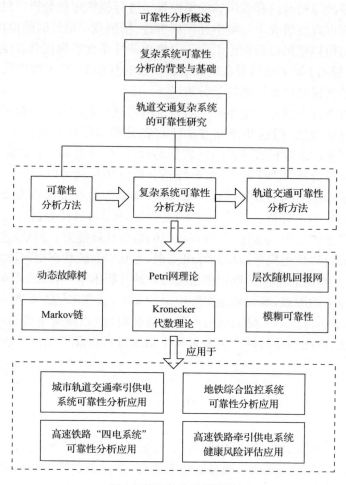

图 1-5　本书的总体结构

参 考 文 献

[1] Staley J E, Sutcliffe P S. Reliability block diagram analysis[J]. Microelectronics Reliability, 1974, 13(1)：33-47.

[2] Bennetts R G. Analysis of reliability block diagrams by Boolean techniques[J]. IEEE Transactions on Reliability, 1982,31(2)：159-166.

[3] Rausand M, Hoyland A. System Reliability Theory：Models, Statistical Methods and Applications[M]. 2nd ed. New York：Wley-Interscience, 2004.

[4] Lee W S, Grosh D L, Tillman F A, et al. Fault tree analysis, methods, and applications-areview[J]. IEEE Transactions on Reliability, 1985,34(3)：194-203.

[5] Averett M W. Fault tree analysis[J]. Risk Analysis, 1988,23(1)：463-464.

[6] 朱继洲. 故障树原理和应用[M]. 西安：西安交通大学出版社,1989.

［7］ Liu T S,Chiou S B. The application of Petri nets to failure analysis[J]. Reliability Engineering and System Safety，1997,57(2)：129-142.

［8］ 胡昌华,陈新海. 由 Petri 网模型求系统最小割集的自顶向下法[J]. 系统工程与电子技术，2000，22(4)：74-76.

［9］ Rauzy A. New algorithms for fault tree analysis[J]. Reliability Engineering and System Safety,1993,40(3)：203-211.

［10］ Zhou J L,Sun Q. Reliability based on binaiy decision diagraxns[J]. Journal of Quality in Maintenance Engineering，1998,4(2)：150-161.

［11］ Dugan J B, Bavuso S J,Boyd M A. Dynamic fault-tree models for fault-tolerant computer systems[J]. IEEE Transactions on Reliability，1992,41(3)：363-377.

［12］ Cpin M，Mavko B. A dynamic fault tree[J]. Reliability Engineering and System Safety，2002,75(1)：83-91.

［13］ 季会媛. 动态故障树分析方法研究[D]. 长沙：国防科技大学,2002.

［14］ Singer D. Fault tree analysis based on fuzzy logic[J]. Computers and Chemical Engineering，1990,14(3)：259-266.

［15］ Weber D P. Fuzzy fault tree analysis[C]. Proceedings of the 3rd IEEE Conference on Fuzzy Systems. Orlando，FL，USA，1994:1899-1904.

［16］ 赵艳萍,贡文伟. 模糊故障树及其应用研究[J]. 中国安全科学学报,2001,11(6)：31-34.

［17］ Caravetta M,De Dominicis R,DEsposito M R. Semi-Markov process in modelling and reliability：a new approach[J]. Applied Mathematical Modelling，1981,5(4)：269-274.

［18］ Perman M' Seneqacnik A,Tuma M. Semi-Markov models with an application to power-plant reliability analysis[J]. IEEE Transactions on Reliability，1997,46(4)：526-532.

［19］ 曹晋华,程侃. 可靠性数学引论(修订版)[M]. 北京：高等教育出版社,2006.

［20］ 董海鹰,李军. 双机冗余系统的非马尔可夫模型研究[J].铁道学报,2001,23(6)：35-38.

［21］ Ramirez-Marquezj J E,Jiang W. On improved confidence bounds for system reliability[J]. IEEE Transactions on Reliability，2006,55(1)：26-36.

［22］ Bobbio A，Trivedi K S. An aggregation technique for the transient analysis of stiff markovchains[J]. IEEE Transactions on Computers，1986,35(9)：803-814.

［23］ 蒋乐天. 系统可靠性分析方法及软件可靠性技术研究[D]. 上海：上海交通大学,2003.

［24］ 林闯. 随机 Petri 网和系统性能评价[M]. 2 版. 北京：清华大学出版社,2005：1-14.

［25］ Schneeweiss W G. Petri nets for reliability modeling[M]. Berlin：LiLoLe-Verlag GmbH，1999.

［26］ Carneiro J S A, Ferrarini L. Reliability analysis of power system based on generalized stochastic Petri nets[C]. Proceedings of the 10th International Conference on Probabilistic Methods Applied to Power Systems. Rincon，Puerto rico，2008：425-436.

［27］ Robidoux R, Xu H P,Xing L D, et al. Automated modeling of dynamic reliability block diagrams using colored Petri nets[J]. IEEE Transactions on Systems，Man，and Cybernetics Part A：Systems and Humans，2010,40(2)：337-351.

［28］ 金光. 动态系统可靠性建模与高可靠度系统仿真研究[D]. 长沙：国防科技大学,2000.

［29］ Jiang Z B,He J M. Stochastic object-oriented Petri nets (SPONS) and its application in modeling of manufacturing system reliability[J]. Chinese Journal of Mechanical Engineering (English Edition)，2003,16(3)：272-276.

[30] Ramos G，Sanchez J L，Torres A，et al. Power systems security evaluation using Petri net[J]. IEEE Transactions on Power Delivery，2010，25(1)：316-322.

[31] 张平，卢人庆，梁斌. 空间机器人遥操作管理系统可靠性分析和建模[J]. 华南理工大学学报(自然科学版)，2008，36(1)：8-12.

[32] 莫文辉. 单部件维修系统的模糊可靠性[J]. 机械科学与技术，1996，15(5)：678-680.

[33] 徐勇，侯朝桢，罗莉. 基于模糊状态的可修表决系统可靠性分析[J]. 北京理工大学学报，2000，20(6)：698-702.

第 2 章　复杂系统可靠性分析的背景与基础

2.1　大规模重要系统可靠性研究的意义

在提高系统性能的同时,随之而来的是系统结构与功能的复杂化。其中,系统结构复杂化体现在系统的硬/软件结构、冗余结构的广泛应用及网络的复杂拓扑结构等方面,系统功能复杂化体现在系统具有多种功能,而结构与功能的复杂化无疑使得系统可靠性分析的意义大增。

近年来,航空航天、电力、核电站、高速铁路等复杂、高风险系统的可靠性分析备受重视,此类大型重要系统一旦发生故障,将造成重大的经济损失和严重的社会影响。因系统不可靠而造成的重大事故及环境污染是极其严重的,例如,苏联切尔诺贝利核电站爆炸事件轰动全世界;印度博帕尔惨案,大量致命性毒气在联合碳化厂(union carbide factory)泄漏,造成上千人丧生;美国三里岛核电站放射性物质泄露造成严重污染;美国"挑战者"号航天飞机失事,导致上亿美元的经济损失和七名宇航员丧生;美国发射的"先锋号"卫星,由于一个价值 2 美元的元器件失效,整个系统管理 220 万美元的损失;美苏合作发射的载人卫星,因返回器失灵造成宇航员丧命等。这些事例均证明了大规模重要系统可靠性研究的必要性和迫切性。

针对大规模重要系统,其可靠性分析已成为系统研究中较为突出的难题。例如,轨道交通系统中的地铁系统作为一个复杂系统,结构复杂、规模庞大,其综合监控系统是由大量互相联系、互相依存的硬件、软件构成的,系统的功能在复杂硬件及软件共同支持下才能完成。硬件或软件故障都可能引起系统失效,但硬件与软件的失效原理又有所不同,例如,硬件故障是由于物理性能退化或环境干扰造成的,软件故障是与设计有关的软件缺陷。同时,硬件与软件之间是相互影响的,软件通过"故障-容错"的方法可以消除硬件故障对系统造成的影响,未预料到的硬件失效又会使运行于其上的软件失效,而系统的关键设备如服务器、工作站等,它们的硬件与运行于其上的软件又往往是由不同厂家提供的,硬件失效对软件失效的影响将给系统的可靠性带来变数。因此,对此类系统的可靠性分析不但要考虑硬件、软件的区别,还要考虑两者之间的相互作用关系,相对于小型系统的可靠性分析难度大增。

目前,可靠性分析理论研究已经进入瓶颈阶段,而大规模重要系统的可靠性更是亟待研究的问题。

2.2　复杂系统可靠性概述

2.2.1　复杂系统的定义和特点

复杂系统是指具有复杂性属性的系统,其拥有大量交互成分,内部关系复杂且不确定,行为具有非线性,不能由全部局部属性来重构总体属性,也不能通过局部特性来形象或抽象描述整体系统的特性。在工程中,复杂系统通常是指由多个简单子系统按一定结构组成的综合性系统。随着现代社会的迅速发展,特别是近二十年来,各种技术取得了突破性的进展,各种系统向着综合化、电子化、集成化、普遍化等方向发展,导致系统规模越来越庞大、结构越来越复杂,如火箭发射系统、核能发电控制系统、轨道交通运行系统、电网及牵引供电系统等。

一般来说,复杂系统具有以下特点:从定性上看,复杂系统具有开放性、多时性、非确定性、扰动性、非线性、自相似性、混沌现象与病态结构等特点;从定量上讲,具有高阶次、高维数、多输入/输出、多回路与多层次特点。所有这些都表现为复杂系统的非线性、演化性、适应性、涌现性、进化性和自治性,其中非线性与涌现性是复杂系统本质的特点。非线性是指不能用数学的线性模型描述的系统特性,大部分乃至系统整体都存在着非线性,这也是产生系统复杂性的根本原因;涌现性是指复杂系统构成组分间存在的相互作用形成的复杂结构,在表现组分特性的同时传递着其作为整体而新生的特性。

2.2.2　复杂系统可靠性分析的定义

复杂系统的可靠性分析[1]是指计及系统的复杂结构和庞大规模,以及各种复杂性条件而进行的可靠性研究。系统越复杂,其承载的信息量越大、重要性越高、功能越强、应用范围越广,一旦系统失效,带来的损失将是巨大的,甚至是灾难性的。系统复杂性的提高导致了可靠性问题的日益突出,如果能够快速、有效、准确地对复杂系统的可靠性进行研究,则无论对正确估计实际系统的性能,还是进行可靠性增长设计、减少投资、减轻风险,都具有极为重要的意义。因此,复杂系统可靠性研究既有重要的理论意义,又有实际的应用价值。

复杂系统可靠性分析问题已成为一个被相关部门和不同学科学者高度重视的系统分析问题,具体应考虑的复杂性条件包括以下内容。

(1) 复杂系统的工作条件。系统的工作条件既包括自然环境条件(如温度、湿度、气压和电压等),又包括人为工作条件(如系统操作人员的身心状况、专业素养、熟练程度等)。复杂系统由于结构复杂、规模庞大,以及应用广泛,势必受到工作条件的影响。一方面,影响因素众多且影响程度不一,难以用定量的指标来表征;另一方面,产生影响的条件大多具有不确定性和多变性,很难建立精确的数学模型对其进行描述和分析。

(2) 复杂系统的子系统层次。复杂系统通常具有多个子系统模块和多层结构,而每个模块和层次又都由不同的部件或子功能模块组成,因此子模块的状态并不足以代表整个系统的状态。同时,由于系统结构和运行机理的复杂性、现实条件的限制,以及主观认识上的局限性,系统的某些部件、子功能的运行状态是不可测量或无法定量分析的。因此,对于复杂系统,采用传统的方法与手段将很难对其可靠性进行全面而有效的评估。

(3) 复杂系统的动态变化特性。复杂系统不仅系统结构复杂、规模相对较大,而且各个部件或子系统之间的关系密切、关联性强,子系统之间相互作用和渗透影响,使得复杂系统通常具有比较特殊和复杂的动态特性(如部件失效率变化规律、系统失效形式等)。因此,复杂系统的可靠性研究与简单系统的可靠性研究存在本质的区别。

由此可见,一方面,对复杂系统可靠性的要求越来越高;另一方面,复杂系统可靠性的研究也越来越困难。因此,本书在分析复杂系统可靠性中,将主要针对上述的复杂工作条件、复杂功能层次结构、动态变化特性等关键问题对轨道交通复杂系统可靠性进行综合分析。

2.2.3　复杂系统可靠性分析的特点

对于复杂系统,其规模庞大、结构层次复杂且涉及较多影响因素,并且各子系统的功能地位不同、各影响因素的评价指标不一。因此,需要建立一套包括子系统的划分、各组分权重的确定、功能层次交互模型、可靠性结果输出等内容的完整有效的分析方法。目前,对复杂系统的可靠性综合分析,大都直接采用故障树分析法、可靠性框图法、模糊综合评价法[2-4],或在模糊综合评价体系的基础上进行改进得到其权重确定方法等。不同的分析方法各有各的优缺点,都需要与复杂系统自身的特点相结合,才能采取最适合的方法。具体来说,复杂系统的可靠性分析具有以下特点。

(1) 复杂系统结构的复杂性增加了可靠性分析的难度。由于复杂系统结构复杂,其故障机理复杂,尤其是在故障机理不清楚的情况下,将会大大增加可靠性分析的难度。即使在复杂系统可靠运行的情况下,仍可能存在多种不明形式的故障隐患,这些故障隐患在一定的触发条件下,就可能演化为故障,甚至重大故障,对系统的运行和安全都可能产生重大的影响。

(2) 复杂系统可靠性分析是典型的小样本问题。复杂系统可靠性分析的小样本特点贯穿于其全寿命周期。在设计阶段,由于复杂系统结构的复杂性,在设计阶段无法对其所有的子系统做完整的可靠性验证试验,再加上受到研制成本和研制周期的影响,进行较大样本量的全系统试验耗费巨大,不具有可行性,而且复杂系统对可靠性要求极高,决定了复杂系统很少处于故障状态,因此很难采集到充分的故障样本。

(3) 复杂系统可靠性分析的方法具有综合性。从全寿命周期角度来看,复杂系统在设计阶段和运行阶段运用的可靠性分析方法各不相同,设计阶段重点体现的是对可靠性增长和可靠性验证的分析。可靠性增长分析体现的是如何提取可靠性信息,可靠性验证分析与验收和拒收的决策密切相关。在复杂系统运行阶段,往往由于采集不到故障数据,其研究的重点主要涉及如何将间接数据转化为支持可靠性分析数据的问题。可靠性分析主要是通过随机过程描述可靠性或其性能的变化,而不是通过可靠性数据的寿命分布计算和分析可靠性。

2.2.4　复杂系统可靠性的建模分析

根据上述复杂系统可靠性的自身特点,在复杂系统可靠性研究中可以分为以下几种情况。

1. 动态特性复杂的复杂系统可靠性建模分析

动态特性复杂的复杂系统通常指一些结构简单、规模较小、属性单一,但相对于其结构、规模,具有较为特殊或复杂动态性质的系统。这类复杂系统通常与简单系统(如串联系统、并联系统、混联系统、表决系统等)具有相同或者相似的结构,因此可以采用针对简单系统的常规可靠性理论进行建模分析。但是,这类复杂系统通常直接面向实际应用,还应考虑其在不同的工作环境下其动态性质的特殊性和复杂性。

对动态特性复杂的复杂系统进行可靠性建模分析的方法主要有两种:一是基于对应的同结构简单系统已有的可靠性模型和分析结果,根据复杂系统的动态性质,对其简单系统可靠性模型和分析结果进行修正和扩展,从而获得复杂系统的可靠性指标[5],但这种方法通常比较烦琐且需要较多的数学方法和技巧,对研究人员的要求很高;二是对于部件寿命和维修时间服从指数分布的系统,由于指数分布与Markov过程的密切关联性,绝大部分情况下都可采用Markov模型法进行该类系统可靠性的建模分析[6-8]。

目前动态特性复杂的复杂系统可靠性建模分析主要需要解决两个问题:一是现有模型的修正和完善问题,由于系统动态性质的复杂性,以及工作环境的多样性,现有的系统模型和分析结果具有较大局限性,需要在对现有模型修正和完善的基础上,再对可靠性分析结果进行修正和补充;二是系统动态性增大,导致可靠性指标难以精确求解的问题。

2. 运行条件复杂的复杂系统可靠性建模分析

运行条件复杂的复杂系统是指系统在实际运行时,其可靠性同时受到多个运行条件的影响,且各个运行条件变化情况不一致的系统。对于该类复杂系统的可靠性分析,主要存在两个问题:一是系统在各种运行条件下的可靠性参数(如失效率、修复率或平均失效前时间(MTTF)等)的取值难以获得;二是如何对不同的运行条件进行数学描述,并体现在可靠性指标设计中。

对于第一个问题,国内外已有不少相关研究,主要的方法包括综合环境试验法[9]、降级危险函数模型法[10,11]、模糊 Markov 模型法[12]等。这些方法在一定程度上解决了一些实际问题,但都存在一定的缺点,例如,综合环境试验法和降级危险函数模型法要求进行大量的可靠性试验和统计分析,这对于一些昂贵、小样本的系统,显然很难满足要求。模糊 Markov 模型法属于解析法,一方面,当系统部件数较多时,会导致 NP 问题;另一方面,当工作条件较多且变化较剧烈时,会导致计算量的急剧加大和所得结果的不合理扩大。另外,以上方法只是通过估计工作条件对失效率和修复率等参数的影响范围来进行系统可靠性的研究,并未解决不同运行条件下的可靠性分析方法。

文献[13]、[14]首先将云理论引入可靠性领域,分别建立了电子类产品的适应能力模型和工作条件模型,并通过云发生器将两者融合生成 MTTF 云,较好地解决了上述两个问题。但文献[13]、[14]的方法只是针对单个部件或元器件,并没有涉及系统的可靠性建模和分析。文献[15]在文献[13]、[14]研究成果的基础上,提出了基于受控混合随机 Petri 网的系统可靠性建模和分析方法,并在复杂条件影响下的系统可靠性研究上取得了较好的效果,但在反映各工作条件对系统可靠性的独立性影响上,描述能力尚有不足。文献[16]借鉴了文献[13]、[14]的方法,将云模型与可靠性框图法相结合,对复杂条件下的串-并联系统可靠性进行了有效的建模和分析。文献[17]将云模型与故障树法相结合,对复杂条件下的自动监测系统进行可靠性建模和分析,获得了良好的效果。但以上文献都是反映环境条件对系统可靠性的影响,对于人因条件对系统可靠性的影响并没有涉及。

3. 结构层次关系复杂的复杂系统可靠性建模分析

复杂功能层次系统一般指功能模块和层次较多,且功能属性、影响因素和评价因素不一的一些系统。对于此类系统,各功能模块独立性较大,每个模块、层次大都由不同的部件组成,部分部件或功能的失效并不代表整个系统的失效。

另外,系统结构和运行机理的复杂性、现实条件的限制,以及人们认识上的局限性,可能会导致系统的某些部件、功能或者整个系统的真实状态不可测或无法精确量化。因此,对于此类系统,采用可靠度、可用度、MTTF 等指标作为系统的可靠性评价已经失去意义。实际中人们更多关注的是系统在规定的条件和时间内，能在多大程度上保持规定功能的能力，因而很多时候复杂功能层次系统的可靠性综合评价也等效于系统的保能性或性能评价。

对于复杂功能层次系统的可靠性综合评价，一般采用定量/定性测试与定性评价的方式，目前对此比较适合的方法是模糊综合评价方法，大多数此类系统的可靠性综合评价方法，或是直接采用模糊综合评价方法，或是在模糊综合评价体系上进行改进得到[18-21]。

各种方法的区别主要体现在综合模型、权重确定、评价集表示及评价结果输出上。由于各部件、功能的属性和评价因素不一，要进行系统可靠性的综合评价必须将其进行同一化处理，以获得某种综合评价指标。

综合模型也就是获得可靠性综合评价指标的过程，目前用得较多的综合模型是加权模型[2,3,20,21]和雷达图模型[18,19]。加权模型通过将各部件或功能的某种指标进行加权计算，获得综合评价指标，但加权指标的选取不一而论，如果选取不合适，那么可能并不能反映系统的真实情况，例如，文献[2]、[3]采用各子功能对评价子集隶属度的加权值作为综合评价指标，而文献[20]、[21]采用各子功能指标的云重心偏离度的加权值作为综合评价指标。雷达图模型采用相对值对各项功能指标进行同一化处理，通过将系统各功能构成雷达图，取实测时雷达图的面积与额定功能时雷达图的面积之比作为综合评价指标。雷达图能在一定程度上反映系统的功能瓶颈，但要求功能指标可实测或量化，因此很难适应系统包含定性指标或半定性半定量指标的情况。权重确定包括环比评分法（DARE 法等）[22]、专家意见法[23,24]、层次分析法（AHP 法）[25,26]等。环比评分法最为简单易用，但评定结果较为粗糙；专家意见法主观性较强，但在方法的客观性上尚有欠缺；层次分析法既利用了专家有价值的经验，又有数学理论作为基础，有很强的客观性和逻辑性，因此应用最为广泛。评价集的表示可以采用模糊值[2,4]、语言值或云模型[18,21]表示，云模型在定性分析的基础上又有定量反映，具有更好的表示效果。评价结果一般根据综合评价指标对各评价集的隶属度，采用最大隶属度原则得到。对于各种综合模型、权重确定、评价集表示及评价结果输出方法的采用并不固定，通常需要根据方法的特点和系统本身的性质进行灵活选取。

2.3　复杂系统可靠性研究的重点和热点问题

2.3.1　复杂系统可靠性分析的数据基础

1. 复杂系统可靠性数据特点

可靠性数据是可靠性研究的基础[1]。对于复杂系统，可靠性数据分析不仅是对原始数据的简单处理,而且要进一步讨论改善可靠性数据的"质"和扩充可靠性数据的"量",从而对可靠性分析提供可靠基础。可靠性数据和可靠性分析之间的关系如图 2-1 所示。

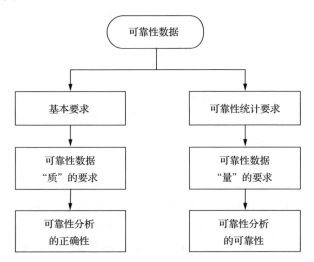

图 2-1　可靠性数据的"质"与"量"

由图 2-1 可知,如果可靠性数据的"质"不符合要求,那么将出现错误及较大误差的数据,会直接影响可靠性分析结果的准确性。由于个别样本的随机性,无法表征总体的特点,将降低可靠性分析的可信度。

对于复杂系统,可靠性数据具有以下特点。

(1) 波动性和不确定性[27-29]。可靠性数据的波动性,将带来可靠性结果的波动与变化,增加可靠性建模和分析的难度、降低可靠性分析的置信度。可靠性数据的不确定性,一方面直接影响可靠性分析结果;另一方面还会导致可靠性模型选择的不确定性,两种不确定性叠加,将对可靠性分析结果产生很大的影响。

(2) 小样本化。小样本数据增加了可靠性分析的难度。在小样本数据的情况下,任何统计方法都显得无能为力,而且随着系统的复杂化和可靠性的提高,小样本数据的问题不但不可能消失,反而将使这个问题的解决面临更大的难度。但是,在小样本数据的情况下,可将类似系统的可靠性数据放在一起来扩充样本量。这些数据能放在一起的前提是不仅要求其研究的对象高度一致,而且要求其试验环境及运行条件也都高度一致,只有表现出来统计特征的一致性,才可以将这些可靠性数据合并利用。

(3) 截尾数据。通过截尾数据获得了关于故障和寿命的数据,与完全试验包含的信息量不同,其同时还蕴涵着大量与故障相关的可靠性信息,如何利用截尾数据的问题就显得很重要[30]。针对截尾数据要充分加以利用,但又要避免利用截尾数据导致的对可靠性评估结果的"保守"和"冒进"。

（4）间接数据。复杂系统状态监测信息是用来描述系统所处的状态的数据，这些信息为了解系统可靠性提供了可能，但是这些信息不同于传统的可靠性数据，并不直接表征可靠性的相关信息。因此，针对多种状态监测信息的应用，也需要专门的方法。

2. 复杂系统可靠性数据类型

复杂系统可靠性研究中[31]，明确数据的类型，有利于针对不同类型可靠性数据采用不同的处理方法，结合数据的特点选择相应的可靠性分析模型。可靠性数据按照时效性主要分为两类。

1）设计阶段的数据

设计阶段的可靠性数据可以从两方面得到：一是从可靠性仿真试验中得到；二是从系统实际运行的现场得到。从仿真得到的数据称为试验数据，包含截尾试验数据和完全试验数据。从系统实际运行现场得到的数据称为现场数据，反映了系统在实际使用环境和维护条件下的情况，其具有随机截尾试验的数据特征。试验数据和现场数据的可信度，或者说蕴涵有效的可靠性信息量是不同的。不同可靠性数据的可信度如图 2-2 所示。

图 2-2　不同可靠性数据的可信度

对于试验数据的利用，其可靠性分析的可信度和准确性较现场数据差，而且随着复杂系统可靠性的不断提高，高可靠性系统、特高可靠性系统的不断出现，进行完全试验的代价越来越高，如何利用截尾试验提供相对有效的可靠性信息，已成为当前可靠性数据分析与处理领域的前沿问题。

对于现场数据利用，在实践中，现场可靠性数据的可信度最高，针对现场可靠性数据样本量的大小，其利用方法也有所变化，如图 2-3 所示。

当存在大量现场数据时，可以直接根据数据选择对应的可靠性模型，进行可靠性分析与评估，准确度和可信度最高，这是一种非常理想的情况。但针对以航天、航空、核电站和电力系统为代表的复杂系统，拥有大量现场数据往往是不现实的。

当存在少量现场数据时，大多数复杂系统都具有少量的现场可靠性数据，例如，运载火箭的发射，只有少数的几个现场样本，这些数据往往不能支撑统计上的大样本可靠性分析要求，实际需要综合利用试验数据和现场数据。基于试验数据

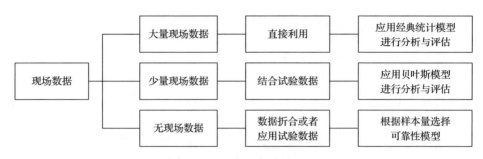

图 2-3　现场可靠性数据的利用

和现场数据的可靠性分析的准确度低于完全利用大样本的现场数据,结果可信度取决于先验分布的确定。尤为重要的是,在整个评估过程中要避免少量的现场可靠性数据淹没在大量的试验可靠性数据中,而降低现场数据包含的信息价值的不利情况。

当无现场数据时,这种情况在复杂系统现场可靠性数据采集过程中也不少见,如远程导弹发射就无法通过现场数据验证其可靠性。一般通过引入折合因子进行计算,例如,降低导弹的射程验证其可靠性,再进一步折合出其在远程下的可靠性水平。在无现场数据的情况下,可靠性分析的准确度和可信度较第二种情况更低。

2)运行阶段的数据

运行阶段可靠性数据应来自于故障或者寿命数据,复杂系统的特殊性,往往很难采集故障数据,或者只能采集轻微故障或者性能下降的数据,但复杂系统往往具有完善的状态监测系统来采集监测信息的功能。严格来说,状态监测信息并不是可靠性数据,但这些数据以系统状态为载体,从不同侧面反映了可靠性信息情况。实际上,现在越来越多的研究通过状态监测信息描述系统的可靠性。

与设计阶段的可靠性数据分析相比,运行阶段可靠性数据分析的难点体现在:运行阶段系统状态动态变化,是一个随机过程,样本具有变母体的特点;通过监测信息如何提取可靠性信息问题,例如,利用单参数的监测数据分析系统所处的状态及评估可靠性相对简单,多元监测参数虽可以从多侧面反映系统状态及评估可靠性,但在提高可靠性评估准确度的同时,也增加了监测参数处理的难度。

运行阶段的事件数据是指在何时发生了何事件[32],如设备预防性维修、更换等,是进行可靠性分析和建模的重要数据来源,具体可分为单事件状态参数和多事件状态参数。

单事件状态参数是针对不可修系统而言的,单事件状态参数是指在不可修系统上发生的故障时间、更换占用时间等数据。

多事件状态参数是在可修系统上发生的故障时间、维修类型、维修程度、维修占用时间、设备拆换及送修信息[33]等相关数据。

3. 复杂系统可靠性数据处理

可靠性数据分析处理包括对采集的数据进行可靠性数据除噪筛选、可靠性信息提取、可靠性模型选择和可靠性模型优化等多个环节。其中,可靠性数据除噪筛选包括对异常值的筛选和缺失值的处理两方面内容,目的是保证可靠性分析结果的可信性,筛选异常值主要是排除异常数据对可靠性分析与建模的影响,而数据缺失处理是提出有效的解决办法,以避免干扰可靠性分析的结果。

具体的复杂系统对象是这一系列数据分析处理工作的起点,可靠性分析是这一系列工作的结果。针对具体的复杂系统研究对象,采取对应不同的可靠性数据分析途径和方法,例如,对于可修系统和不可修系统,其数据筛选方式和可靠性模型的选择方式就截然不同,针对系统设计阶段和运行使用阶段对可靠性数据的分析处理区别也是很大的。可靠性数据处理过程如图 2-4 所示。

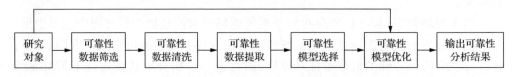

图 2-4　可靠性数据处理过程

对于异常可靠性数据的处理,异常值可能是总体固有的随机变异性的极端表现,这种异常值和样本中其余观测值属于同一总体。异常值也可能是由于试验条件和试验方法的偶然偏离产生的后果,或产生于观测、计算、记录中的失误,这种异常值和样本中其余观测值不属于同一总体。进行异常值判断和处理之前,应规定在样本中检出异常值个数的上限(占样本观测个数的较小比例)。当超过这个上限时,对此样本的代表性应进行慎重研究和处理。异常可靠性数据的处理过程如图 2-5所示。处理异常值的方式有:①异常值保留在样本中,参加其后的可靠性数据分析;②剔除异常值,即把异常值从样本中排除;③在找到实际原因时修正异常值。

对于缺失可靠性数据的处理,主要有以下三种处理方法。

1)直接估计法

该方法不对缺失数据进行任何处理,直接使用含有缺失数据的初始数据集对未知参数或变量进行估计,一般适用于样本量较多的情形。如果缺失数据是完全随机缺失的,那么在剩余数据的基础上分析,得到的参数不会有偏差或偏差较小。由于删除记录会损失部分有价值的信息,如果样本较少,那么该方法会增加估计的误差。对于某些特殊系统,由于试验样本少,获得的试验数据更是有限,如果对于缺失数据采取直接舍弃法显然是不合理的。

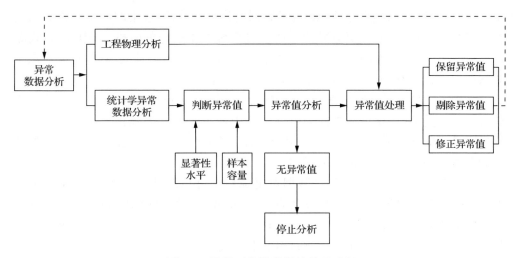

图 2-5　异常可靠性数据的处理过程

2）再抽样法

该方法采用重新抽样（重做试验）的方法来获取所需的数据，对于以前缺失数据不再考虑。该方法可以弥补缺失数据带来的不确定性，但是考虑到试验费用、可行性等方面，该方法有一定的局限性。尤其是对于试验费用昂贵的系统，重复试验更是不可能实现，因此必须考虑其他更有效的缺失数据处理方法。

3）插补法

插补又可以划分为均值插补、随机插补、回归插补和随机回归插补。通过数据插补弥补了传统方法中将缺失数据忽略的弊端，使得各种统计分析工作可在插补后的完整数据上展开。

以上处理方法中最主要的是对缺失数据进行插补，然后在完整的数据集上进行统计分析。对缺失数据进行插补的目的并不是预测单个缺失值，而是预测缺失数据服从的分布。通过插补，一方面填补了缺失数据的空白，使得原来有缺失数据的数据集成为一个完整数据集，弥补了统计分析的不便；另一方面也减少了由数据缺失造成的估计量的偏差。

2.3.2　复杂系统可靠性信息的融合处理

根据前述的复杂系统自身特点，以及可靠性数据的特点和需求，如何利用和提取可靠性数据中的有效信息是可靠性分析和建模的前提。因此，从信息角度研究复杂系统的可靠性分析是研究的热点问题之一。

1. 复杂系统可靠性分析的信息提取

复杂系统的特点要求其可靠性分析对采集的数据有以下几方面要求。

（1）真实性。不论试验数据、现场数据还是运行数据，采集的数据必须如实代表系统状况，特别是对系统故障的描述。对系统发生故障的时机、原因、故障现象及造成的影响，均应有明确的记录。数据的真实性是其准确性的前提，只有对系统的状况如实记录和描述，才有助于准确判断问题。

（2）连续性。可靠性数据具有可追溯性的特点，随着时间的推移，它反映了系统可靠性的趋势，应保证数据的完整性。其中最主要的是系统在工作中所有事件发生时的时间记录及对经历过程的描述，如系统开始工作、发生故障、终止工作的时间及对故障状况、维修情况的描述。

（3）完整性。为了充分利用数据对复杂系统可靠性进行评估，要求记录的数据应尽可能完整，即对每一次故障的发生，包括故障系统的使用状况和该系统的历史故障排除及送修等都应尽可能记录清楚，这样才有利于对复杂系统的可靠性进行全面的分析，也有利于更好地制订对其监控及维护措施。

可见，复杂系统对可靠性数据信息的要求和数据的特点是存在差距的，因此需要利用信息融合的思想来对数据信息进行有效提取。

信息融合技术为处理和利用复杂系统可靠性分析中的多数据、多信息提供了可能，其作用主要有两个方面。

（1）信息融合可以扩大信息处理的覆盖范围。从不同来源、不同环境、不同层次及不同分辨率来观察同一对象，会得到更加充分的对象信息，这一方法对于系统可靠性评估具有重要的意义。复杂系统全系统可靠性试验数据极少，在这种情况下要实现科学的可靠性管理，必须收集专家可靠性意见、子系统可靠性数据、相关（相似）系统可靠性数据，以及不同场景下的可靠性数据等信息，并借助信息融合技术提供的丰富的定性、定量融合方法，才能得出可信的结论。

信息融合可对不同时间点的信息进行优化处理。综合利用系统寿命周期中设计、制造、试验、使用和维护等各阶段的可靠性信息（研制阶段的可靠性方案评价报告，生产阶段的可靠性验收信息，制造、装备、检查的记录等，使用中的故障数据、维护修理记录等），以时间为定标尺度，配合历史数据与当时试验数据，使用合理的信息融合机制和算法，得到优化的一致性准确判别，实现去除冗余、克服歧义的目的。

（2）正是由于信息融合技术的以上特点，使其不仅是一种处理复杂可靠性数据的理想途径，还是建立和谐有效的人机协同可靠性数据处理环境的基础。借助这一技术，人们可将各种时间、空间条件下多种信息源的信息，进行关联、处理和综合，从而形成对系统可靠性的过程管理、试验规划和决策。

2. 复杂系统可靠性分析的信息融合

针对复杂系统可靠性分析的信息融合研究主要涉及以下内容[1]。

1）单元信息与系统信息的利用与融合

简单系统试验费用较低，可以进行大量系统级试验，无须利用单元信息。针对结构复杂、试验费用昂贵系统的可靠性增长研究，传统方法也只利用系统级信息[24-30]。单元信息利用不充分，为验证系统是否达到要求的可靠性水平，必然要延长系统级试验时间和试验次数，以弥补单元试验信息的损失。因此，在复杂系统可靠性增长的研究中，同时利用系统信息和单元信息，通过单元和系统的可靠性增长共同推断系统的可靠性增长情况已成为当今的发展趋势。

2）专家信息的利用与融合

复杂系统试验样本量少，借助领域专家信息进行可靠性增长分析越来越受到重视。利用专家信息，对于扩展信息量、提高可靠性分析水平具有重要的意义。虽然对专家信息等主观信息的应用还存在一定争议，但是其在可靠性工程中的作用已成为不争的事实。利用专家信息的优点体现在专家经过长时间的知识积累，能提供一些实际试验也无法提供的信息。从当前研究来看，一般是将贝叶斯方法和专家信息相结合，将专家信息以先验信息的形式出现。针对专家信息粗糙性和主观性的特点，Meyer、Booker、Cooke、Ferrel 和 Merkhofer 分别对提取和量化专家信息进行了详细研究，李荣等在贝叶斯方法融合专家信息时采用了基于最大熵的信息融合方法，以尽量少加入其他主观信息。

3）不精确信息的处理与利用问题

针对不精确信息处理与利用的问题，宋月等[31]研究了不精确信息下的复杂系统可靠性问题，用不精确概率理论研究了桥式系统、混联系统和相邻系统，并对其进行了可靠性分析，获得了一系列的可靠性指标计算公式。李总根[34]分析了基于概率统计理论的传统可靠性评估方法存在的问题和不足，提出了基于信息理论的复杂系统可靠性多级综合的方法体系，给出了基于信息熵方法的可靠性综合研究内容。颜兆林、冯静[35]利用平均互信息熵来度量多源验前信息对可靠性评定不确定性减少所起的作用，以此作为依据确定信息融合权重，并通过先验分布进行复杂系统的可靠性评定，从而减少了分析过程中的主观性。

对于复杂系统，在系统设计、研发、投产、运行等各个环节，也都存在对系统可靠性分析有用的信息，如单元、分系统信息、专家信息等。在实际工程应用中，若能加强对各类数据信息的管理、利用，则可以提高数据利用效率，解决复杂系统可靠性分析中的瓶颈问题。但实际的复杂系统可靠性信息不完备、不确定，相应的信息融合技术也因条件、环境的不同而不同。因此，基于复杂系统特点结合信息融合的思想来分析复杂系统可靠性是十分必要的。

本书在后续章节中，针对轨道交通的具体系统，将结合不确定信息融合、模糊信息融合等思路和方法，介绍复杂系统中可靠性分析的问题。

2.3.3　复杂系统可靠性建模分析

20 世纪 70 年代，国外学者首次提出了多状态、多失效模式系统的概念，如电力、交通、航空系统等都是典型的多状态、多失效模式系统[36,39]。根据前述复杂系统的特点，多状态和多失效模式系统的可靠性建模问题是当前复杂系统可靠性建模分析的难点。多态、多模式的系统增加了可靠性数据采集、分析和处理的难度，同时多种失效模式之间对应不同的可靠性模型，进行系统可靠性模型的选择和验证更需要大量的数据支持。这些都是复杂系统可靠性分析的前沿研究问题[1]。

1. 多状态复杂系统可靠性分析

传统的可靠性研究，一般将研究对象视为二状态系统（即成功与失败），对于复杂系统，由于受到自然环境、维修及使用等多种条件的影响，在系统的完好工作与完全失效状态之间存在多个中间状态。传统研究的二状态系统与多状态系统的区别如图 2-6 所示。

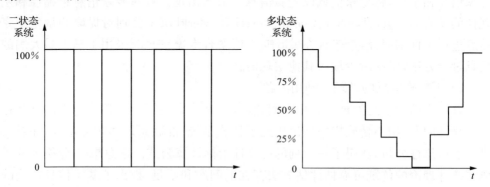

图 2-6　二状态系统与多状态系统的区别

假设多状态系统具有 N 个状态，状态空间为 $\{0,1,2,\cdots,N-1\}$，其中 $N\in\mathbf{Z}^+$ 且 $N\geqslant 2$，当 $N=2$ 时，表示传统的二状态系统。定义系统完全失效时，系统的状态取值为 0，系统完全正常时，其状态的取值为 $N-1$。

二状态系统的可靠性分析过程是假设所有的部件都是二状态分布，通过部件进行系统可靠性分析，通过部件的概率密度函数，并结合部件之间的结构关系，按照分布折合的关系就可以确定系统的概率密度函数，进一步可得到系统的可靠性分析结果。

多状态系统的可靠性分析过程是采用"部件状态—系统状态—系统可靠性"的分析思路。即使不考虑部件的多状态性对系统多状态性的影响，仅考虑系统层面的状态转移，可靠性分析的维度也会显著增加，以文献[40]描述的多状态系统为例，多状态系统及系统失效行为的转移如图 2-7 所示。

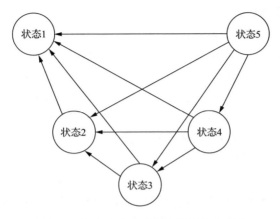

图 2-7　多态系统及系统失效行为的转移

图 2-7 中,状态 5 表示正常运行状态,状态 4 表示微小或暂时的可维修故障不会对系统或者分系统的运行产生影响,状态 3 表示大的不可维修的故障导致系统无法通过冗余系统保证可靠性,状态 2 表示大的不可修复的故障已经对系统或者子系统的实际运行产生影响,状态 1 表示故障。多状态系统的可靠性分析相对单状态系统分析要困难很多。

对多状态系统的可靠性分析,主要采用以下四种方法。

1) 多状态故障树分析方法

传统可靠性理论中部件和系统只有两种状态,而多状态系统中部件和系统具有多种状态,因此,需要对传统的故障树方法加以改进。Huang[41]将故障树引入多状态系统,提出了适用于多状态关联系统的多状态故障树;Xue[42]研究了二状态系统故障树推广到多状态系统的问题,并编程实现了对多状态故障树定量分析;曾亮[43]提出了基于立方体理论的多态故障树分析方法。但是,利用多状态故障树计算多态系统可靠度时,如果系统状态较多,那么计算过程将非常复杂,这在一定程度上限制了多状态故障树分析方法的应用。

2) Markov 过程分析方法

随机过程中的 Markov 过程方法在多状态系统可靠性分析中的应用相对较多,其理论比较成熟。Dimitrov 等[44]利用 Markov 过程方法建立了多状态系统可靠性模型;Soro 等[45]利用 Markov 过程方法分析了在最小维修和预防性维修情况下的多状态退化系统性能评估问题;Lisnianski 等[37]采用 Markov 模型研究发电单元的多状态可靠性问题;Lisnianski[46]将随机过程方法和通用生成函数(Universal Generating Function,UGF)方法结合,首先利用 Markov 过程方法分析多状态部件状态概率,再利用通用生成函数方法分析多状态系统可靠性,实现了大幅度减少计算量的目标。Markov 过程方法的主要缺点是当部件数量或部件状态较多时,计算过程非常复杂。

3) Monte Carlo 仿真分析方法

Fishman[47]利用 Monte Carlo 方法分析了多状态系统可靠性,提高了计算效率;樊鹤红等[48]利用 Monte Carlo 方法分析了多态环形网络的可靠性;Fan 等[49]建立了一个基于 Monte Carlo 方法的多态网络系统可靠性分析模型;Zioa 等[50]利用 Monte Carlo 方法研究了多状态系统可靠性分析中的重要度问题。Monte Carlo 仿真方法是解决可靠性领域复杂问题的重要方法,但存在需要大量模拟的不足,限制了这种方法的应用。

4) 生成函数分析法

生成函数也称为发生函数,是连接离散数学与连续数学的桥梁,是现代离散数学领域中的重要方法,也是目前在多状态系统可靠性分析中经常被采用的一种方法。Li 等[39]针对传统的 Monte Carlo 方法进行多态系统可靠性计算时存在着计算量大,无法解决复杂大系统的多状态系统可靠性问题,将通用生成函数引入部件的多态可靠性分析中,并采用加法算子集成各部件的多态可靠性分析结果,综合进行系统退化分析。Levitin[51]利用通用生成函数方法分析了具有两种失效模式的多态系统可靠性;Yeh 利用通用生成函数方法分析了多态 k/n 非循环节点网络可靠性问题;Levitin 等[52]利用通用生成函数方法分析了多故障模式的多态系统;Ramirez-Marquez 等[53]利用通用生成函数方法分析了由二态部件组成的多态系统的可靠度置信区间的可靠性;Levitin 等[54]利用通用生成函数方法分析了故障传播多态系统的性能和可靠性;Ding 等[55]针对不完全和不精确数据及降低计算复杂度的考虑,将模糊通用生成函数方法引入可靠性评价中。

2. 多失效模式系统的可靠性分析

与单一模式可靠性分析相比,多失效模式增加了可靠性分析的难度,主要表现在以下三个方面:若各个失效模式相互独立,则多失效模式复杂系统在传统可靠性分析的基础上增加了失效模式分析;若多个失效模式之间相互作用,则其进行可靠性分析的维度将呈指数级放大,描述系统状态和行为的复杂度显著提高;若多失效模式之间随着时间的推移发生动态变化,则存在着演化作用,即各个失效模式对系统可靠性的影响也是动态变化的,相互之间的作用机制也是动态变化的。因此,当系统发生故障时,系统失效模式的模式输入与系统故障之间存在复杂的非线性关系。正是由于上述客观存在的复杂性,实际研究和工程应用中往往采用不考虑具体的失效模式,而是直接利用可靠性数据分析和评估可靠性。

单一失效模式与多重失效模式的对比如图 2-8 所示。图 2-8 中,a、b、c、d 和 e 分别表示故障原因,A、B 和 C 表示部件,X 和 Y 表示系统,S 表示进行 FMEA 的严酷度指数。由图 2-8 可知,在多失效模式存在的情况下,严酷度指数将增加,对系统可靠性造成的影响也更大[26]。

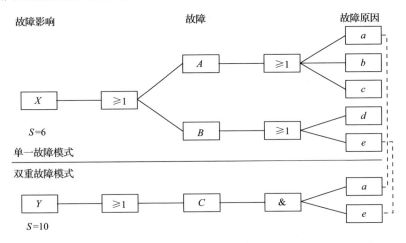

图 2-8　单一失效模式与多失效模式的对比

　　针对多失效模式系统的可靠性问题,已经开展了一定的研究。Xiao 等针对多失效模式系统,研究了 FMEA 方法,并优化了风险系统的权重因子;Boutsikas 等[56]针对一类多失效模式系统研究了可靠性分析方法;Pickard 等[57]提出了一种将多失效模式进行组合分析的方法;Yang 等[58]针对复杂可修的多失效模式系统,采用极大似然方法,进行了故障剖面分析;Zhang 等[59]结合分层抽样和重要性抽样方法的优点,提出分层重要度方法分析多失效模式结构研究方法;Milienons 等[60]采用随机序方法,建立了多失效模式系统可靠性函数模型,计算了多失效模式系统可靠性置信下限;Wang 等[61]针对多部件系统和多失效模式系统建立了基于延迟时间的检查模型;Bichon 等[62]通过代理模型兼顾了计算准确度、效率,并考虑了非重要失效对系统可靠性的影响,实现了对系统全局的可靠性分析。

　　图 2-9 是复杂系统多失效模式的可靠性分析流程图。从图 2-9 可以看到,复杂系统失效模式可靠性分析过程可以分为两个部分:一是工程分析部分,主要借助传统的可靠性分析工具(如故障树分析和失效模式及影响分析),在利用故障树分析确定复杂系统的关键部件的同时,进一步分析部件内不同失效模式的影响;二是在工程分析的基础上,利用采集的故障数据,采用机器学习及优化方法,确定不同部件失效模式的权重。多失效模式带来的问题是:由于整个过程的计算量非常大,简化是将上述复杂难解问题转化为可解问题的核心,而这种简化既包括工程分析技术,又包括对故障数据的学习挖掘而获取的相关信息,例如,在计算过程中利用数据确定关键部件及关键失效模式,降低计算复杂度。

　　竞争失效问题是多失效模式复杂系统中的主要特征问题之一,目前竞争失效问题已在可靠性工程领域得到广泛关注。当前的研究主要从以下三个方面开展。

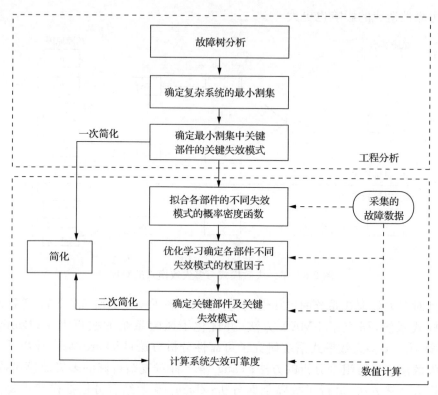

图 2-9　复杂系统多失效模式的可靠性分析流程图

（1）关于竞争失效的可靠性建模。Wang 等[63]分析了运用双变量的指数分布模型研究两个关联部件的竞争失效问题。Salinas-Torres 等[64]和 Polpo 等[65]针对串联竞争失效情况，采用非参数贝叶斯方法进行了分析。Xing 等[66]采用组合方法研究了竞争失效传播和隔离的可靠性分析方法。

（2）关于退化失效与突发失效的相关性描述和建模问题。Lehmann[67]对故障时间数据与协变量的关系模型进行了综述。Bagdonavicius 等[68]利用线性性能退化模型的半更新过程研究了竞争失效模型的非参数估计方法，并为简化计算，模型中使用了分解方法。Su 等[69]将突发失效的发生率视为性能退化量的函数，利用Wiener 过程描述性能退化过程，提出了一种竞争失效可靠性评估模型。Peng 等[70]针对相关的多失效模式研究了可靠性分析和维修决策方法。吴进辉等[71]利用比例风险模型分析了突发失效与退化量之间的关系，给出了竞争失效的一般模型参数估计方法。

（3）关于竞争失效中数据的处理问题。Pareek 等[72]研究了竞争失效中对于截尾数据的处理。Park 等[73]和 Kundu 等[74]研究了在竞争风险的情况下，针对不完全数据的可靠性分析问题。谭源源等[75]考虑了试验数据由于试验截尾和失效样本对应的失效模式不确定而产生的非完整性,分别采用基于期望最大化算法的极大似然估计伪失效寿命,对突发失效模式和退化失效模式进行统计分析。

2.4　复杂系统可靠性分析面临的主要问题

根据上述论述及结合本书特点,在复杂系统可靠性分析中将要针对的主要问题包括以下几个方面。

(1)复杂系统可靠性分析的多状态、多失效模式中的随机性问题。同时由于各状态之间往往具有较强的关联性,传统可靠性分析方法用于复杂系统可靠性建模分析会产生偏差。

(2)复杂系统可靠性分析的不确定性问题。在系统信息不完备、不确定的情况下不能建立正确的可靠性分析模型和给出正确的可靠性分析结果。

(3)复杂系统可靠性分析面临的状态空间爆炸及模型的可读性问题。在可靠性分析建模时能够在保持计算精度的同时,使得可靠性模型更清晰,并能显著减少系统的状态空间。

(4)复杂系统可靠性分析涉及的时变状态因素众多、定量分析难度大的问题。在可靠性分析过程中需要建立一种研究随机过程的方法和模型。

(5)复杂系统可靠性分析的数据缺乏带来的模糊性问题。确定随机变量的分布概率模型面临很大困难。

(6)复杂系统可靠性分析面临的复杂图形化建模和烦琐计算求解问题。需要简化建模过程和降低计算复杂度。

2.5　本 章 小 结

本章概述了复杂系统可靠性分析的背景和基础,包括复杂系统及可靠性的定义特点、建模分析方法,以及复杂系统可靠性分析的重点、热点、难点问题,是复杂系统可靠性分析研究的基础知识。

参 考 文 献

[1] 王华伟,高军. 复杂系统可靠性分析与评估[M]. 北京:科学出版社,2013.
[2] 罗一忠,吴爱祥,胡国斌,等.采场人—机—环境系统可靠性模糊综合评价[J].中南大学学报(自然科学版),2006,37(4):804-809.
[3] 陆刚,韩可琦,肖佳彬.矿井通风系统可靠性的模糊综合评价[J].采矿与安全工程学报,2008,25(2):244-247.
[4] 石剑飞,闫怀志. ARM嵌入式系统可靠性模糊综合评价方法[J].科技导报,2009,27(19):47-51.
[5] 汤胜道. n 中取连续 k 失效系统及相关系统的可靠性分析[D].南京:东南大学,2004.

［6］ Shao J J,Lamberson L R. Modeling a shared_load k-out-of-n:G system[J]. Transactions on Reliability,1991,40(2):205-208.

［7］ Tang Y H, Zhang J. New model for load-sharing k-out-of-n:G systems with different components[J]. Journal of Systems Engineering and Electronics,2008,19(4):748-751.

［8］ 汤胜道,汪凤泉,汪忠志. 负载分担下可修的并联系统模型[J].东南大学学报,2003,33(1):119-122.

［9］ 李国英,吴启光.系统可靠性综合分析方法手册[M].北京:中国科学院数学与系统科学研究院系统所,2001.

［10］ Eghbali Q, Elsayed E A. Reliability estimate using degradation data[R]. New Jersey:Rutgers University, 1999.

［11］ Wang P C,David W. Reliability prediction based on degradation with multiple changing stresses[R]. New Jersey:Rutgers University,2001.

［12］ Leuschen M L,Walker I D, Cavallaro J R. Evaluating the reliability of prototype degradable systems [J]. Reliability Engineering and System Safety,2001,72(1):9-20.

［13］ 宋远骏,李德毅,杨孝宗,等.电子产品可靠性的云模型评价方法[J].电子学报,2000,28(12):74-76.

［14］ 宋远骏,李德毅,杨孝宗,等.考虑环境因素的计算机可靠性云模型评价[J].计算机研究与发展,2001,38(5):631-636.

［15］ 原菊梅,侯朝桢,王小艺,等.考虑环境因素的分布式系统可靠性建模及其分析[J].控制与决策,2007,22(3):309-312.

［16］ Fu Q, Cai Z H,Wu Y Q, et al. A new reliability evaluation method for series-parallel systems based on cloud model[J]. Journal of Computational Information Systems, 2010,6(10):3237-3245.

［17］ Shao Y, Li X M. Simulation and analysis of the reliability of the cloud model-based automatic environmental monitoring system[C]. Proceedings of 2011 Asia-Pacific Power and Energy Engineering Conference. Wuhan,2011:1-5.

［18］ 李德毅,于全,江光杰.C3I系统可靠性、抗毁性和抗干扰的统一评测[J].系统可靠性理论与实践,1997,17(3):23-27.

［19］ 张飞舟,晏磊,范跃祖,等.基于云模型的车辆定位导航系统模糊评测研究[J].控制与决策,2002,17(5):550-553.

［20］ 何洪成.云模型及其在指挥控制系统可靠性分析中的应用[J].火力与指挥控制,2006,31(5):76-80.

［21］ 于腾凯.配电网可靠性与经济学综合评估方法的研究[D].保定:华北电力大学,2008.

［22］ 陆明生.多目标决策中的权系数[J].系统工程理论与实践,1986,12(4):77,78.

［23］ Linstone H A, Turofif M. The Delphi Method, Techniques and Applications[M]. 2nd ed. Michigan:Addison-Wesley Pub. Co. ,1975.

［24］ Hsu C C,Sandford B A. The Delphi technique:making sense of consensus[J]. Practical Assessment, Research&Evaluation, 2007,12(10):1-8.

［25］ Saaty M L. The Analytic Hierarchy Process:Planning, Priority Setting, Resource Allocation[M]. New York:McGraw-Hill International Book Co. ,1980.

［26］ Golden B L,Wasil E A, Harker P T. The Analytic Hierarchy Process:Applications and Studies[M]. Berlin:Springer-Veriag,1989.

［27］ Cooke R, Bedford T,Meilijson I,et al. Design reliability data bases for aerospace applications[R]. European Space Agency, Department Math, Delft, Technical Report 93-110,1993.

［28］ Paulsen J, Dorrepaal J , Hokstadt P, et al. The design and use of reliability date base with analysis tool

[R]. Risoe National Laboratory, Roskilde, Denmark, Technical Report Ris3-R-896(EN) NKS/RAK-1 (96)R6, 1996.

[29] Cooke R M, Bedford T. Analysis of reliability date using subsurvival functions and censoring models [J]. Recent Advances in Life-Testing ang Reliability, 1995:12-41.

[30] Meeker W Q, Escobar L A, Statistical Methods for Reliability Data[M]. New York:John wiley&Sons, 1998.

[31] 宋月,刘三阳. 基于不完全信息的婚联系统的可靠度[J]. 西北大学学报(自然科学版), 2006, 36(4): 533-536.

[32] 左洪福,蔡景,王华伟. 维修决策理论与方法[M].北京:航空工业出版社,2008.

[33] 赵飞. 民航发动机预知维修决策研究[D]. 南京:南京航空航天大学,2011.

[34] 李总根. 大型复杂系统可靠性综合的信息熵方法[J].中国安全生产科学技术,2008,4(3):54-58.

[35] 颜兆林,冯静. 基于平均互信息熵的复杂系统可靠性评定方法[J]. 国防科技大学学报,2012,34(1): 48-51.

[36] Gu Y K, Li J. Multi-state system reliability: a new and systematic review[J]. Procedia Engineering, 2012,29:531-536.

[37] Lisnianski A, Elmakias D, Laredo D, et al. A multi-state Markov model for a short-term rebility analtsis of a power generating unit[J]. Reliability Engineering and System Safety,2012,98(1):1-6.

[38] Massim Y, Zeblah A, Benguediab M, et al. Reliability evaluation of electrical power systems including multi-state considerations[J]. Electrical Engineering,2006,88(22):109-116.

[39] Li Y F, Zio e. A multi-steta for the reliability assessment of a distributed generation system via universal generating function[J]. Reliability Engineering and System Safety,2012,106:28-36.

[40] Castet J F, Saleh J H. Benyond reliability, multi-state analysis of satellite subsyestmes: a statistcal approach[J]. Reliability Engineering and System Safety,2010,95(1):311-322.

[41] Huang X. Fault tree analysis mefhod of a system having components of multiple failure modes[J]. Microelectronics and Reliability,1983,23(2):325-328.

[42] Xue J. On multistate system analysis[J]. IEEE Transactions on Reliability,1985,34(4):329-337.

[43] 曾亮. 多状态系统可靠性建模与故障树分析方法研究[D]. 长沙:国防科技大学,1997.

[44] Dimitrov B, Rykov V, Stanchev P. On multi-state reliability systems[C]. The Third International Conference on Mathematical Methods in Reliability(MMR 2002), 2002: 201-204.

[45] Soro I W, Nourelfath M, Ait-Kadi D. Performance evaluation of multi-state degraded systems with minimal repairs and imperfect preventive maintenance[J]. Reliability Engineering and system Safety, 2009,95(2):65-69.

[46] Lisinianki A. Extended block diagram method for a multi-state system reliability assessment[J]. Reliability Engineering and System Safety,2007,92:1601-1607.

[47] Fishman G S. The distribution of maximum flow with applications to multistate reliability systems[J]. Operstions Research,1987,35(4):607-618.

[48] 樊鹤红,张明德,孙小菡. 多工作状态环形光网络的可靠性评估[J].东南大学学报(自然科学版),2005, 35(5):673-677.

[49] Fan H, Sun X. A multi-state reliability evaluation model for P2P neworks[J]. Reliability Engineering and system Safety ,2010,95(4):402-411.

[50] Zioa E, Podofillinia L, Levitin G. Estimation of the importance measures of multi-state elements by

Monte Carlo simulation[J]. Reliability Engineering and system Safety,2004, 86(3):191-204.

[51] Levitin G. Reliability of multi-state systems with two failure-modes[J]. IEEE Transactions on Reliability, 2003, 52(3):340-348.

[52] Levitin G , Amari S V. Multi-stste syetems with multi-fault coverage[J]. Reliability Engineering and system Safety,2008,93(11):1730-1739.

[53] Ramirez-Marquez J E,Levition G. Algorithm for estimating reliability confidence bounds of multi-state system[J]. Reliability Engineering and system Safety, 2008,93:1231-1243.

[54] Levitin G, Ming L. Reliability and performance of multi-state system with propagated failures having selective effect[J]. Reliability Engineering and system Safety,2010,95:655-661.

[55] Ding Y ,Lisninaski A. Fuzzy universal generating functions for multi-state system reliability assessment[J]. Fuzzy Sets and Systems,2008,159:307-324.

[56] Boutsikas M V,Koutras M V. On a class of multiple failure mode systems[J]. Naval Research Logistics, 2002, 49: 167-185.

[57] Pickard K ,Muller P,Bertsche B. Multiple failure mode and effects analysis:an approach to risk assessment of multiple failures with FMEA[C]. Reliability and maintainability symposium. Piscataway:Institutue of Electronics Engineers Inc,2005:457-462.

[58] Yang Q Y, Hong Y L,Chen Y. et al. Failure profile analysis of complex repairable systems with multiple faiure modes[J]. IEEE Transaction on Reliability ,2012,61(1):180-191.

[59] Zhang F, Lu Z Z, Cui L J. Reliability sensitivity algorithm based on stratified importance sampling method for multiple failue modes system[J]. Chinese Journal of Aeronautics,2010,23(6): 660-669.

[60] Milienons F S,Koutras M V. A lower bound for the Reliability of multiple failures mode systems[J]. Statistics&. Probability Letters,2008,78:1639-1648.

[61] Wang W B, Banjevic D, Pecht M. A multi-component and multi-failure mode inspection model based on the delay time concept[J]. Reliability Engineering,System Safety,2010,95(8):912-920.

[62] Bichon B J, MaFarland J M, Mahadeven S. Efficient surrogate models for reliability analysis of systems with multiple failure modes[J]. Reliability Engineering and System Safety,2011,96:1386-1395.

[63] Wang C P,Ghosh M. Bayesian analysis of bivariate competing risks model with covariates[J]. Journal of Statistical Planning and Inference,2003,115:441-459.

[64] Salinas-Torres V, Pereira C, Tiwari R. Bayesian nonparametric estimation in a series system or a competing risks model[J]. Journal of Nonparametric Statistics,2002,14:449-458.

[65] Polpo A, Sinha D. Correction in Bayesian nonparametric estimation in a series system or a competing-risk model[J]. Statistics and Probability Letters,2011,81(12):1756-1759.

[66] Xing L D, Levitin G. Combinatorial analysis of systems with competing failures subject to failure isolation and propagation effects[J]. Reliability Engineering and System Safety,2010,95(11):1210-1215.

[67] Lehmann A. Joint modeling of degradation and failure time data[J]. Journal of Statistical Planning and Inference,2009,139(5):1693-1706.

[68] Bagdonavicius V, Bikelis A, Kazakevicius V, et al. Analysis of joint multiple failure mode and linear degradation data with renewals[J]. Journal of Statistical Planning and Inference, 2007, 137 (7): 2191-2207.

[69] Su C,Zhang Y. System reliability assessment based on wiener process and competing failure analysis [J]. Journal of Southeast University,2010,26(4):554-557.

[70] Peng H，Feng Q M，Coit D W. Reliability and maintenance modeling for systems subject to multiple dependent competing failure process[J]. IIE Transactions,2011,43(1):12-22.

[71] 吴进辉,徐德民. 基于比例危险模型的产品竞争失效分析[J]. 海军工程大学学报,2007,19(4):46-49.

[72] Pareek B，Kundu D，Kumar S. On progressively competing risks data for Weibull distributions[J]. Computational Statistics and Data Analysis,2009,53:4083-4094.

[73] Park C，Kulasekera K B. Parametric inference of incomplete data with competing risks among several groups[J]. IEEE Transactions on Reliability,2004,53(1):11-21.

[74] Kundu D，Sarhan A M. Analysis of incomplete data in presence of competing risks among several groups[J]. IEEE Transactions on Reliability,2006,55(2):262-269.

[75] 谭源源,张春华,陈循. 竞争失效场合步进应力加速试验统计分析[J]. 航空学报, 2011, 32(3): 429-437.

第3章　基于动态故障树的可靠性分析方法

故障树分析法可以分为传统故障树分析法和动态故障树分析法。

传统故障树分析法主要基于静态逻辑或静态故障机理,其缺点是对具有容错性、冗余(冷、热备份)及顺序相关系统的可靠性分析无能为力,由此,传统故障树分析方法不适用于具有动态随机性故障和相关性故障的系统可靠性分析中。根据复杂系统可靠性的特点,具有多状态、多失效模式等随机性,同时各状态之间往往具有较强的关联性,因此,传统故障树分析方法用于复杂系统可靠性建模和分析会产生偏差。

动态故障树分析法是指至少包含一个专用动态逻辑门的故障树分析方法,是静态故障树方法的扩展,具有顺序相关性、容错性和冗余(冷、热备件)等特性,能对复杂系统中的随机性、关联性、动态特性进行有效的可靠性分析。

3.1　故障树分析法

传统故障树分析法是一种图形演绎的可靠性方法,它以系统的故障为分析对象,用图形表示出其发生原因之间的逻辑关系,该图形好像是一棵倒置的树,称为故障树。用故障树分析系统可靠性的方法,称为故障树分析法。故障树分析法集中分析某一特殊故障事件,指出和它有重要关系的系统状态,其优点是比较全面地分析了系统所有的风险因素,并且比较形象化、直观性较强。

1961 年,美国贝尔电话研究所的沃森(Watson)和默恩斯(Mearns)首次提出了故障树分析法,并应用于分析民兵式导弹发射控制系统。其后,波音公司的哈斯尔(Hasse)、舒劳德(Schroder)、杰克逊(Jackson)等研制出故障树分析法计算程序,标志着故障树分析法进入了以波音公司为中心的宇航领域。20 世纪 70 年代,故障树分析法的应用范围扩展到核电站事故安全性和风险评定,其后故障树分析法逐渐深入化工、轻工、电子、机械制造等工业领域[1]。

3.1.1　故障树的结构函数

考虑一个由 r 个部件组成的系统 S,系统故障称为故障树的顶事件,记为 T;各部件故障称为底事件。在此只研究两状态故障树,即系统和部件只能取正常或故障两种状态,故可用 0、1 变量 x_i 来描述底事件的状态,于是有

$$x_i = \begin{cases} 1, & \text{当底事件 } i \text{ 发生时} \\ 0, & \text{当底事件 } i \text{ 不发生时} \end{cases} \tag{3-1}$$

由于顶事件的状态是底事件状态的函数,若用 $\Phi(X) = \Phi(x_1, x_2, \cdots, x_r)$ 描述顶事件的状态,则有

$$\Phi(X) = \begin{cases} 1, & \text{当顶事件 } T \text{ 发生时} \\ 0, & \text{当顶事件 } T \text{ 不发生时} \end{cases} \tag{3-2}$$

$\Phi(X)$ 称为故障树的结构函数或系统的故障结构函数。这里事件发生对应着故障状态,事件不发生对应着正常状态。

3.1.2　结构重要度和概率重要度

结构重要度是从故障树结构上分析各基本事件对顶事件发生的贡献,即在不考虑基本事件发生概率,或基本事件发生概率相等的情况下,分析各基本事件的发生对顶事件发生的贡献。

设某故障树有 n 个基本事件,每个基本事件都发生(记为 $x_i = 1$)和不发生(记为 $x_i = 0$)两种状态。

对一个具有 n 个基本事件的故障树,它的结构函数 $\Phi(X)$ 是一个具有 n 个变元的布尔函数式,它的定义域为 2^n 个 n 元数组。将变元 x_i(基本事件 x_i)由 0 变为 1 所引起的 2^n 个 n 元数组中由 $\Phi(0_i, X) = 0$ 变为 $\Phi(1_i, X) = 1$ 的状态数累加起来,乘上一个权重系数 $\frac{1}{2^{n-1}}$ 就称为 x_i 的结构重要度,用 $I_\Phi(i)$ 表示为

$$I_\Phi(i) = \frac{1}{2^{n-1}} \sum [\Phi(1_i, X) - \Phi(0_i, X)] \tag{3-3}$$

概率重要度是各基本事件发生概率的增减程度对顶事件发生概率的增减的影响尺度,记为 $I_g(i)$,其数学定义为

$$I_g(i) = \frac{\partial g(q)}{\partial q_i} \tag{3-4}$$

式中,q_i 是底事件发生的概率,即

$$q_i = P_r\{x_i = 1\} = E\{x_i\}, \quad i = 1, 2, \cdots, n \tag{3-5}$$

g 是顶事件发生的概率,即

$$g = g(q), \quad q = (q_1, q_2, \cdots, q_n) \tag{3-6}$$

在故障树结构已知的情况下,得到两种不同的底事件状态,记为 $f_1 = f|_{x_i=1}$ 和 $f_0 = f|_{x_i=0}$,对两种不同底事件状态分别求故障树的发生概率,记为 $p_{s(f_1)}$ 和 $p_{s(f_0)}$,则系统的概率重要度为 $I_g(i) = p_{s(f_1)} - p_{s(f_0)}$。

当各部件故障概率都等于 1/2 时,结构重要度与概率重要度相等,即当 $q_1 = q_2 = \cdots = q_n = \frac{1}{2}$ 时,$I_\Phi(i) = I_g(i)$。

3.1.3　传统故障树的其他指标

传统故障树的其他可靠性指标还有顶事件的故障率、最小割集、最小路径集等。

顶事件故障率不仅与各底事件的发生概率有关,而且与系统本身的逻辑结构有密切的关系。根据最小割集或最小路集都可以求得顶事件的发生概率,不再赘述。顶事件发生概率记为

$$p_s = p\{\Phi(x) = 1\} \tag{3-7}$$

当一些底事件 $x_{i1} = \cdots = x_{il} = 1$ 时,$\Phi(x) = 1$,即子集所含全部底事件均发生时,顶事件必然发生,则该子集就是割集。将某割集中任意一个底事件去掉,剩下的底事件集合不再是割集,这样的割集就称为最小割集。

当一些底事件 $x_{i1} = \cdots = x_{il} = 0$ 时,$\Phi(x) = 0$,即子集所含全部底事件均不发生时,顶事件必然不发生,则该子集就是路集。将某路集所含底事件任意去掉一个即不再成为路集,该路集就是一个最小路集。

3.1.4　传统故障树方法的不足

传统故障树分析方法中仅包含静态故障逻辑门的故障树,即仅包含与门、或门、表决门和非门等。静态故障树中仅用底事件的组合就可以表征顶事件的故障模式,分为单调关联故障树和非单调关联故障树。传统故障树分析方法是基于静态逻辑和静态故障机理的一种有效的系统可靠性分析方法,不适用于动态随机性故障和相关性的系统,如容错系统、冗余(或冷、热备件)可修系统等。复杂系统具备时序相关、顺序相关、冷备热备等动态特性,所以需要引入新的可靠性分析方法来建模,评估其可靠性。

3.2　动态故障树分析法

考虑到复杂系统中的特殊网络拓扑结构,同时,考虑到随着网络节点和链路数目的增加将使可靠性指标的计算量呈指数增长并引起计算的困难,若利用常规的解析法进行可靠性建模分析将超出计算机的处理能力。基于此,可采用动态故障树来建立网络子系统的可靠性模型,并利用基于状态数组的 Monte Carlo 仿真对模型求解,避免了复杂模型求解的状态空间问题,为复杂系统骨干网的可靠性评估提供了一种有效的建模和求解办法[2,3]。

3.2.1　动态故障树建模基本理论

动态故障树研究是引起系统发生故障的直接或间接原因,在这些原因间建立

逻辑关系,用规定的事件、逻辑门来描述系统中各事件之间的因果关系,构建系统的可靠性模型。该模型是以图形化的方式表示的一种树状逻辑因果关系图。其中,动态故障树中的基本事件可分为底事件、中间事件和顶事件三种:①底事件,又名基本事件,其故障分布是已知的,只能作为逻辑门的输入而不能作为输出,在故障树中用"○"表示,底事件位于故障树最底层,它是某个逻辑门的输入事件;②顶事件,位于故障树顶端,即系统不希望发生的事件,在故障树中用"□"表示;③中间事件,除顶事件和底事件外的事件,在故障树中用"◇"表示。中间事件是介于底事件和顶事件之间的事件,可以作为底事件的输出事件,也可以作为顶事件的输入事件。

　　描述事件之间因果关系的逻辑符号称为逻辑门,逻辑门的输入事件是输出事件的"因",反之,逻辑门的输出事件是输入事件的"果",如与门、或门、非门等,为与动态逻辑门区别,可称这种逻辑门为静态逻辑门;而能表征事件发生顺序关系的逻辑门,即动态逻辑门,主要有功能相关门(Functional Dependency Gate,FDEP)、优先与门(Priority-AND Gate,PAND)、备件门(Spare Gate,SPARE)等,其中备件门又可以分为冷备件门(Cold Spare Gate,CSP)、温备件门(Warm Spare Gate,WSP)和热备件门(Hot Spare Gate,HSP),在 3.3 节中将给出几个常用逻辑门的符号、意义,并利用 Monte Carlo 仿真描述关于逻辑门的输入、输出事件之间的相互作用关系。

3.2.2　动态故障树可靠性模型的求解方法及局限

　　利用动态故障树建立系统的可靠性分析模型[4]后,在进行模型求解计算时,主要有以下三种途经。

　　(1)传统的动态故障树求解是采用 Markov 过程与二元决策图法(Binary Decision Diagram,BDD)相结合的方法,即将动态故障树分成独立的动态子树和独立的静态子树[5],静态子树可用 BDD 进行求解,而动态子树转化成相应的 Markov 链进行求解。通常情况下,动态故障树模型只有很少一部分在本质上是动态的,此种方法可简化模型的计算过程,然而,BDD 方法主要是针对不可修系统的,对于可维修的系统,可靠性分析则存在局限。

　　(2)将动态故障树完全转化为 Markov 过程,但这个转换是一个相当复杂或者是相对来说比较复杂的过程,同时,随着动态故障树规模的增大,系统的状态空间无疑将呈指数增长,即计算量也将随着系统规模的增大呈指数增长,甚至在现有的硬件条件下无法求解。

　　(3)针对状态空间爆炸问题,可对动态故障树进行模块化,即通过寻找动态故障树中的模块,并将之单独进行处理,此种方法确实可以减少状态空间,但是模块化的过程需要保证不同模块组件间的独立性,对于一些模型,模块化处理后的模型可能仍难于求解。

所以,虽然动态故障树具有建模物理概念清楚的特点,并且可以描述组件间的多种相互作用关系,但其模型求解的困难使其在工程应用中仍存在一些局限。例如,在对轨道交通中的地铁综合监控复杂系统进行可靠性分析时,由于各站交换机之间并不是完全独立的,建立其可靠性模型时,各交换机之间存在相互作用关系,使用动态故障树对其进行可靠性建模时,难以对模型进行层次化或模块化,因此,用 Markov 过程对模型进行求解非常困难。

3.3 基于 Monte Carlo 模拟的动态故障树仿真

考虑到 Monte Carlo 仿真作为一种以概率统计理论为基础的数值计算方法,它的计算量可不受系统规模的限制,故文献[6]通过利用动态故障树解析法与 Monte Carlo 模拟混合的方法对复杂系统进行可靠性分析,即先利用动态故障树考虑各子系统间的相互作用关系建立系统可靠性模型,再通过 Monte Carlo 仿真对模型进行计算得到系统的可靠性指标。

3.3.1 仿真过程描述

Monte Carlo 仿真是模拟系统从 0 时刻开始运行到给定的最大仿真运行时间(记为 T_{max})时系统的状态,故必须设置模拟时钟,当每次仿真开始运行时,模拟时钟为 0,而在仿真过程中模拟时钟不断推进,仿真可以有固定时间步长和可变时间步长两种方式来表示模拟中的时间进程,本书中采用可变步长法仿真,即仿真过程中的时间变量由事件出现的时间间隔确定,把事件出现的时刻作为时钟推进点,并在该时刻后对系统状态进行评估和更新计算参数。

每次仿真过程中记录关于组件、子系统或系统相关事件的发生时间,并且在仿真过程中,将组件、子系统或系统的状态用数组表示:首先,根据底事件描述的组件的寿命与维修时间分布函数给出相应组件的状态数组;然后,根据逻辑门的相关运算可以得到中间事件及顶事件的状态数组;最后,根据顶事件的状态数组得到系统的各种可靠性指标。

接下来,在给出组件状态数组的基础上,给出几种用于系统可靠性分析中常用的逻辑门的对应的仿真过程,最终给出系统可靠性指标的计算过程。同时,为了便于分析系统的可靠性特征,对系统作以下假定。

(1) 组件、子系统或系统都只有正常或故障两种状态,故障状态指组件、子系统或系统处于维修或待修状态,正常状态指其处于工作或储备状态。

(2) 组件故障后立即维修,且修复为完全修复,并假定有足够的维修设备及人员,即组件不会处于待修状态。

（3）记第 i 个组件的工作时间与维修时间变量的分布函数分别为 $F_i(t)$、$G_i(t)(i=1,\cdots,n)$。

3.3.2　底事件的状态数组

本节利用直接抽样方法[7,8]根据组件的工作时间与维修时间服从的分布函数来抽样组件处于各种状态的时间，由于这种抽样方法是利用反函数来进行的，所以也称为反函数法或反变换法，若随机变量 X 的分布函数 $F_X(x)$ 连续，则 $r=F_X(x)$ 是 $[0,1]$ 区间上均匀分布的随机变量，故只要分布函数的反函数存在，就可以采用逆变换法产生随机数，记 $F_X^{-1}(x)$ 是 $F_X(x)$ 的逆函数，则随机变量抽样的算法如下。

（1）利用 MATALB 中的 rand 函数产生 $[0,1]$ 区间上服从均匀分布的随机数 η；由于利用 MATALB 产生的数列在统计特征上不可能完全与从均匀分布中抽样所得的子样完全相同，只是尽可能地近似，故将这种用算法得到的统计性质上近似于 $[0,1]$ 均匀分布的数称为伪随机数，以区别于真正从 $[0,1]$ 上均匀分布中抽样所得的随机数。

（2）令 $x \leftarrow F_X^{-1}(\eta)$，即可以得到具有 F_X 分布的随机变量，从而可得到组件处于各种状态的时间。

下面以分布函数为指数分布的系统寿命（维修时间）t 进行随机抽样，即系统寿命（维修时间）的分布密度函数为

$$f(t)=\lambda \mathrm{e}^{-\lambda t},\quad t\geqslant 0,\lambda>0 \tag{3-8}$$

其分布函数为

$$F(t)=\int_0^t f(t)\mathrm{d}t=\int_0^t \lambda \mathrm{e}^{-\lambda t}\mathrm{d}t=1-\mathrm{e}^{-\lambda t} \tag{3-9}$$

又由于

$$\eta=1-\mathrm{e}^{-\lambda t},1-\eta=\mathrm{e}^{-\lambda t} \tag{3-10}$$

故有

$$t=-\frac{1}{\lambda}\ln(1-\eta) \tag{3-11}$$

同时，注意到随机数 η 在 $[0,1)$ 上取值，故 $\eta'=1-\eta$ 也为 $(0,1]$ 上的随机数，因此，式（3-11）可改写为

$$t=-\frac{1}{\lambda}\ln\eta \tag{3-12}$$

由上述例子可见，只要随机变量具有连续单调递增的分布函数，且其反函数可用显式表示，就可以用随机数进行直接抽样。对于求解第 i 个组件状态数组的 x_i 步骤如下。

（1）给组件状态数组赋初值，令 $x_i=[0]$。

（2）根据组件的工作时间的分布函数 $F_i(t)$ 抽样工作时间 t_w，并令 $t=t+t_w$，若 $t \geqslant T_{max}$，则转到步骤（4）；否则，将 t 插入组件的状态数组 x_i 中，有 $x_i = [x_i \quad t]$，转到步骤（3）。

（3）根据组件的维修时间的分布函数 $G_i(t)$ 抽样维修时间 t_r，同样令 $t=t+t_r$，若 $t \geqslant T_{max}$，则转到步骤（4）；否则，将 t 插入组件的状态数组 x_i 中，有 $x_i = [x_i \quad t]$，转到步骤（2）。

（4）状态数组生成完毕，并将 T_{max} 插入组件的状态数组 x_i 中，有 $x_i = [x_i \quad T_{max}]$。

在 Monte Carlo 仿真中，第 i 个组件状态数组的 x_i 为

$$x_i = [0 \quad \cdots \quad t_{j-1} \quad t_j \quad t_{j+1} \quad \cdots \quad T_{max}] \tag{3-13}$$

式（3-13）中，对于数组中第 j 个元素，若有 $\mathrm{mod}(j,2)=1$，则表明 t_j 为组件正常工作的起始时刻（或者说是组件维修完成的时刻）；若 $\mathrm{mod}(j,2)=1$，则表明 t_j 为组件故障的起始时刻（或者说是组件开始维修的时刻），有了关于底事件的状态数组，则可根据逻辑门的规则进一步求得中间事件及顶事件的状态数组。

3.3.3　逻辑门的 Monte Carlo 模拟

当给定输入事件的状态数组后，经过逻辑门对应的逻辑规则可以计算输出事件的状态数组。这里给出建立系统可靠性模型时几种常用逻辑门的符号及意义，即其在 Monte Carlo 仿真过程中的事件发生示意图。事件发生示意图中用"⌐_⌐"表示在该时间段基本事件不发生，而用"⌐‾⌐"表示事件发生。示意图中波形突变点的时间值为输出事件状态数组中的元素。其中，在逻辑门中与门、或门等逻辑门都可以有多个输入，但为了便于描述，这里仅给出 2 个输入的情况，常用的逻辑门如下。

（1）与门：仅当所有的输入事件都发生时，门的输出事件才发生。与门符号及其事件发生示意图如图 3-1 所示，仅当输入事件 A 与 B 都发生的时刻，输出事件 C 才会发生。

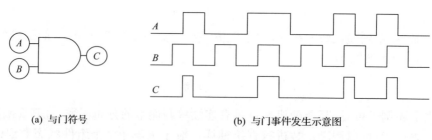

（a）与门符号　　　　　　　　　　（b）与门事件发生示意图

图 3-1　与门符号及其事件发生示意图

（2）优先与门：同样仅当所有的输入事件都发生，并且输入事件按照特定的顺

序时,门的输出事件才发生。优先与门符号及其事件发生示意图如图 3-2 所示,优先与门的输入为事件 A 与 B 都发生,并且 A 事件在 B 事件之前发生时,输出事件 C 才会发生,若两个输入事件没有全部发生,或事件 B 在事件 A 之前发生,则输出事件 C 都不会发生。

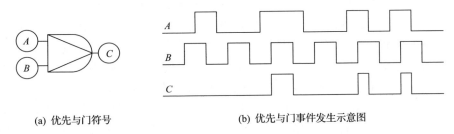

(a) 优先与门符号　　　　　　　　(b) 优先与门事件发生示意图

图 3-2　优先与门符号及其事件发生示意图

（3）或门:只要任一输入事件发生,门的输出事件即发生。或门符号及其事件发生示意图如图 3-3 所示,只要输入事件 A 或 B 发生,则该时刻输出事件 C 即可发生。

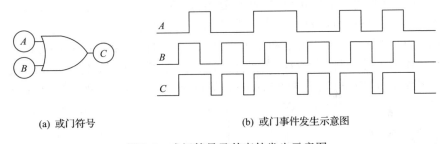

(a) 或门符号　　　　　　　　(b) 或门事件发生示意图

图 3-3　或门符号及其事件发生示意图

（4）功能触发门:由一个触发输入事件和相关的基本事件组成,相关基本事件与触发事件功能相关,当触发事件发生时,相关事件被迫发生,相关事件发生以后的故障对系统没有进一步的影响,可以不再考虑。功能触发门符号及其事件发生示意图如图 3-4 所示,其中,触发输入事件 T 的发生可以使该触发门下的事件 A

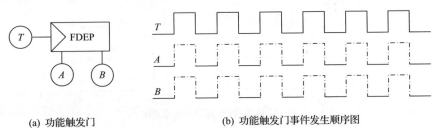

(a) 功能触发门　　　　　　　　(b) 功能触发门事件发生顺序图

图 3-4　功能触发门符号及其事件发生示意图

与事件 B 发生,图 3-4(b)中用"⌐⌐"符号表示事件 A 与事件 B 在事件 T 的触发下发生。

事实上,功能触发门只是表示组件之间的一种相互关系,因此该门并没有实际输出。相关基本事件在功能上依赖激发事件,若激发事件发生,则相关的基本事件一定发生,但任何相关事件的发生对激发事件并不产生任何影响。

(5) 备件门:用于描述冗余子系统的状态与其主、备用组件状态之间的关系。若主设备的失效率为 λ,则备用设备的失效率可记为 $\alpha\lambda$($0\leqslant\alpha\leqslant1$),当为冷储备时,备用设备故障率为零,即 $\alpha=0$;当为温储备时,备用设备故障率小于主设备故障率,即 $0<\alpha<1$;当为热储备时,主、备用设备的故障率相同,即 $\alpha=1$。

备件门符号如图 3-5(a)所示,当为冷备件门时,可将符号中的 SPARE 替换为 CSP,同样,若为温备件门或热备件门时,可将符号中的 SPARE 替换为 WSP 与 HSP。备件门包括主输入事件 A 和备输入事件 B(分别描述组件 A 与组件 B),当事件 A 发生时,说明组件 A 故障,将由组件 B 接替组件 A 继续工作(此时的组件 B 将成为主件),在组件 B 工作期间,若组件 A 维修完成,则可将组件 A 作为组件 B 的备件并将其待机停用,直到现在运行的组件 B 故障,将由组件 A 接替组件 B 的工作,此时组件 A 将再次成为主件,以此往复运行;事实上,对于组件 A 与组件 B 的工作方式,还会有另外一种情形,即当组件 A 故障时,由组件 B 接替组件 A 继续工作(此时的组件 B 是主件),但在组件 B 工作期间,若组件 A 维修完成,则立刻将组件 A 切回并作为主件,而将组件 B 作为备件,这种情况多存在于备件设备的配置低于主件设备配置的情况,或主机配置好于备机配置的情况。两种情形在 Monte Carlo 仿真过程中的主要区别在于组件 A 维修完成后是否立即切回,其他情况是

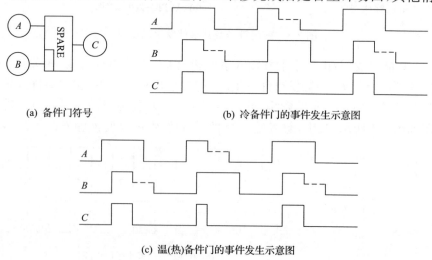

(a) 备件门符号　　　　　　　(b) 冷备件门的事件发生示意图

(c) 温(热)备件门的事件发生示意图

图 3-5　备件门符号及其事件发生示意图

相同的。

　　这里仅以第一种情形为例给出备件门的事件发生示意图,其中,图 3-5(b)为冷备件门的事件发生示意图,图 3-5(c)描述的是温(热)备件门的事件发生示意图。当输入事件 A 与事件 B 都发生时,输出事件 C 才会发生,其中,冷备件门中的备件在进入工作状态之前不会失效,而温备件门与热备件门在储备状态时备件可能均会失效。只不过两者的失效率有所不同(但在事件发生示意图上没有区别),事件发生示意图中符号"——"仍表示事件不发生,但此时所描述的组件将处于备用状态。

3.3.4　动态故障树可靠性指标的计算

　　根据前面描述的关于底事件的状态数组生成及常用逻辑门的 Monte Carlo 表达,下面给出求解动态故障树可靠性指标的过程。

　　(1) 设置系统仿真运行时间 $T_{\max}$ 及仿真次数 N。

　　(2) 对于第 j 次仿真,首先对所有底事件的状态数组进行抽样,记第 i 个组件为状态数组 x_i,然后根据逻辑门的操作规则得到中间事件的状态数组及顶事件的状态数组,将顶事件的状态记为 S_j。

　　(3) 重复上述步骤,直到仿真运行 N 次,得到每次仿真时系统对应的状态数组 $S_j(j=1,\cdots,N)$。

　　Monte Carlo 仿真是关于时间的仿真,为了便于描述,这里给出的是平均故障间隔时间(MTBF)与平均恢复前时间(MTTR)指标的计算方法。为了计算系统的 MTTR 与 MTBF 的点估计值,记 $k=\text{length}(S_j)$ 为第 j 次仿真中系统状态数组 S_j 元素的个数,则第 j 次仿真中系统处于正常工作时间与维修时间的区间数目分别记为 $K_{j,w}$ 与 $K_{j,F}$,有

$$K_{j,w} = \text{fix}\left(\frac{k}{2}\right) \tag{3-14}$$

$$K_{j,F} = \text{ceil}\left(\frac{k}{2}\right) - 1 \tag{3-15}$$

式中, fix 为向 0 方向的取整函数;ceil 为向 $+\infty$ 方向的取整函数。

　　考虑到若 $\text{mod}(k,2)=1$(mod 为除法取余函数),则表明仿真过程中最后一个区间为系统的不完整的故障区间,此次仿真时最后一个故障区间不计算在内,可令

$$K_{j,F} = K_{j,F} - 1 \tag{3-16}$$

　　反之,若 $\text{mod}(k,2)=0$,则表明仿真过程中最后一个区间为系统的不完整的正常工作区间,同理,此次仿真时最后一个正常工作区间不计算在内,可令

$$K_{j,w} = K_{j,w} - 1 \tag{3-17}$$

则系统的 MTTR 的点估计值为

$$\overline{\text{MTTR}} = \frac{1}{\sum\limits_{j=1}^{N} K_{j,F}} \sum_{j=1}^{N} \sum_{i=1}^{K_{j,F}} (S_{j,2i+1} - S_{j,2i}) \tag{3-18}$$

式中，$S_{j,2i}$ 与 $S_{j,2i+1}$ 分别为第 j 次仿真中系统第 i 次维修的起始与截止时间。

系统的 MTBF 的点估计值为

$$\overline{\text{MTBF}} = \frac{1}{\sum\limits_{j=1}^{N} K_{j,W}} \sum_{j=1}^{N} \sum_{i=1}^{K_{j,W}} (S_{j,2i} - S_{j,2i-1}) \tag{3-19}$$

式中，$S_{j,2i-1}$ 与 $S_{j,2i}$ 分别为第 j 次仿真中关于系统第 i 个正常工作阶段的起始与截止时间。

3.3.5 方法可行性验证

本节以动态故障树模型中常用的与门、或门、与门和或门组合时描述的系统为例，将 Monte Carlo 仿真与解析法求解值进行比较，验证基于状态数组的 Monte Carlo 仿真的可行性，事实上，与门、或门分别描述的是关于组件的并联、串联结构，而与门、或门的组合又可分为描述组件的并-串联混合结构、串-并联混合结构两种情况。本节将以并联系统、串联系统、并-串联系统与串-并联系统为例，将不同子系统的仿真结果与相应的解析法求解值比较，其中，假定并联系统与串联系统都仅有组件 1 与组件 2 两个独立组件（即与门和或门都只有两个输入事件），并假定两个组件的可靠性参数相同，即等效失效率为 $\lambda_1 = \lambda_2 = 2.0 \times 10^{-3}$/h，等效维修率为 $\mu_1 = \mu_2 = 0.01$/h。并-串联系统与串-并联系统由组件 1、组件 2、组件 3 与组件 4 共四个独立组件构成，其中，并-串联系统是由组件 1 与组件 2 构成的并联子系统与由组件 3 与组件 4 构成的并联子系统组成的串联系统。串-并联系统是由组件 1 与组件 2 构成的串联子系统与由组件 3 与组件 4 构成的串联子系统组成的并联系统。同样假定混合系统中组件的可靠性参数相同，其值为 $\lambda_i = 2.0 \times 10^{-3}$/h（$i=1,2,3,4$，下同），$\mu_i = 0.01$/h；设定不同的仿真运行时间 $T_{\max}$ 及仿真次数 N，得到各系统的仿真结果（MTBF 值与 MTTR 值）及与解析法的比较，如表 3-1 所示。

其中，表 3-1 中的误差计算是各系统的 Monte Carlo 仿真结果与相应的解析法求解结果比较的相对误差。关于解析法，这里将利用两组件独立时的并联系统与串联系统的计算公式来计算在相同参数下的可靠性指标。首先，根据式（3-20）与式（3-21）计算两组件并联时的 MTBF 与 MTTR 值，有

$$\text{MTBF}_{并联} = \frac{\lambda_1\mu_2 + \mu_1\lambda_2 + \mu_1\mu_2}{\lambda_1\lambda_2(\mu_1+\mu_2)} = 1750\text{h} \tag{3-20}$$

表 3-1 　四种系统 Monte Carlo 仿真结果与解析法比较

系统名称	仿真运行时间 T_{max}/h	仿真次数 N	仿真结果			
			MTBF/h	误差/%	MTTR/h	误差/%
两组件并联系统	104	103	1.4047×10^3	19.73	50.1494	0.30
		105	1.4249×10^3	18.58	49.8050	0.39
	105	103	1.7108×10^3	2.24	49.9870	0.03
		105	1.7171×10^3	1.88	49.9965	0.01
	106	103	1.7549×10^3	0.28	50.1288	0.26
		105	1.7465×10^3	0.20	49.9649	0.07
两组件串联系统	104	103	241.6934	3.32	108.2603	1.58
		105	243.5178	2.59	108.6381	1.24
	105	103	249.2614	0.30	109.7954	0.19
		105	249.4212	0.23	109.8346	0.15
	106	103	249.8583	0.06	109.6436	0.32
		105	249.9414	0.02	109.9881	0.01
并-串联系统	104	103	879.7639	0.55	50.4547	0.51
		105	874.9252	0.01	49.7068	1.99
	105	103	875.4755	0.06	50.6140	0.20
		105	874.9680	0.00	50.6889	0.05
	106	103	875.2493	0.03	50.6714	0.08
		105	874.9406	0.01	50.7524	0.08
串-并联系统	104	103	546.3898	2.30	55.1623	0.30
		105	537.3637	0.61	54.7095	0.52
	105	103	532.5968	0.28	54.9673	0.06
		105	534.3369	0.05	54.9789	0.04
	106	103	533.1523	0.18	55.0124	0.02
		105	534.1323	0.01	55.0013	0.00

$$\text{MTTR}_{并联} = \frac{1}{\mu_1 + \mu_2} = 50\text{h} \tag{3-21}$$

根据式(3-22)与式(3-23)计算两组件串联时的 MTBF 与 MTTR 值,有

$$\text{MTBF}_{串联} = \frac{1}{\lambda_1 + \lambda_2} = 250\text{h} \tag{3-22}$$

$$\text{MTTR}_{串联} = \frac{\lambda_1 \lambda_2 + \lambda_1 \mu_2 + \mu_1 \lambda_2}{\mu_1 \mu_2 (\lambda_1 + \lambda_2)} = 110\text{h} \tag{3-23}$$

关于并-串联系统与串-并联系统的可靠性指标计算,由于组件之间的独立性,

可利用第 2 章介绍的层次法进行计算,例如,计算并-串联系统的可靠性指标,可先计算由组件 1(组件 3)与组件 2(组件 4)构成的并联子系统的可靠性指标,再计算由两个并联子系统构成的串联系统的可靠性指标,这里不再列出两种混联系统可靠性指标的计算过程,仅给出最终结果,其中,并-串联系统的 MTBF 值与 MTTR 值分别为:MTBF$_{并-串联}$=875h,MTTR$_{并-串联}$=50.7143h;而串-并联系统的 MTBF 值与 MTTR 值分别为:MTBF$_{串-并联}$=534.0909h,MTTR$_{串-并联}$=55h。

　　根据表 3-1 中 Monte Carlo 仿真结果与解析法求解结果相比较的误差可以看出,仿真运行时间 T_{max} 的设定对最后的可靠性指标值的影响较大,例如,当运行时间为 T_{max}=104 时,令仿真次数 N=105,对于两组件并联系统、两组件串联系统、并-串联系统与串-并联系统,MTBF 值的误差分别为 18.58%、2.59%、0.01% 与 0.61%,而 MTTR 值的误差分别为 0.39%、1.24%、1.99% 与 0.52%,这样的误差对于可靠性分析有时是不能容许的;而当 T_{max} 设定为 106,令 N=103 时,各系统的 MTBF 值的误差分别为 0.28%、0.06%、0.03% 与 0.18%,MTTR 值的误差分别为 0.26%、0.32%、0.08% 与 0.02%,进一步令 N=105 时,各系统 MTBF 值的误差分别为 0.20%、0.02%、0.01% 与 0.01%,MTTR 值的误差分别为 0.07%、0.01%、0.08% 与 0.00%。对于 Monte Carlo 仿真,即使次数达到一定值之后,仍会出现误差,但只要这样的误差在一定的允许范围内,则计算的可靠性指标即是可接受的,所以,Monte Carlo 仿真是在不能用解析法求解时才使用的方法,因为其计算精度和求解时间有时却不尽人意。

3.4　算 例 分 析

　　一种基于集合运算的动态故障树分析方法[9]分离了动态逻辑门的逻辑属性与时序属性,在先不考虑时序约束的情况下,把动态故障树转化为静态故障树,利用集合运算得到静态故障树的最小割集,再把静态故障树中的最小割集概念拓广到动态故障树中的最小顺序割集。

3.4.1　静态故障树最小割集的生成

1. 最小割集生成中使用的基本集合运算

最小割集生成中使用的基本集合运算包括集合的并、交、差及积。运算符号表示如下。

并:$P \cup Q$。

交:$P \cap Q$。

差:$P - Q$。

积:$P \cdot Q$。

如果 $P = \{a,b\}, Q = \{b,c\}$，那么 $P \bigcup Q = \{a,b,c\}, P \bigcap Q = \{b\}, P - Q = \{a\}, P \cdot Q = \{ab, ac, b, bc\}$。

基本集合运算在最坏情况下，运算时间与变量个数呈指数关系。

2. 静态故障树最小割集的生成

静态故障树只包含静态门，包括与门、或门和 n 中取 k 门。n 中取 k 门可以由与门和或门的组合表示，所以我们只考虑含与门和或门的静态故障树。最小割集生成算法首先生成一个连接门的最小割集，然后通过一系列集合运算把输入的最小割集组合成连接门输出的最小割集。这里用 MCS-OR 和 MCS-AND 统一表示或门和与门最小割集的运算。

1) 与门的最小割集生成

如果故障树的顶门是与门，那么故障树的割集就是与门的输入子树的割集的交集。为了得到最小割集，需要做一些缩减。缩减基于这样一个原理:如果一个组合在所给的最小割集中没有出现，那么这个组合和最小割集的积集仍然是最小的。例如，设 $M = \{ab, c\}, C_1 = \{c\}, C_2 = \{e\}, M \cdot C_1 = \{abc, c\}$ 不是一个最小割集，而 $M * C_2 = \{abe, ce\}$ 是一个最小割集。

下面举一简例:设 $S_1 = \{a, b, cd\}, S_2 = \{b, d\}$。通过应用 MCS-AND 运算，最小割集的生成如下所示:$S_c = S_1 \bigcap S_2 = \{b\}, D_1 = S_1 - S_c = \{a, cd\}, D_2 = S_2 - S_c = \{d\}, P = D_1 \cdot D_2 = \{ad, cd\}, \text{MCS} = S_c \bigcup D_3 = \{b, ad, cd\}$，即 $\text{MCS}(S_1 \text{AND} S_2) = \{b, ad, cd\}$。

2) 或门的最小割集生成

如果故障树的顶门是或门，那么故障树的割集就是或门的输入子树的割集的并集。基于这个事实，可以设计基于并集运算的 MCS-OR 运算。由于两个或更多的最小割集的并集可能不是最小割集，需要进一步缩减得到最小割集。

同 1) 中的例子。

设 $S_1 = \{a, b, cd\}, S_2 = \{b, d\}$。通过应用 MCS-OR 运算，最小割集的生成如下所示:$S_c = S_1 \bigcap S_2 = \{b\}, D_1 = S_1 - S_c = \{a, cd\}, D_2 = S_2 - S_c = \{d\}, U = D_1 \bigcup D_2 = \{a, cd, d\}, P = D_1 \cdot D_2 = \{ad, cd\}, D_3 = U - P = \{a, d\}, \text{MSC} = S_c \bigcup D_3 = \{a, b, d\}$，即 $\text{MSC} = (S_c \text{OR} S_2) = \{a, b, d\}$。

3.4.2　动态故障树最小顺序割集的生成

在动态故障树中，增加了动态门，如备件门（HSP、WSP、CSP），顺序相关门（SEQ），优先与门（PAND）及功能相关门（FDEP）。动态故障树顶事件的发生不仅与底事件的组合有关，而且与底事件的发生顺序有关。因此，为了反映动态故障树的这个特性,将静态故障树中最小割集的概念拓展为最小顺序割集;最小顺序割集就是导致动态故障树顶事件发生的最小失效事件序列。

　　动态故障树通常用 Markov 模型分析,最小顺序割集通过遍历 Markov 链得到。但是,建立 Markov 模型并找出最小顺序割集是相当耗时间的。考虑到最小割集和最小顺序割集的关系,可以找到一种比 Markov 模型更有效的方法。

　　动态门的动态约束性质可以分解为逻辑约束和时间约束。逻辑约束指一个动态门的输入事件之间的与、或关系。时间约束指一个动态门的输入事件所需的失效顺序。例如,优先与门的逻辑约束是与关系,时间约束是从左到右。基于以上分析,我们设计如下动态故障树的最小割集生成算法。

　　(1) 按逻辑约束用相应的与门、或门代替动态门;优先与门、冷备件门、温备件门、热备件门、顺序相关门按逻辑约束均可以用与门代替;功能相关门按逻辑约束可以用或门和与门的嵌套代替。

　　(2) 生成替换后的静态故障树的最小割集。

　　(3) 按照时间约束把最小割集扩展为最小顺序割集。

　　在第(3)步中,可以先将最小割集分为静态子集和动态子集。静态子集包括直接或间接与静态门相连的底事件。动态子集包括直接或间接与动态门相连的底事件。我们只需要把动态子集扩展为失效序列集。第(2)步的实现可以利用静态故障树最小割集生成方法。

3.4.3　实例分析

　　本节将算法应用到某复杂系统动态故障树分析的实例中,从而得到该系统的最小顺序割集。该系统的动态故障树模型如图 3-6 所示。

　　图 3-6 中的动态故障树有一个冷备件动态模块,其余的均为静态模块。冷备件门的逻辑约束关系是与的关系,所以把冷备件门改成与门,可以得到一个与之对应的静态故障树,如图 3-7 所示。

　　对于图 3-7 中的静态故障树,按照本节提出的集合运算或者利用其他方法均可以求得最小割集如下。

　　(1) p_1, p_2, p_3, p_4, p_7。

　　(2) p_1, p_2, p_3, p_5, p_7。

　　(3) p_1, p_2, p_3, p_6, p_7。

　　根据本节介绍的算法,在最小割集中加入动态模块底事件 p_1 和 p_2 的时序逻辑关系,就可以得到压力容器系统动态故障树的最小顺序割集如下。

　　(1) $(p_1 \rightarrow p_2), p_3, p_4, p_7$。

　　(2) $(p_1 \rightarrow p_2), p_3, p_5, p_7$。

　　(3) $(p_1 \rightarrow p_2), p_3, p_6, p_7$。

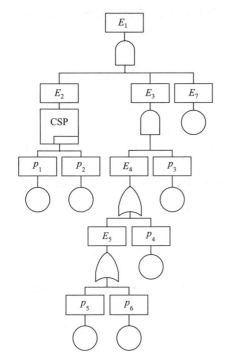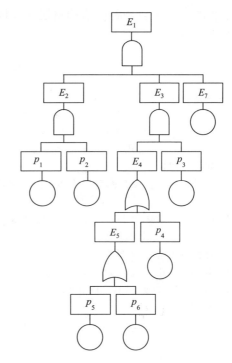

图 3-6　压力容器系统的动态故障树模型　　　　图 3-7　压力容器系统的静态故障树模型

其中,"→"表示 p_1,p_2 按照先 p_1 后 p_2 的顺序发生故障。

可见,基于集合运算的动态故障树最小顺序割集的生成方法是在静态故障树最小割集的求解方法上发展而成的,脱离了 Markov 模型,但是该方法仅限于动态逻辑门下直接带底事件的动态故障树,对于动态逻辑门嵌套的情况还不能很好地分析。

3.5　本章小结

动态故障树具有强大的模型表达能力,可以描述设备的顺序失效和动态冗余管理机制,是系统可靠性分析的良好工具。利用动态故障树对复杂系统可靠性建模,再通过 Monte Carlo 方法进行仿真计算,可以得到系统相应的定量可靠性指标。本章中假设被分析的复杂系统可靠性参数服从指数分布,在此种假设下对系统进行可靠性仿真,只要设备的工作时间与维修时间变量的分布函数的反函数存在,就可以在仿真过程中利用直接抽样法抽样设备的工作时间与维修时间,即提出的模型与仿真算法对于设备的工作时间或维修时间服从威布尔分布、标准正态分布等其他非指数分布的情况同样适用。动态故障树解析法与 Monte Carlo 仿真相结合的方法将会是解决诸如轨道交通地铁综合监控系统等复杂系统可靠性分析的有力工具。

参 考 文 献

[1] 魏选平,卞树檀.故障树分析法及其应用[J].电子产品可靠性与环境试验,2004,3:43-45.

[2] 杨晶.基于动态故障树的地铁综合监控系统可靠性分析方法[D].成都:西南交通大学,2009.

[3] Huang C Y,Chang Y R. An improved decomposition scheme for assessing the reliability of embedded systems by using dynamic fault trees[J]. Reliability Engineering & System Safety, 2007,92(10):1403-1412.

[4] 程明华,姚一平.动态故障树分析方法在软、硬件容错计算机系统中的应用[J].航空学报,2000,21(1):34-37.

[5] 陈光宇,黄锡滋,唐小我.故障树模块化分析系统可靠性[J].电子科技大学学报,2006,35(6):989-992.

[6] 于敏,何正友,钱清泉.基于混合法的监控系统可靠性分[J].计算机工程,2010,36(19):14-17.

[7] 肖刚,李天柁,余梅.动态系统可靠性仿真的五种蒙特卡罗方法[J].计算物理,2001,18(2):173-176.

[8] 金星,洪延姬.系统可靠性评定方法[M].北京:国防工业出版社,2005.

[9] Tang Z H,Dugan J B. Minimal cut set/sequence generation for dynamic fault trees[J]. RAMS, 2004:207-213.

第4章 基于高级 Petri 网的可靠性分析方法

可靠性建模分析的实质是分析潜在或者显现的异常行为状态,以及这些异常行为状态之间的因果关系,找出影响可靠性的决定性因素。Petri 网的逻辑描述能力刚好可以对该因果关系进行描述,故本章重点介绍基于 Petri 网的可靠性建模分析方法。

基于 Petri 网的可靠性建模分析方法与其他方法相比具有独特的优势,主要表现在:①善于处理系统正常运行或故障状态下的离散数据中所隐含的子系统间、子系统内部元件间的相互依赖关系;②采用图形化的表示方法,使得建模和分析过程清晰明了;③采用矩阵运算的方式,能够快速地获得可靠性分析结果,有利于实现准确、快速的复杂系统可靠性分析。因此,Petri 网在系统可靠性分析中占据重要的地位。

然而,简单 Petri 网是基于二进制逻辑的判定方法,不能有效地处理复杂的不确定性问题,在系统信息不完备、不确定的情况下,难以给出正确的可靠性分析结果。基于此,有学者提出了基于高级 Petri 网的可靠性分析方法,其中主要包含模糊 Petri 网、自适应模糊 Petri 网、粗糙 Petri 网、混合 Petri 网和随机 Petri 网等。本章将在介绍以上基于高级 Petri 网的可靠性分析方法基本概念的基础上,引用文献[1]中实例介绍 Petri 网在可靠性建模分析中的具体应用。

4.1 Petri 网基础理论

4.1.1 Petri 网的定义

图 4-1 所示为 Petri 网简单示意图。

该表示法为 Petri 网的图形表示法。在图形表示法中,用圆圈"○"表示库所(place),用竖线"|"表示变迁(transition),用黑点"·"表示托肯(token),用从节点 x 到 y 的有向弧"⟶"表示有序偶 (x, y)。库所分为输入库所和输出库所,对应的变迁也分为输入变迁和输出变迁。如果有向弧是从库所到变迁,则称库所是输入库所,变迁是库所的输出变迁;反之,如果有向弧是从变迁到库所,则称

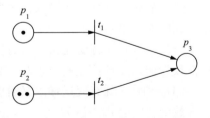

图 4-1 Petri 网简单示意图

库所是变迁的输出库所,变迁是库所的输入变迁。

与之相对应的数学解析法中,用关联矩阵对 Petri 网系统的结构进行刻画,并结合点火序列和初始标识矩阵进行矩阵运算得到最终标识。优点在于可以借助矩阵知识简洁地展现 Petri 网的结构性质。

Petri 网可表示为一个五元组:

$$PN = (P, T, F, W, M_0) \tag{4-1}$$

式中,P 和 T 分别为有向网 N 的库所集和变迁集,它们中的元素分别称为库所和变迁,用 p 或 t 表示;F 是由 p 元素和 t 元素组成的有序偶的集合,也称为流关系(flow relation)或者弧,可表示为 (p, t) 或 (t, p),其中 $p \in P, t \in T$;每一个库所存放一种资源,资源的流动由流关系决定,用托肯来代表库所中存放的资源;初始标识集 M_0 表示库所初始状态存放托肯的情况;权函数集 W 表示流关系的约束条件,权值写在 x 到 y 的有向弧上,它表示资源的转移量,权值为 1 时不标明。

一般认为库所是可以存放无限托肯的场所,当建模需要对库所容量进行限制时,就需要增加数组 K 来表示库所容量函数集,$K \to \{1, 2, 3, \cdots\}$,此时 Petri 网表示为一个六元组:

$$PN = (P, T, F, K, W, M_0)$$

4.1.2　Petri 网的推理

上述网络系统反映系统的静态结构,系统的动态行为需要通过托肯数目的变化和变迁点火来体现,其中,托肯数目变化是由变迁点火来实现的,变迁点火遵循以下条件和规律[2]。

(1) 如果变迁 t 所有的输入库所中都有托肯且每一个库所中的托肯的数量大于或等于 $W(p, t)$,那么变迁被称为使能的(enable)。

(2) 只有使能的变迁才能点火,一个使能的变迁是否点火,取决于它所代表的事件是否真实发生,即该变迁是否满足相关评价函数。

(3) 当一个使能的变迁 t 点火时,该变迁的每一个输入库所 p 将把 $W(p, t)$ 个托肯移出,变迁的每一个输出库所将添加 $W(t, p)$ 个托肯。

按照如下规则产生托肯数目及库所标识。

(1) 库所 p 没有变迁输入仅有变迁输出,那么库所 p 被称为初始库所,p 中的托肯数由人为给定。

(2) 库所 p 仅有变迁输入没有变迁输出,那么库所 p 被称为终止库所,p 中的托肯数为输入变迁产生托肯的最大值。

(3) 库所 p 既有变迁输入又有变迁输出,当输入和输出变迁点火时,库所 p 中托肯数变化的公式表达为

$$M(p) = M_0(p) + W(t, p) - W(p, t) \tag{4-2}$$

Petri 网的推理过程通过初始标识集 M_0 和评价函数,根据点火条件确定点火变迁,使得托肯按照加权弧的约束由输入位置迁移到输出位置完成一次状态变化;再根据变化后的状态确定下次的点火变迁,再次点火触发,完成托肯的转移;根据这种动态规则不断推理,当网络中没有变迁可以激活时,它进入了最终的稳定状态,追踪所有点火的变迁节点和库所中托肯的分布,就可以得到问题的解。

4.1.3　Petri 网在可靠性分析中的应用

在可靠性建模分析中,常利用 Petri 网的逻辑描述能力代替故障树进行系统的可靠性分析建模。常用的逻辑关系"与、或、非"的 Petri 网表示如图 4-2 所示。

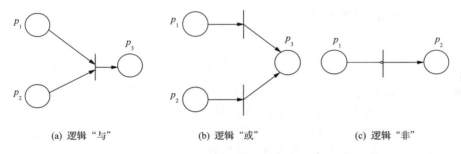

(a) 逻辑"与"　　　　　　　(b) 逻辑"或"　　　　　　　(c) 逻辑"非"

图 4-2　逻辑"与、或、非"的 Petri 网表示

根据图 4-2 中的逻辑表示,可以将故障树模型转换为相应的 Petri 网模型。将故障树模型中的"与门"采用多输入变迁代替,"或门"采用多个变迁代替,如此可以很方便地将故障树模型转化为基本 Petri 网模型。然后,根据得到的 Petri 网写出关联矩阵,再通过关联矩阵,可以快速得到故障树的最小割集,进而得到故障树可靠性分析模型。故障树模型及其对应的 Petri 网模型如图 4-3 所示。

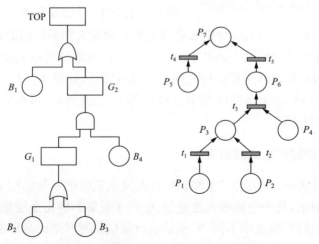

图 4-3　故障树及其对应的 Petri 网模型

　　然而,以上介绍的简单 Petri 网是基于二进制逻辑的判定方法,不能有效地处理复杂系统中的不确定性问题,在系统信息不完备、不确定的情况下,难以给出正确的可靠性分析结果。因此,以简单 Petri 网为基础,衍生出一系列高级 Petri 网,并应用于可靠性建模分析中,主要包括模糊 Petri 网、自适应模糊 Petri 网、粗糙 Petri 网、混合 Petri 网和随机 Petri 网等。本章以下内容将对几种主要的高级 Petri 网及其应用进行具体介绍。

4.2　基于模糊 Petri 网的可靠性分析

4.2.1　模糊 Petri 网定义

　　简单 Petri 网无法处理不确定知识,使得 Petri 网在建模时缺乏柔性。为此,Petri 网和模糊集理论相结合的方法被提出。模糊 Petri 网(Fuzzy Petri Nets,FPN)是基于模糊生产方式规则的知识库系统的良好建模工具,但不具备学习能力,其中的参数一般是专家经验数据,难以精确获得。

　　模糊 Petri 网在 Petri 网的基础上增加了变迁触发置信因子,并且其库所中的托肯数为信息置信度因子,是小数而非整数。

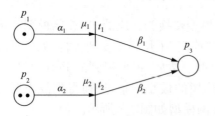

图 4-4　模糊 Petri 网的简单示意图

　　图 4-4 所示为模糊 Petri 网的简单示意图。

　　比较常用的模糊 Petri 网结构为一个八元组:

$$FPN = (P, T, D, I, O, f, \alpha, \beta)$$

式中,P、T 含义同前;$D = \{d_1, d_2, \cdots, d_n\}$,表示所有库所对应命题的集合,有 $|P| = |D|$、$P \cap T \cap D = \varnothing$;$I$、$O$ 分别表示流关系上的输入和输出函数;$f(t_i) = \mu_i$,$\mu_i \in [0,1]$ 为变迁到其确信因子的映射;$\alpha: P \rightarrow [0,1]$ 为库所对应的命题到其置信度的映射;$\beta: P \rightarrow D$,反映库所和命题之间一一对应关系,如果 $\beta(p_i) = d_i$ 且 $\alpha(p_i) = y_i$,其中 $y_i \in [0,1]$,那么命题 d_i 的置信度就等于 y_i。此外,也可在变迁上设置阈值 λ,增加推理的可信度。

4.2.2　可靠性模糊产生式规则表示

　　在可靠性分析中,一般的专家知识是针对复杂系统的一种结构的模糊判断,也是一种模糊规则集,其中包括输入变量集、中间变量集和输出变量集。但是其对权值的规定与一般的模糊规则不同,它不是表示前提命题对结论命题的影响程度,而是表示当一个命题属于多个模糊产生式规则的输入命题时,该命题对于不同规则的隶属程度,且每一个前提命题的各个权值之和应等于 1。

　　基于模糊 Petri 网理论的可靠性分析,是用模糊 Petri 网来表示模糊产生式规则(Fuzzy Production Rule,FPR),同时利用 Petri 网的可达性和变迁激活规则进行复杂系统的可靠性分析,并给出分析结果的可信度,网络故障、模糊 Petri 网及模糊产生式规则的对应关系如表 4-1 所示[3]。

表 4-1　网络故障、模糊 Petri 网及模糊产生式规则的对应关系

网络故障	模糊 Petri 网	模糊产生式规则
故障行为	变迁	规则
系统	网	规则库
故障传递	变迁的引发	规则的应用
故障现象	库所	条件
系统状态	网的标识	成立条件集合
模糊性	库所托肯值	可信度 CF

4.3　基于自适应模糊 Petri 网的可靠性分析

　　自适应模糊 Petri 网(Adaptive Fuzzy Petri Nets,AFPN)是在模糊 Petri 网中 $P \to T$ 的有向弧上增加权值 w,并根据获得复杂系统的不完善、不确定信息进行自适应的调整,即在 Petri 网中调整规则的阈值、权值及变迁置信度参数的 Petri 网。它不仅具有模糊 Petri 网的描述计算能力,还具备神经网络的学习能力,在一定程度上,避免了因人的主观因素所造成的误差,提高了分析的准确度。

4.3.1　AFPN 的表示方法

　　为更好地表示动态复杂系统的逻辑关系,用模糊产生式规则(FPR)来表示两命题之间的模糊关系,包括"或"、"与"关系。如果根据前提条件对结果命题的重要程度,赋予每个有向弧不同权值,就构成了加权模糊产生式规则(Weighted Fuzzy Production Rule,WFPR)。根据 Petri 网的组网形态,加权模糊产生式规则可以归纳出如下四条基本的模糊产生规则[4],如图 4-5 和图 4-6 所示。

　　规则 1　简单规则

$$R:\text{IF } a \text{ THEN } c, \text{Th}(t) = \lambda, W_O = \mu, W_I = w \tag{4-3}$$

　　规则 2　复合"与"规则

$$R:\text{IF } a_1 \text{ AND } a_2 \cdots \text{AND } a_n \text{ THRN } c, \text{Th}(t) = \lambda, W_I(p_i, t) = w_i,$$
$$W_O(t, p) = \mu, i = 1, 2, \cdots, n \tag{4-4}$$

规则 3　复合"或"规则

R：IF a_1 OR a_2 OR…OR a_n

THEN c，$\text{Th}(t_i) = \lambda_i$，$W_I(p_j, t_i) = w_j$，$W_O(t_i, p) = \mu_i$，

$i = 1, 2, \cdots, n, j = 1, 2, \cdots, n$　　　　　　　　　　　　　　　　　(4-5)

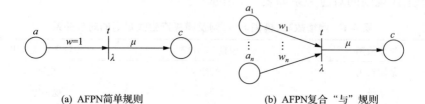

(a) AFPN简单规则　　　　　　　　　　(b) AFPN复合 "与" 规则

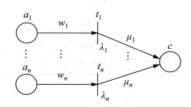

(c) AFPN复合 "或" 规则

图 4-5　AFPN 模糊产生式规则

同时根据电网拓扑的特性，定义条件"与"规则。

规则 4　条件"与"规则

R：WHEN a_1 is TRUE，IF a_2 AND a_3 THEN c $\text{Th}(t) = \lambda$，$W_O = \mu$，

$W_I(p_i, t) = w_i$，$i = 1, 2$　　　　　　　　　　　　　　　　　(4-6)

规则中的 a_1 库所不参与推理运算，该库所中的托肯情况仅作为判断变迁是否能够正常点火的前提条件。

AFPN 可用以下 9 元组表示：

$$\text{AFPN} = \{P, T, D, I, O, \alpha, \beta, \text{Th}, W\} \tag{4-7}$$

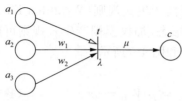

式中，$\text{Th} = \{\lambda_1, \lambda_2, \cdots, \lambda_n\}$，表示所有变迁对应阈值的集合，有 $\text{Th}(t_i) = \lambda_i, \lambda_i \in [0, 1]$；$W = W_I \bigcup W_O$，$W_I = \{w_1, w_2, \cdots, w_n\}$，$w_i \in [0, 1]$ 表示 $P \to T$ 流关系上的权值，$W_I(p, t) = w$；$W_O = \{\mu_1, \mu_2, \cdots, \mu_n\}$，$\mu_i \in [0, 1]$ 表示 $T \to P$ 的确信因子，$W_O(t, p) = \mu$，其他参数意义与前述相同。

图 4-6　AFPN 条件"与"规则

4.3.2　AFPN 的模糊推理

AFPN 的模糊推理,即当已知规则中初始命题的置信度时,如何推导出结果命题的真实程度。为了更清楚地描述模糊推理规则,有如下定义。

在 AFPN 中, t 是使能的,如果满足: $\forall p_{I_j} \in I(t), \sum_{j} \alpha(p_{I_j}) \cdot w_{I_j} \geqslant \mathrm{Th}(t)$, $j = 1, 2, \cdots, n$,使能变迁 t 可以触发,产生一个新的置信度,其值为 $\mathrm{CF}(t)$:

$$\mathrm{CF}(t) = \begin{cases} \sum_{j} \alpha(p_{I_j}) \cdot w_{I_j}, & \sum_{j} \alpha(p_{I_j}) \cdot w_{I_j} \geqslant \mathrm{Th}(t) \\ 0, & \sum_{j} \alpha(p_{I_j}) \cdot w_{I_j} < \mathrm{Th}(t) \end{cases} \qquad (4\text{-}8)$$

进而,其后继库所 p_{O_j} 中将产生新的置信度 $\mathrm{CF}(t) \cdot \mu$,可使用一个函数 $G(x)$ 来逼近这一分段函数值。

$$G(x) = x \cdot \mu \cdot f_a(x) \qquad (4\text{-}9)$$

式中, $x = \sum_{i} \alpha(p_i) \cdot w_i$; $f_a(x)$ 是一个 sigmoid 函数,用来表示变迁 t 的阈值限制条件, $f_a(x) = 1/(1 + \mathrm{e}^{-b(x-\mathrm{Th}(t))})$,其中 b 是一个很大的数,当 $x > \mathrm{Th}(t)$ 时, $f_a(x) \approx 1$,当 $x < \mathrm{Th}(t)$ 时, $f_a(x) \approx 0$。

如果一个库所有且仅有一个输入变迁点火,那么该库所中托肯的新的置信度值就是 $G(x)$;如果一个库所有多个输入变迁且至少有 1 个变迁点火,那么该库所中托肯的新的置信度值选择为输入变迁中产生的最大一个。

在上述规则的基础上,通过点火变迁,就可以根据初始命题的置信度推理出终止库所置信度,其模糊推理算法如下所示。

输入:所有起始库所的置信度集合。

输出:其余库所的置信度集合。

(1) 建立库所集合,对非起始库所,其置信度置 0,所有起始库所集合 PM。

(2) 建立所有变迁的集合 T。

(3) 按照式(4-8),找到当前可以点火的变迁集合 T_{current}。

(4) 按照式(4-9),对可以点火的变迁计算其新产生的置信度 $G(x)$。

(5) 对产生新置信度的库所进行重置标识。

(6) $T = T - T_{\mathrm{current}}$, $P = P - \cdot T_{\mathrm{current}}$,这里 $\cdot T_{\mathrm{current}}$ 表示 T_{current} 的输入库所。

(7) 返回步骤(3)重复进行,直至 $T_{\mathrm{current}} = 0$。

4.3.3　AFPN 的自适应训练方法

模糊产生式规则的阈值、权值和变迁置信度等参数,一般都是根据专家经验产生的,从而难以确定。AFPN 具有神经网络的某些特性,因此可以应用神经网络算法训练参数,使之更接近真实情况。以阈值为例,可用 BP 算法(Back Propagation Algorithm, BPA)来自适应调整。

假设在 AFPN 模型中,Th, W_O 都已知,输入库所和输出库所的置信因子都已知。

由式(4-9)可知,在推理过程中用连续函数 $G(x)$ 来逼近 $\mathrm{CF}(t) \cdot \mu$。对于一个终止库所,与起始库所 i 间一般有多条通路。对于一条通路 Ω,它对应输入和点火变迁的权值为 w_i,那么输出 $O(\Omega)$ 为

$$O(\Omega) = G^{(n)} \{ W^{(n)} G^{(n-1)} [W^{(n-1)} G^{(n-2)} \cdots W^{(2)} G^{(1)} \times W^{(1)} U] \} \quad (4\text{-}10)$$

式中,$G^{(k)}(k=1,2,\cdots,n)$ 为第 k 层的输出函数;$W^{(k)}$ 为第 k 层的权值;如果实际输出为 O^*,则输出误差为 $e_n = O(\Omega) - O^*$。

当系统的最终输出误差 e 趋近一个极小值 ε 时,训练即可终止,可表示为

$$e = \frac{1}{2} \sum (O(\Omega) - O^*)^2 < \varepsilon \quad (4\text{-}11)$$

各层权值调节如下:

$$\begin{cases} W^{(n-1)}(k+1) = W^{(n-1)}(k) - \gamma_{n-1} \dot{G}^{(n-1)} e_{n-1} \Lambda^{(n-1)} \\ \qquad\qquad\qquad \vdots \\ W^{(2)}(k+1) = W^{(2)}(k) - \gamma_2 \dot{G}^{(2)} e_2 \Lambda^{(2)} \\ W^{(1)}(k+1) = W^{(1)}(k) - \gamma_1 \dot{G}^{(1)} e_1 \Lambda^{(1)} \end{cases} \quad (4\text{-}12)$$

式中,γ 是学习率;$\Lambda^{(k)}$ 为第 k 层的输入。

$$\dot{G} = \frac{\mathrm{d}}{\mathrm{d}x} \left[\frac{\mu \cdot x}{1 + \mathrm{e}^{-b(x-\mathrm{Th}(t))}} \right] = \frac{\mu x b \, \mathrm{e}^{-b(x-\mathrm{Th}(t))}}{(1 + \mathrm{e}^{-b(x-\mathrm{Th}(t))})^2} + \frac{\mu}{1 + \mathrm{e}^{-b(x-\mathrm{Th}(t))}} \quad (4\text{-}13)$$

对于式(4-11)中第 k 层的输出误差 $e^{(k)}$ 的取值由以下公式确定。

当简单规则、"与"规则和"或"规则中只有一个变迁点火时,

$$e^{(k-1)} = e^{(k)} \cdot \mu^{(k)} \quad (4\text{-}14)$$

当"或"规则中有两个及以上变迁点火时,

$$e^{(k-1_1)} = e^{(k)} \cdot \frac{\mu^{(k_1)}}{\sum \mu^{(k_i)}}, e^{(k-1_2)} = e^{(k)} \cdot \frac{\mu^{(k_2)}}{\sum \mu^{(k_i)}}, \cdots, e^{(k-1_i)} = e^{(k)} \cdot \frac{\mu^{(k_i)}}{\sum \mu^{(k_i)}},$$
$$i = 1, 2, \cdots, n \quad (4\text{-}15)$$

AFPN 的自适应算法流程如下。

(1) 初始化参数:输入初始库所、变迁置信度、变迁阈值,设置所有的初始输入权值 w。

(2) 选取 n 个训练样本:从第一个样本开始,通过推理运算获得终止库所的置信度值,然后计算出最终误差,再根据式(4-14)、式(4-15)计算出每一层的误差,用它们计算更新权值 w。再用更新后的权值进入下一个样本计算,n 次样本依次计

算结束即为 1 次迭代。

（3）最后当最终误差 e 小于期望精度 ε 即满足式(4-11)时结束迭代，如果有 q 个终止库所，那么它们的结束条件为 $E = \dfrac{1}{2} \sum\limits_{i=1}^{n} \sum\limits_{j=1}^{q} (O - O^*)^2 < \varepsilon$。

4.4　基于粗糙 Petri 网的可靠性建模分析

利用粗糙集分析问题的基本思想，在保持分类能力不变的前提下，通过知识约简，导出问题的决策或分类规则。充分结合粗糙集和 Petri 网的优点，产生了基于知识库系统推理全部状态信息的粗糙 Petri 网（Rough Petri Nets，RPN）。

粗糙 Petri 网应用于多状态系统的可靠性建模中，利用 Monte Carlo 仿真方法进行系统的可靠性分析，可以降低多状态系统可靠性分析中的状态维数。

4.4.1　粗糙 Petri 网定义

粗糙 Petri 网可定义为一个九元组：

$$\mathrm{RPN} = \{\Sigma, P, T, A_{\mathrm{in}}, A_{\mathrm{out}}, C, G, W_{\mathrm{in}}, W_{\mathrm{out}}\} \tag{4-16}$$

式中，Σ 是非空的有限类型集；P 是非空的有限库所集，包括有色库所和知识库库所；T 是非空的有限变迁集，包括规则变迁和比较变迁；A_{in} 是有限的输入弧集；A_{out} 是有限的输出弧集；C 是颜色函数；G 是变迁的阈值函数，每个变迁都与一个逻辑表达式相关联；W_{in} 是输入弧权值，由各输入库所的重要性确定；W_{out} 是输出弧权值。

同样也需要定义变迁的触发规则：当变迁 $t \in T$ 的阈值函数表达式值为真时，定义变迁 t 是使能的。使能变迁 t 印发后，对于规则变迁，其输入库所中的托肯不变，而在其输出库所中产生一个托肯；对于比较变迁，知识库库所中的托肯不变，而其他库所中的托肯数均变为比较结果所对应的知识库中相应对象的状态值。

4.4.2　粗糙集理论相关的重要定义

部件的重要性度量在可靠性分析中起着非常重要的作用，它反映了部件状态变化对系统状态变化的影响程度[5]。文献[6]基于粗糙集理论的观点，给出系统状态对各部件状态的依赖度和各部件状态对系统状态的重要度。

1）知识依赖度和属性重要度的定义[7]

定义 4.1　假设 U 是研究对象构成的非空有限集，称为论域，R 是 U 上的一个不可分辨关系（indiscernible relation），也称为等价关系（equivalent relation），由它产生的等价类记为 $[x]_R = \{y \mid xRy, y \in U\}$，称为基本集。这些等价类构成的集合记为 $U/R = \{[x]_R \mid x \in U\}$，称为 U 的一个知识系统。假设 $A(A \neq \varPhi)$ 是 U 上的

一个等价关系簇,用 $\bigcap_{a\in A} a$ 表示同时具有 A 中任何等价关系的二元关系,则 $\bigcap_{a\in A} a$ 也是一个等价关系,从而也确定 U 的一个知识系统,U 的全体知识系统统称为知识库,用 $K=\langle U,A\rangle$ 表示。

定义 4.2 设 $X\subseteq U$,知识系统为 U/R。若 X 是 U/R 中部分等价类的并集,则称 X 是 R 的精确集(简称精确集,也称为可定义集);否则,称 X 是 R 粗糙集(简称粗集)或不可定义集或不确定集。

包含 X 的最小 R 精确集称为 X 的 R 上逼近(upper-approximation),记为 $\overline{R}(X)$。

X 所包含的最大 R 精确集称为 X 的 R 下逼近(lower-approximation),记为 $\underline{R}(X)$。

定义 4.3 对信息系统 $S=\langle U,R,V,f\rangle$,设 $r_0=R$,如果 $\mathrm{ind}(R/r_0)=\mathrm{ind}(R)$,则称属性 r_0 在 R 中是冗余的,r_0 为冗余属性(或可省略的);否则,称 r_0 在 R 中是绝对必要的。如果每个属性 $r_0\in R$ 在 R 中都是绝对必要的,则称属性集 R 是独立的;否则,称 R 是可约简的。

设 $Q\neq\Phi,Q\subset R$,如果满足:$\mathrm{ind}(R/r_0)=\mathrm{ind}(R)$,$Q$ 是独立的。

则称 Q 是 R 的一个绝对约简(reduce),记为 $\mathrm{red}(R)$。

定义 4.4 在粗糙集理论中,令 $K=(U,R)$ 是一个知识库,$P,Q\subseteq R$,P 的 Q 正域记为 $\mathrm{pos}_p(Q)=\bigcup_{x\in U/Q}\underline{P}X$。当 $k=\gamma_p(Q)=\dfrac{|\mathrm{pos}_p(Q)|}{|U|}$ 时,称 $k(0\leqslant k\leqslant 1)$ 是知识 Q 对知识 P 的依赖度。

定义 4.5 设 $S=(U,R,V,f)$ 为一知识表达系统,$A=C\bigcup D,C\bigcap D=\Phi$,$C$ 称为条件属性集,D 称为决策属性集,具有条件属性和决策属性的知识表达系统称为决策表。属性子集 $C'\subseteq C$ 关于 D 的重要性定义为 $\sigma_{CD}(C')=\gamma_C(D)-\gamma_{C-C'}(D)$。

定义 4.6 设 $S=(U,R,V,f)$ 是一个决策表,$A=C\bigcup D,C\bigcap D=\Phi$,其中 C 称为条件属性集,D 称为决策属性集,令 X_i 和 Y_i 分别代表 U/C 和 U/D 中的各个等价类,$\mathrm{des}(X_i)$ 表示对等价类 X_i 的描述,即等价类 X_i 是对于各条件属性值的特征取值;$\mathrm{des}(Y_i)$ 表示对规则定义为 $r_{ij}:\mathrm{des}(X_i)\rightarrow\mathrm{des}(Y_i),Y_i\bigcap X_i\neq\Phi$,规则的确定性因子 $\mu(X_i,Y_i)=|Y_i\bigcap X_i|/|X_i|,0<\mu(X_i,Y_i)\leqslant 1$。

2) 不见状态对系统状态的重要度和规则的获取

把系统中每个不见的状态看作一个条件属性,系统状态看作决策属性,可依次求出系统状态对各个部件的依赖度 k_i 和各部件状态关于系统状态的重要性 $\sigma_{CD}(i)$,对于知识库经过属性约简可以得到决策规则及其确定性因子,得到的决策规则为系统的最小路集和最小割集。实现算法如下。

设 $S=(U,R,V,f)$ 是一个决策表,$U=\{u_1,u_2,\cdots,u_{|u|}\}$,$A=|c_1,c_2,\cdots,c_n,$

$d\mid,a\in A$ 依次取单个属性值及条件属性中的 $n-1$ 个条件属性的组合,用 i 指向当前的输入对象,s 记录找到的关于 a 的 s 个类 $V_{a1},V_{a2},\cdots,V_{as}$ 。j 取值 $1,2,\cdots,s$,用来检验当前的输入对象 μ_i 是否有 $a(V_{aj})=a(\mu_i)$ 。如果对于某个 j 有 $a(V_{aj})=a(\mu_i)$,则令 μ_i 在 V_{aj} 中,否则,建立一个新类,$s=s+1,V_{as}=\{\mu_i\}$,重复执行以下过程实现不同属性的分类。

(1) $i=1,s=1,V_{a1}=\{\mu_1\}$ 。

(2) $i=i+1,j=1$ 。

(3) 当 $i>\mid U\mid$ 时,关于属性 a 的分类结束且有 $U/a=\mid V_{a1},V_{a2},\cdots,V_{as}\mid$,否则执行步骤(4)。

(4) 当 $a(V_{aj})=a(\mu_i)$ 时,$\mu_i\in V_{aj}$,返回步骤(2),否则执行步骤(5)。

(5) $j=j+1$ 。

(6) 当 $j>s$ 时,建立一个新类 $s=s+1,V_{as}=\{\mu_i\}$,返回步骤(2)输入下一个对象,否则,转步骤(4)。

(7) 依次计算系统状态对各部件状态的依赖度和各部件状态对系统的重要度。

3) 带有权重的状态范数及其状态距离

假设系统中有 n 个部件,系统和其每个部件均有 m 个状态,第 i 个部件的状态表示为 $x_i=s_i,s_i\in\{0,1,\cdots,m-1\}$;$x_i=0$ 表示部件失效,$x_i=m-1$ 表示部件 i 处于全功能状态。系统的状态由其部件状态组合确定,其结构函数为 $f(x_1,x_2,\cdots,x_n)=f(X):\{0,1,\cdots,m-1\}^n\rightarrow\{0,1,\cdots,m-1\},f(X)=0$ 表示系统完全失效,$f(X)=m-1$ 表示系统处于全功能状态。如果把部件的状态看成条件属性,那么系统的状态看成决策属性,将上述结构函数表示成一个二维表,即构成一张决策表。由此决策表应用本节中所述方法即可求得系统的所有最小路集和最小割集,从而采用容斥理论即可求得系统的可靠性。然而,对于多状态系统是很难获得全部状态信息的,因此,由本节中所述方法得到的规则只是系统的部分最小路集和部分最小割集,为了从这些不完备的规则信息中推测出非规则信息中的状态组合所对应的系统状态,文献[6]定义了带有权重的状态范数及其状态距离。

定义 4.7　设状态向量 $\boldsymbol{X}=(x_1,x_2,\cdots,x_n)$ 表示某时刻系统所处的状态,各部件对于系统状态的重要度 $\sigma_{CD}(i)$,定义状态 $\boldsymbol{X}$ 的状态范数为

$$\parallel\boldsymbol{X}\parallel=\sum_{i=1}^{n}\sigma_{CD}(i)x_i \tag{4-17}$$

定义 4.8　设状态向量 $\boldsymbol{U}=(u_1,u_2,\cdots,u_n)$,$\boldsymbol{V}=(v_1,v_2,\cdots,v_n)$ 表示某两个时刻系统的状态,各部件对于系统状态的重要度为 $\sigma_{CD}(i)$,定义二状态 $\boldsymbol{U}$ 、$\boldsymbol{V}$ 间距离为

$$d_w(\boldsymbol{U},\boldsymbol{V})=\sum_{i=1}^{n}\mid\sigma_{CD}(i)(u_i-v_i)\mid \tag{4-18}$$

带有权重的状态范数粗糙单调递增,因此可依照此状态范数将状态空间进行粗糙分类,对于多状态系统,当状态向量在知识库中时,应用规则即可得到对应的系统状态,而当状态向量不在知识库中时,利用此状态与知识库中各状态向量的距离来确定该状态所属的类,即该状态向量对应的系统状态与其距离最近的状态向量对应的系统状态相同。为了表示这种粗糙推理关系,提出粗糙 Petri 网,并以此来建立多状态系统的可靠性模型。

4.4.3　粗糙 Petri 网在可靠性分析中的应用

多状态系统由于维数灾问题而无法准确建立可靠性模型,当根据专家知识或者从使用经验中积累一定的知识时,可以利用上面叙述的方法获得各部件的重要性和系统的部分决策规则,然后建立该系统可靠性估计的粗糙 Petri 网模型,在此基础上,利用 Monte Carlo 仿真的思想进行可靠性仿真。具体实现算法如下。

(1) 设置仿真次数 N,并用 n 记录仿真次数,初值为 1。

(2) 当 $n>N$ 时,转步骤(4)。当 $n \leqslant N$ 时,根据各部件处于各状态的概率随机产生 1 组部件状态向量,判断规则变迁能否引发,若某个规则变迁能引发,则相应输出库所中增加 1 个托肯,且 $n=n+1$,重复步骤(2)。否则进入步骤(2)。

(3) 比较变迁根据带有权重的状态向量范数判断与其最近距离的状态向量,使各部件的状态变为与其最近距离的状态向量,转步骤(2)。

(4) 计算系统各状态库所中的托肯个数与总仿真次数的比值,即为系统处于各状态的概率。要求出系统处于某状态的可靠度,则把系统处于该状态以上的各状态概率值相加即可。

4.5　基于随机 Petri 网的可靠性建模分析

随机 Petri 网(Stochastic Petri Net,SPN)最早由 Shadiros 提出,并用随机 Petri 网对动态系统性能评估、分析和模拟,实质上是给出离散随机过程的一个图形化描述。目前用于可靠性分析的随机 Petri 网主要有随机 Petri 网[8]、广义随机 Petri 网(Generalized SPN,GSPN)[9] 及随机回报网(Stochastic Reward Net,SRN)[10] 三种形式,其中,随机 Petri 网把变迁与随机的指数分布实施延时相联系,一个随机 Petri 网同构于一个 Markov 链;广义随机 Petri 网是随机 Petri 网的一种扩充,将变迁分成瞬时变迁与延时变迁两类,这是缓解状态爆炸的有效途径;随机回报网是广义随机 Petri 网的进一步扩充,主要表现在系统的可靠性度量可以用回报形式表达,并基于广义随机 Petri 网在添加弧权变量、变迁实施函数及变迁实施优先级方面做了扩展[11]。

用随机 Petri 网进行可靠性分析的基本思路如下。

（1）将随机 Petri 网中相关于每个变迁的分布函数定义成一个指数分布函数，将随机 Petri 网的状态可达图同构于一个齐次 Markov 链（Markov Chain，MC）。

（2）利用随机 Petri 网定量分析的数学基础 Markov 过程，把随机 Petri 网的每个标识映射成 MC 的一个状态，随机 Petri 网的可达图同构于一个 MC 的状态空间。

（3）可以获得 MC 转移速率矩阵的参数，计算出 MC 的每个状态的稳定状态概率。

（4）相应地，就可算得各种性能指标，完成系统的可靠性评估。

4.5.1　随机 Petri 网的定义

图 4-7 所示为随机 Petri 网示意图。为了区别，一般用矩形框来表示具有时延特性的变迁，用黑线表示立即变迁。

一个随机 Petri 网定义为六元组[12]：

$$SPN = (P, T, F, W, M_0, \lambda) \quad (4\text{-}19)$$

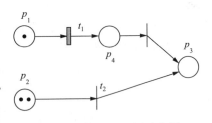

图 4-7　随机 Petri 网示意图

式中，P、T、F 和 M_0 同 Petri 网中的意义相同：$P = (p_1, p_2, \cdots, p_P)$ 是库所的有限集合；$T = (t_1, t_2, \cdots, t_T)$ 是变迁的有限集合；$F \subseteq S \times T \cup T \times S$ 是弧的有限集合；$W: F \to \mathrm{IN}$ 是权函数；$M_0 = (m_{01}, m_{02}, \cdots, m_{0P})$ 是初始标识；$\lambda = (\lambda_1, \lambda_2, \cdots, \lambda_T)$ 是变迁引发速率集合，表示在使能的条件下，单位时间内的平均引发次数，单位是次/单位时间。

对于 Petri 网模型，增加一个变迁引发速率集，就得到了一个对应的随机 Petri 网，图 4-8 就是由这个随机 Petri 网所同构的 Markov 过程。

4.5.2　随机 Petri 网在可靠性分析中的应用

由于指数分布引发延迟的无记忆性特性，随机 Petri 网系统的可达图同构于有限连续时间 Markov 链。特别地，K 有界的随机 Petri 网系统同构于有限连续时间 Markov 链。因此，对于服从指数分布的系统进行性能分析时，可以通过建立系统的随机 Petri 网模型，从而获得系统的状态可达图，然后利用 Markov 理论即可进行系统的性能分析[5,13]。基于随机 Petri 网的系统可靠性分析方法具体如下。

设标识向量（状态）用其序号表示，这些序号构成的集合为 $\Omega = \{1, 2, \cdots, n\}$，其中 $W = \{1, 2, \cdots, k\}$ 表示系统的工作状态，$F = \{k+1, k+2, \cdots, n\}$ 表示系统的失效状态。令 $X(t)$ 表示在时刻 t 该系统所处的状态，则 $X(t)$ 是以 Ω 为状态空间的 Markov 过程。若 $p_i(t) = P[X(t) = i]$ 表示系统在时刻 t 处于状态 i 的概率；$p_{ij}(t) =$

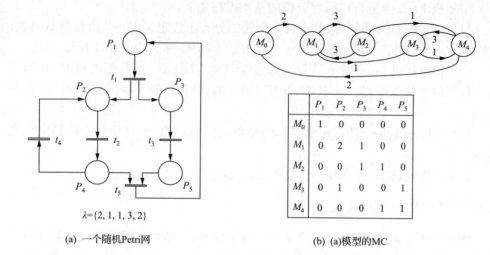

(a) 一个随机Petri网　　　　　　　　　　　(b) (a)模型的MC

图 4-8　随机 Petri 网模型

$P[X(s+t) = j \mid X(s) = i]$ 表示系统在任意时刻 s 处于状态 i 条件下时刻 $s+t$ 转移到状态 j 的条件概率；系统在时刻 t 状态空间的分布规律用向量 $P(t) = (p_1(t),$ $p_2(t), \cdots, p_n(t))$ 来表示，则系统的状态转移概率矩阵为

$$Q(t) = \begin{bmatrix} p_{1,1}(t) & p_{1,2}(t) & \cdots & p_{1,n}(t) \\ p_{2,1}(t) & p_{2,2}(t) & \cdots & p_{2,n}(t) \\ \vdots & \vdots & & \vdots \\ p_{n,1}(t) & p_{n,2}(t) & \cdots & p_{n,n}(t) \end{bmatrix} \qquad (4\text{-}20)$$

显然，有 $P(s+t) = P(s)Q(t)$，在充分小的时间 Δt 内，转移概率函数满足：

$$P_{ij}(\Delta t) = q_{ij}\Delta t + O(\Delta t), i,j \in \Omega, i \neq j \qquad (4\text{-}21)$$

显然

$$P_{ii}(\Delta t) = 1 - \sum_{\substack{i \neq j \\ j \in \Omega}} P_{ij}(\Delta t) = 1 - \sum_{\substack{i \neq j \\ j \in \Omega}} q_{ij}\Delta t + O(\Delta t) \qquad (4\text{-}22)$$

令

$$q_{ii} = -\sum_{\substack{i \neq j \\ j \in \Omega}} q_{ij} \qquad (4\text{-}23)$$

则

$$P_{ii}(\Delta t) = 1 + q_{ii}\Delta t + O(\Delta t) \qquad (4\text{-}24)$$

式(4-24)中，有

$$\begin{cases} q_{ij} = \lim\limits_{\Delta t \to 0} \dfrac{P_{ij}(\Delta t)}{\Delta t}, & i \neq j, i,j \in \Omega \\[3mm] q_{ii} = -\lim\limits_{\Delta t \to 0} \dfrac{1 - P_{ii}(\Delta t)}{\Delta t}, & i \in \Omega \end{cases} \qquad (4\text{-}25)$$

从而,可靠性分析中可求取系统的瞬时可用度、系统的稳态可用度、系统可靠度、系统的首次故障前平均时间、系统故障频度、系统的平均开工时间、平均停工时间和平均周期等系统可靠性指标。

4.6　本 章 小 结

本章以 Petri 网为基本建模工具,概述了基于高级 Petri 网的可靠性分析方法,从简单 Petri 网入手,介绍了模糊 Petri 网、自适应模糊 Petri 网、粗糙 Petri 网、混合 Petri 网和随机 Petri 网的基本概念,并阐述了高级 Petri 网在可靠性分析中的应用。

参 考 文 献

[1] 原菊梅. 复杂系统可靠性 Petri 网建模及其智能分析方法[M]. 北京:国防工业出版社,2011.

[2] 姜臻祺. 适合轨道交通综合监控系统(ISCS)运营组织体系相关问题的探讨[J]. 地下工程与隧道,2009,(4):43-45.

[3] 谭旭. 模糊 Petri 网在网络故障诊断中的应用研究[D]. 长沙:长沙理工大学,2005.

[4] 吴超. 地铁综合监控系统可靠性评估方法研究[D]. 成都:西南交通大学,2006.

[5] Ramirez-Marquez J E, Coit D W. Composite importance measures for multistate systems with multi-state components[J]. IEEE Transactions on Reliability,2005,54(3):517-529.

[6] 原菊梅,侯朝桢. 粗糙网 Petri 及其在多状态系统可靠性估计中的应用[J]. 兵工学报,2007,28(11):1373-1376.

[7] 张文修,吴伟志,梁吉业,等. 粗糙集理论与方法[M]. 北京:科学出版社,2001.

[8] Ciardo G, Muppala J, Trivedi K S. SPNP:stochastic Petri net package[C]. Proceedings of the 3rd International Workshop on Petri Nets and Performance Models,1989:55-60.

[9] Constantinescu C. Dependability evaluation of a fault-tolerant processor by GSPN modeling[J]. IEEE Transactions on Reliability, 2005,54(3):468-474.

[10] Ungsunan P D, Chuang L, Yang W, et al. Network processing performability evaluation on heterogeneous reliability multicore processors using SRN model[C]. Proceedings of the IEEE International Conference on Parallel & Distributed Processing, 2009:1-6.

[11] 林闯. 随机 Petri 网和系统性能评价[M]. 北京:清华大学出版社,2005.

[12] 赵俊强. 地铁综合监控系统运用分析[J]. 中国公共安全(综合版),2008,(12):172-176.

[13] Ballo G. Introduction to Stochastic Petri Nets[M]. Berlin Heidelberg:Springer-Verlag. 2001,84-155.

第5章　基于层次随机回报网的可靠性分析方法

本章针对随机 Petri 网方法用于复杂系统可靠性分析时的状态空间爆炸及模型的可读性问题,阐述了适用于该类复杂系统的层次随机回报网(Hierarchic Stochastic Reward Nets,HSRN)可靠性分析方法。

层次随机回报网通过等效变换可隐蔽下层模型的内部结构,模型中相同组件的下层可靠性模型不必重复设计。该层次模型在保持计算精度的同时可使模型更清晰并能显著减少系统的状态空间,从而避免了可靠性分析中的状态空间爆炸及模型可读性问题。

5.1　随机回报网理论基础

随机回报网(Stochastic Reward Nets,SRN)作为随机 Petri 网的一个分支,是由 Ciardo 等于 1993 年提出来的一种扩展型随机 Petri 网(Extended Stochastic Petri Nets,ESPN)。随机回报网是广义随机 Petri 网的一种扩充,主要表现在系统性能测量可以用回报定义形式表达。

与随机 Petri 网相比,随机回报网中还有三种模型功能的改进。

1) 弧权变量(variable cardinality arc)

在标准 Petri 网和多数随机 Petri 网中,弧权都是常数。如果从位置 p 到变迁 t 的输入弧权为 k,那么当 p 中必须至少有 k 个标记时,变迁 t 才可以实施。当 t 实施时,k 个标记从 p 中清除。在一些模型中,会经常要求将位置 p 中的所有标记移到位置 q 中,常数弧权不方便完成这个描述。同样的系统行为可简单地由规定弧权变量解决,在从位置 p 到变迁 t 输入弧和从变迁 t 到位置 q 输出弧的弧权上标注 $M(p)$,表示 p 中的标记数量。在随机回报网中,允许有输入、输出和禁止弧的弧权变量。

2) 变迁实施函数(transition enabling function)

在随机回报网中,每个变迁 t 都可以联系一个布尔实施函数 e。在每一个标识 M 中,当变迁 t 存在实施的可能性时,则要对实施函数 e 进行评价。实施的可能性表现在:没有比 t 更高优先级的变迁在 M 下实施;变迁 t 要实施,则每个输入位置中都含有大于或等于输入弧权的标记;每个输入禁止位置中都含有小于禁止弧权的标记。当上述条件满足时,$e(M)$ 被评价。当且仅当 $e(M)$ 为 true 时,变迁 t 可实施。

3）变迁实施优先级（transition enabling priority）

在随机回报网中，一个实施优先级同每一个变迁相联系。如果 S 是在一个标识下可实施的变迁集合，且变迁 k 在 S 中具有最高优先级 h，那么任何在 S 中具有优先级小于 h 的变迁都不能实施。为了避免理论上的混淆，时间变迁和瞬时变迁不能有相同的优先级，瞬时变迁具有比时间变迁更高的实施优先级。一般对时间变迁不加以说明时，可以认为所有的时间变迁优先级为"0"，而瞬时变迁的优先级大于或等于"1"。变迁实施优先级可以简化模型的设计，特别是对于一些系统的控制和管理方案的模拟带来极大的便利和效益。

随机回报网可用如下 9 元组表示：

$$A = \{P, T, D, g, h, \mu_0, \lambda_t, \omega_t, r\} \tag{5-1}$$

式中，

（1）P 为库所集，每个库所中可以包含非负整数的标记（token）。

（2）T 为变迁集，T 可分为 T_t（时间变迁集）与 T_i（瞬时变迁集）两个子集，有 $T = T_t \bigcup T_i, T_t \bigcap T_i = \varphi$。

（3）弧权函数 D 为标识相关（marking-dependent）的输入弧、输出弧或禁止弧的弧权函数，即在随机回报网中这些弧的权值都是可变的。

（4）g 是与 t 关联的标识相关的布尔实施函数，当 t 在标识 μ 下满足实施条件时，实施函数 $g_t(\mu)$ 将被评价，若 $g_t(\mu) = $ true，变迁 t 方可实施，否则 t 仍是被禁止的。

（5）h 是关于变迁的实施优先级，通常规定瞬时变迁具有比时间变迁更高的实施优先级。

（6）μ_0 为初始标识。

（7）λ_t 为变迁 t 的点火时间的指数分布率，当值为 ∞ 时，变迁 t 的实施时间为 0；$\forall t \in T$，若存在 $\lambda_t(\mu) = \infty$，则称标识 μ 为虚标识，否则 μ 为实标识，从而将标识分为实标识集与虚标识集两个集合，分别记为 Ω_T、Ω_V；$\mu \xrightarrow{t}$ 表示变迁 t 在标识 μ 下实施，在实标识 μ 下，令可实施变迁 t 实施概率为

$$\frac{\lambda_t(\mu)}{\sum\limits_{y \in T: \mu \xrightarrow{y}} \lambda_y(\mu)} \tag{5-2}$$

（8）w_t 为变迁 t 的实施权重，在虚标识 μ 下，可实施变迁 t 发生的概率为

$$\frac{\omega_t(\mu)}{\sum\limits_{y \in T: \mu \xrightarrow{y}} \omega_y(\mu)} \tag{5-3}$$

（9）r 为标识的回报率函数。

5.2　层次随机回报网

随机回报网用于系统可靠性分析时[1],其图形化建模能力可使模型被直观地描述,同时,随机回报网可自动生成连续时间马尔可夫链(Continuous Time Markov Chain,CTMC),使其具有较强的数学计算能力。但当用随机回报网建立复杂系统可靠性模型时,其状态空间与模型可读性仍将受到影响[1,2],为了简化系统的状态空间,同时保持良好的模型特性和可读性,在可靠性建模分析中采用层次随机回报网模型。

5.2.1　层次随机回报网的建模

随机回报网中根据变迁的实施时间可将变迁分为延时变迁与瞬时变迁两种类型,其中,延时变迁的实施时间为指数分布,瞬时变迁的实施时间为 0,这是由于瞬时变迁仅表示控制作用或逻辑上的选择,并没有时间的需求;随机回报网根据瞬时变迁是否实施可将可达集划分成两个不相交的子集:仅使时间变迁可实施的实标识集 Ω_T 和可使瞬时变迁实施的虚标识集 Ω_V。

层次随机回报网在随机回报网的基础上,采用自底向上逐步综合替代的层次化结构。其中,下层模型(子模型)用于描述失效模式为统计独立组件的可靠性,可通过传统的随机回报网建立;组件的统计相依性在上层模型中进行表示,即上层模型用于描述下层组件的相互作用关系;其中,下层模型需要通过等效变换才能在上层模型中实现描述。由于下层等效模型的引入,对建立上层模型使用随机回报网的变迁进行了扩充:将延时变迁中的时间变迁集分为基本延时变迁集与等效延时变迁集,基本延时变迁集为传统随机回报网中的延时变迁集,而等效延时变迁用于描述下层模型中的等效延时变迁,其点火率为下层模型中的等效转移率。几种变迁的标识符号如表 5-1 所示。

表 5-1　层次随机回报网中的几种变迁标识符号

变迁名称	标识符号
延时变迁	▢
瞬时变迁	▮
等效时延变迁	⬚

5.2.2　层次随机回报网的度量

随机回报网的一个重要的性质是它可以为实标识集 Ω_T 中的每一实标识分配

一个回报率,同样,利用层次随机回报网建立的模型指标也可以用回报函数来表示,令 $Z(t) = r_{X(t)}$ 为系统 t 时刻的瞬时回报率,$\pi_i(t)$ 为实标识 i 在 t 时刻的状态概率,则 t 时刻瞬时回报率期望为

$$E[Z(t)] = \sum_{i \in \Omega_T} r_i \pi_i(t) \tag{5-4}$$

系统稳态回报率期望为

$$\lim_{t \to \infty} E[Z(t)] = E[Z] = \sum_{i \in \Omega_T} r_i \pi_i \tag{5-5}$$

当计算系统可用度时,可将 Ω_T 中的标识划分为正常状态标识集与故障状态标识集,分别记为 Ω_U、Ω_D,令回报率函数为

$$r_i = \begin{cases} 1, & i \in \Omega_U \\ 0, & i \in \Omega_D \end{cases} \tag{5-6}$$

则系统的稳定可用度的计算公式为

$$A_{SS} = E[Z] = \sum_{i \in \Omega_T} r_i \pi_i \tag{5-7}$$

5.2.3　层次随机回报网的等效变换

层次随机回报网可靠性模型,通过等效变换可隐蔽下层模型的内部结构,模型中相同组件的下层可靠性模型不必重复设计,该层次模型在保持计算精度的同时,可使模型更清晰并能显著减少系统的状态空间。

下层子模型的等效变换是上层模型建立的基础,由随机回报网的实标识构建 CTMC[1],可以利用 Markov 过程对利用随机回报网建立的下层模型(为了便于描述,记为 SRN_L)的 CTMC(记为 CTMC_L)进行等效变换,等效变换后的 CTMC 记为 CTMC_{EL},其状态转移图如图 5-1 所示。

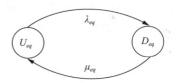

图 5-1　CTMC_{EL} 的状态转移图

图 5-1 中的状态 U_{eq}、状态 D_{eq} 分别表示组件处于正常工作状态与故障状态,分别对应于 SRN_L 中 Ω_U、Ω_D 中的所有标识,状态 U_{eq} 到状态 D_{eq} 的等效失效率记为 λ_{eq},状态 D_{eq} 到状态 U_{eq} 的等效维修率记为 μ_{eq},CTMC 的稳定状态概率可以通过下列方程组进行求解:

$$\begin{cases} \boldsymbol{\pi} \cdot \boldsymbol{Q} = 0 \\ \sum_j \pi_j = 1 \end{cases} \tag{5-8}$$

式中,$\boldsymbol{\pi}$ 为稳态概率向量;$\boldsymbol{Q}$ 为状态转移矩阵,对于图 5-1 所示的状态转移图,有

$$\boldsymbol{\pi} = \begin{bmatrix} \pi_{Ueq} & \pi_{Deq} \end{bmatrix} \tag{5-9}$$

$$Q = \begin{bmatrix} -\lambda_{eq} & \lambda_{eq} \\ \mu_{eq} & -\mu_{eq} \end{bmatrix} \tag{5-10}$$

从而可得 CTMC_{EL} 中组件处于正常、故障状态的稳态概率分别为

$$\pi_{Ueq} = \frac{\mu_{eq}}{\lambda_{eq} + \mu_{eq}}$$

$$\pi_{Deq} = \frac{\lambda_{eq}}{\lambda_{eq} + \mu_{eq}} \tag{5-11}$$

文献[1]的方法给出通过 CTMC_L 计算 CTMC_{EL} 中等效转移率的公式,有

$$\lambda_{eq} = \sum_{t_{i,j} \in F} \Pr\{s_i \mid U\} \cdot q_{i,j} = \frac{\sum\limits_{t_{i,j} \in F} \pi_i \cdot q_{i,j}}{\sum\limits_{s_k \in U} \pi_k} \tag{5-12}$$

$$\mu_{eq} = \sum_{t_{i,j} \in M} \Pr\{s_i \mid D\} \cdot q_{i,j} = \frac{\sum\limits_{t_{i,j} \in M} \pi_i \cdot q_{i,j}}{\sum\limits_{s_k \in D} \pi_k} \tag{5-13}$$

式(5-12)与式(5-13)中的 s_i 为 CTMC_L 中的状态 i,$t_{i,j}$ 与 $q_{i,j}$ 分别为从状态 i 到状态 j 的转移与转移率,π_i 为状态 i 的稳态概率,U 与 D 分别为正常状态与故障状态的集合,F 为从正常状态到失效状态转移的集合,M 为从失效状态到故障状态转移的集合。

当用 CTMC_{EL} 来替换 CTMC_L 时,要保证在变换过程中的等价性,需要证明在 CTMC_{EL} 中组件处于正常工作状态的概率(故障状态的概率)与 CTMC_L 中处于正常状态集(失效状态集)的概率之和相等,即需证明:

$$\begin{cases} \pi_{Ueq} = \pi_U \\ \pi_{Deq} = \pi_D \end{cases} \tag{5-14}$$

式中, $\pi_U \equiv \sum\limits_{s_k \in U} \pi_k$; $\pi_D \equiv \sum\limits_{s_k \in D} \pi_k$ 。

根据式(5-12)与式(5-13),可得

$$\frac{\lambda_{eq}}{\mu_{eq}} = \frac{\dfrac{1}{\pi_U} \cdot \left(\sum\limits_{t_{i,j} \in F} \pi_i \cdot q_{i,j} \right)}{\dfrac{1}{\pi_D} \cdot \left(\sum\limits_{t_{i,j} \in M} \pi_i \cdot q_{i,j} \right)} \tag{5-15}$$

由稳态时正常状态集合的流出率与流入率的平衡关系可得

$$\sum_{t_{i,j} \in F} \pi_i \cdot q_{i,j} = \sum_{t_{i,j} \in M} \pi_i \cdot q_{i,j} \tag{5-16}$$

结合式(5-16)与式(5-15)可得

$$\lambda_{eq} = \frac{\pi_D}{\pi_U} \mu_{eq} \tag{5-17}$$

将式(5-17)代入式(5-11),可得

$$\pi_{Ueq} = \frac{\mu_{eq}}{\frac{\pi_D}{\pi_U}\mu_{eq} + \mu_{eq}} = \frac{\pi_U}{\pi_D + \pi_U} = \pi_U$$

$$\pi_{Deq} = \frac{\frac{\pi_D}{\pi_U}\mu_{eq}}{\frac{\pi_D}{\pi_U}\mu_{eq} + \mu_{eq}} = \frac{\pi_D}{\pi_D + \pi_U} = \pi_D$$

(5-18)

由式(5-18)可知式(5-14)所示的结论成立。

因此,利用 $CTMC_{EL}$ 替换 $CTMC_L$ 过程中可保证变换的等价性,与 $CTMC_{EL}$ 同构的等效随机回报网(SRN_{EL})(图 5-2)和 SRN_L 也是等价的。

图 5-2 的库所 P_u、P_d 分别表示组件的正常与故障状态,变迁 T_f 与 T_r 的激活率分别为等效转移率 λ_{eq}、μ_{eq},从而实现了下层随机回报网模型的等价变换。

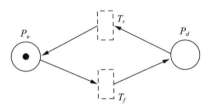

图 5-2　SRN_{EL} 示意图

5.2.4　层次随机回报网的模型求解

随机回报网的层次化过程中保证了等效变迁的点火时间仍服从指数分布,所以由层次随机回报网的实标识构建的随机过程也为 CTMC。

通过计算实标识之间的转移率获得 CTMC 的状态转移矩阵,定义 $P_V = [P_{VV} | P_{VT}]$ 为从虚标识到虚标识(P_{VV})或实标识(P_{VT})的转移概率矩阵,$U_T = [U_{TV} | U_{TT}]$ 为从实标识到虚标识(U_{TV})或实标识(U_{TT})的转移概率矩阵,则实标识间的转移矩阵为[1]

$$U = U_{TT} + U_{TV}(1 - P_{VV})^{-1}P_{VT} \tag{5-19}$$

定义 CTMC 的状态转移矩阵为 Q($Q_{i,j}$ 为状态 i 到状态 j 的转移率),则系统状态转移矩阵中的元素为

$$Q_{i,j} = \begin{cases} U_{i,j}, & i \neq j \\ -\sum_{k \in \Omega_T, k \neq i} U_{i,k}, & i = j \end{cases} \tag{5-20}$$

设 π 为实标识对应的稳态概率向量,根据式(5-8)与式(5-20)可以计算出 CTMC 中每个状态的稳态概率,有了稳态概率,就能为系统可靠性分析奠定基础。

5.3　基于层次随机回报网的复杂系统可靠性建模分析

　　本节以城市轨道交通系统中的地铁综合监控系统为例,介绍复杂系统层次随机回报网可靠性模型的建立[1],地铁综合监控系统的主要设备构成如图 5-3 所示。采用层次随机回报网模型,主要考虑地铁综合监控系统的资源子系统中的工作站、服务器与前端处理器(Front End Processor, FEP)设备的硬/软组件的相互作用关系、子系统设备间的不同冗余方式及系统整体结构等因素来对地铁综合监控系统进行可靠性分析,同时考虑随机回报网用于复杂系统可靠性分析时的状态空间爆炸及模型的可读性问题。

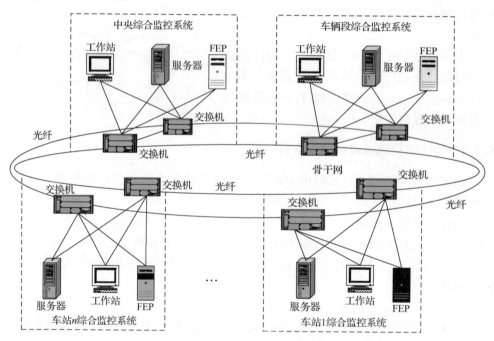

图 5-3　地铁综合监控系统主要设备构成示意图

　　地铁综合监控系统的层次可靠性建模分析,主要是考虑地铁综合监控系统中央级和车站级构成的上位监控层构成平台的故障,而不考虑被监控系统本身的故障。建立地铁综合监控系统可靠性模型,首先是考虑工作站、服务器和 FEP 的硬/软件相互作用关系,设备的失效与维修及冗余方式等,建立相应的工作站、服务器与 FEP 子系统的可靠性模型。然后,在考虑地铁综合监控系统骨干网的可靠性基础上,综合考虑设置于控制中心的中央综合监控系统(Central Integrated Supervision & Control System, CISCS)、置于各车站的车站综合监控系统(Station Integrated Supervision & Control System，SISCS)及置于车辆段的车辆段综合监控系统(Depot Integrated Supervision & Control System，DISCS)的相互作用关系，建立整个系统的可靠性模型。

5.3.1　子系统可靠性建模分析

服务器、FEP 及工作站都是由硬件与相应的软件构成的。对于冗余服务器与 FEP，其软件除了操作系统(Operating System，OS)与应用软件(Application Software，AS)，还应有用于监视主、备机状态并协调主、备机间工作的故障管理软件(Fault Management Software，FMS)。由于工作站之间并不需要自动切换，所以，工作站软件仅由 OS 和 AS 两部分构成即可。考虑到 OS 与硬件设备比较密切，厂家提供的可靠性参数也为配置 OS 的硬件设备参数，故本章将硬件与 OS 作为一个整体进行分析，下面将考虑设备硬件(含 OS)、AS、FMS 组件的失效、维修及设备的冗余关系等，利用层次随机回报网分别建立工作站、服务器与 FEP 子系统的可靠性模型。

1) 工作站可靠性模型

由于操作员可以用分配给他的身份登录任何一个工作站，工作站子系统可以看做由冗余工作站并联工作的系统。控制中心工作站子系统相当于 9 台工作站并联，而车站工作站子系统为 2 台工作站并联，故可先建立单个工作站的可靠性模型，然后根据并联数目的不同分别建立控制中心与车站工作站子系统的可靠性模型，单个工作站可靠性模型如图 5-4 所示。

图 5-4 所示的单个工作站的可靠性模型中，由库所 $p_{x.u}(x=a,ho$，后同，即无特殊说明均有 x

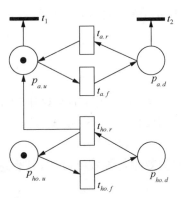

图 5-4　单个工作站可靠性模型

为 a,ho)、$p_{x.d}$，以及库所之间的变迁 $t_{x.f}$、$t_{x.r}$ 构成的子网用于描述工作站的 AS(当 $x=a$ 时)与配置 OS 的硬件(当 $x=ho$ 时)的失效与维修情况，库所 $p_{x.u}$、$p_{x.d}$ 分别表示组件 x 正常工作与出现故障，变迁 $t_{x.f}$、$t_{x.r}$ 用于描述组件 x 的失效与维修过程，其点火率分别记为 λ_x 与 $\mu_x(\lambda_x$ 与 μ_x 分别为工作站组件 x 的失效率与维修率)，工作站的硬／软件之间的相互作用关系如下：变迁 t_1 与 t_2 的布尔实施函数为 $\#(p_{ho.u})=0$，这是由于工作站的硬件故障或 OS 的固有缺陷被激活会使运行于其上的 AS 停机；当变迁 $t_{ho.r}$ 发生时，会在库所 $p_{a.u}$ 中放入一个托肯，这是因为当完成对硬件或 OS 的维修后，伴随着 OS 的维修与重启，可使运行于其上的 AS 重新运行。

图 5-4 所示的单个工作站可靠性模型同构的 CTMC 如图 5-5 所示，图中状态

$S_0 \sim S_2$ 对应标识的托肯分布情况见表 5-2。

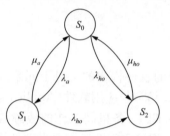

图 5-5　单个工作站可靠性模型同构的 CTMC

表 5-2　单个工作站可靠性模型标识分布

标识	$p_{a.u}$	$p_{ho.u}$	$p_{a.d}$	$p_{ho.d}$
S_0	1	1	0	0
S_1	0	1	1	0
S_2	0	0	0	1

图 5-5 所示的单个工作站的可靠性模型的 CTMC 中共有 3 个状态,由于当且仅当 $\#(p_{a.u})=1$ 时工作站处于正常工作状态,否则为故障状态,所以正常状态为 1 个、故障状态为 2 个,即正常状态集合为 $\Omega_U = \{S_0\}$、故障状态集合为 $\Omega_D = \{S_1, S_2\}$。设 $\boldsymbol{\pi}$ 为稳态概率向量,$\boldsymbol{Q}$ 为状态转移矩阵,根据式(5-19)与式(5-20)可得状态转移矩阵 $\boldsymbol{Q}$ 如式(5-21)所示:

$$\boldsymbol{Q} = \begin{bmatrix} -\lambda_a - \lambda_{ho} & \lambda_a & \lambda_{ho} \\ \mu_a & -\mu_a - \lambda_{ho} & \lambda_{ho} \\ \mu_{ho} & 0 & -\mu_{ho} \end{bmatrix} \tag{5-21}$$

式(5-21)中,矩阵 $\boldsymbol{Q}$ 中的元素 $q_{i,j}$ 为状态 S_i 到状态 S_j 的转移率。当给定工作站的硬件(含 OS)及 AS 的失效与维修参数时,根据式(5-8)可计算工作站处于状态 S_i 的稳态概率 $\pi_i (i=0,1,2)$,再根据式(5-12)与式(5-13)可得单个工作站的等效失效率与等效维修率,其表达式为

$$\lambda_{eq\_ws} = \frac{\pi_0 \cdot q_{0,1} + \pi_0 \cdot q_{0,2}}{\pi_0} \tag{5-22}$$

$$\mu_{eq\_ws} = \frac{\pi_1 \cdot q_{1,0} + \pi_2 \cdot q_{2,0}}{\pi_1 + \pi_2} \tag{5-23}$$

当求解出单个工作站等效转移率后,根据工作站的并联工作方式,以及并联数目的不同可建立控制中心与车站工作站子系统可靠性模型,如图 5-6 所示。

图 5-6 中的库所 $p_{ws.u}$、$p_{ws.d}$ 分别表示工作站子系统正常工作和出现故障,库所 $p_{i.u}(i=1,2,\cdots,n$,当模型为控制中心工作站子系统可靠性模型时,可令 $n=9$,否则模型为车站工作站子系统可靠性模型,则有 $n=2$)与库所 $p_{i.d}$ 分别表示工作站子系统的第 i 个工作站的状态,变迁 $t_{i.f}$、$t_{i.r}$ 用于描述第 i 个工作站的失效与维修过程,其点火率为单个工作站的等效失效率 λ_{eq_ws} 与等效维修率 μ_{eq_ws},限于篇幅,这里不再列出工作站子系统可靠性模型的求解过程,经过分析同样可得各车站与监控中心工作站子系统的等效失效率为等效维修率。

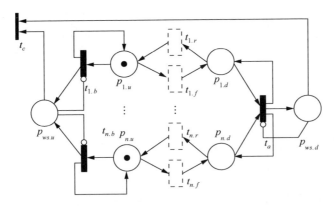

图 5-6　工作站子系统可靠性模型

2）服务器与 FEP 可靠性模型

服务器与 FEP 均采用双机互备工作模式,即两台设备间互为备机,在这种配置下,两台设备可同时运行各自的应用,提供其所需的不同服务。当其中一台设备因某种原因不能继续提供服务时,另外一台设备除继续自己的应用外,将接管停机系统的应用,代替停机系统继续为用户提供服务,从而保证了应用的持续性;当一台设备故障且切换失败或两台设备都故障时,则服务器或 FEP 子系统将失效。由于服务器与 FEP 的硬、软件结构及冗余方式相同,这里仅以服务器为例建立其可靠性模型如图 5-7 所示,部分变迁的布尔实施函数如表 5-3 所示。

图 5-7(a)与图 5-7(b)中库所 $p_{i.x\_u}$ 与 $p_{i.x\_d}(i=1,2;x=a,m,ho$,后同),以及库所之间的变迁 $t_{i.x\_f}$、$t_{i.x\_r}$ 构成的子网用于描述第 i 个服务器的 AS(当 $x=a$ 时)、FMS(当 $x=m$ 时)与配置 OS 的硬件(当 $x=ho$ 时)三种组件的失效与维修情况,其中库所 $p_{i.x\_u}$、$p_{i.x\_d}$ 分别表示第 i 个服务器的组件 x 正常工作与出现故障,变迁 $t_{i.x\_f}$、$t_{i.x\_r}$ 用于描述第 i 个服务器的组件 x 的失效与维修过程。每个服务器设备的硬/软件相互作用与单个工作站可靠性模型类似,只不过硬件或 OS 的故障不但会使 AS 故障,还会使运行于其上的 FMS 故障,即瞬时变迁 $t_{i.j}(i=1,2;j=1,2,3,4)$ 的布尔实施函数为 $\#(p_{i.ho\_u})=0$。当完成对硬件或 OS 的成功修复后,伴随着 OS 的维修与重启,又可使 FMS 与 AS 重新开始运行。

图 5-7(c)与图 5-7(d)中的库所 $p_{i.s1\_on}(i=1,2$,下同)、$p_{i.s2\_on}$ 与 $p_{i.off}$ 用于描述第 i 个服务器的状态,下面仅以服务器 1 完成的功能为例对模型进行描述。

（1）若服务器 1 的 AS 可正常工作,则服务器 1 明显能实现其规定的功能,即库所 $p_{1.s1\_on}$ 中的托肯用于表明服务器 1 的任务由服务器 1 完成。

（2）若服务器 1 的 AS 由于硬件、OS 或自身故障而不能正常工作时,变迁 $t_{1.6}$ 实施并将托肯移到库所 $p_{1.off}$,表明服务器 1 不能完成其规定的任务,则服务器子系统故障。

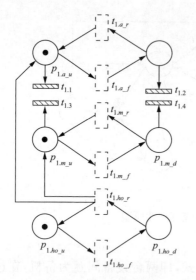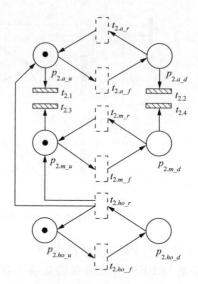

(a) 服务器1独立可靠性模型　　　　　　　(b) 服务器2独立可靠性模型

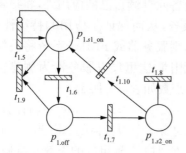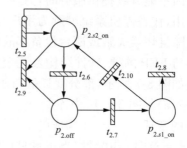

(c) 服务器1相依于服务器2的可靠性模型　　(d) 服务器2相依于服务器1的可靠性模型

图 5-7　服务器可靠性模型

表 5-3　服务器可靠性模型变迁使能函数

序号	变迁	使能函数
1	$t_{1.j}(j=1,2,3,4)$	$\#(p_{1.ho\_u})=0$
2	$t_{2.j}(j=1,2,3,4)$	$\#(p_{2.ho\_u})=0$
3	$t_{1.5}$	$\#(p_{1.s2\_on})=0 \wedge \#(p_{1.a\_u})=1$
4	$t_{1.6}$，$t_{2.8}$	$\#(p_{1.a\_u})=0$
5	$t_{1.7}$，$t_{2.10}$	$\#(p_{2.a\_u})=1 \wedge \#(p_{2.m\_u})=1$
6	$t_{1.8}$，$t_{2.6}$	$\#(p_{2.a\_u})=0$
7	$t_{1.10}$，$t_{2.7}$	$\#(p_{1.a\_u})=1 \wedge \#(p_{1.m\_u})=1$
8	$t_{2.5}$	$\#(p_{2.s1\_on})=0 \wedge \#(p_{2.a\_u})=1$

（3）当库所 $p_{1.\text{off}}$ 中有托肯时，若服务器 2 的 AS 与 FMS 可正常工作，则变迁 $t_{1.7}$ 实施并将托肯移到库所 $p_{1.\text{s2\_on}}$，表示由服务器 2 接管服务器 1 规定的任务，根据工程需求，冗余服务器切换时间不超过 2s（FEP 的切换时间不超过 1s），为了简化系统模型，将忽略切换时间对子系统可靠性的影响。

（4）当服务器 1 的任务由服务器 2 完成时，若服务器 1 的 AS 与 FMS 从故障中恢复，则将执行服务器 1 的任务切回，此过程由变迁 $t_{1.10}$ 描述；然而，若服务器 1 的任务在由服务器 2 执行过程中，服务器 2 的 AS 也故障，则变迁 $t_{1.8}$ 实施，则服务器 1 将不能完成其规定的任务，服务器子系统将故障。

通过对服务器子系统可靠性模型中服务器 1 的相关状态描述可知，当 $\#(p_{1.\text{s1\_on}})=1 \vee \#(p_{1.\text{s2\_on}})=1$ 时，表示能完成服务器 1 规定的任务，同理当 $\#(p_{2.\text{s2\_on}})=1 \vee \#(p_{2.\text{s1\_on}})=1$ 时，表示能完成服务器 2 规定的任务。由于仅当服务器子系统能同时完成服务器 1 与服务器 2 规定的任务时，服务器子系统正常工作，所以仅当 $\#(p_{1.\text{s1\_on}})=1 \vee \#(p_{1.\text{s2\_on}})=1) \wedge (\#(p_{2.\text{s2\_on}})=1 \vee \#(p_{2.\text{s1\_on}})=1)$ 时，服务器子系统处于正常工作状态，否则服务器子系统为故障状态。

根据图 5-7 所示的可靠性模型，当给定服务器与 FEP 相应的硬件与软件组件的失效与维修参数时，则可求解关于服务器与 FEP 子系统的等效转移率。

5.3.2　系统可靠性建模分析

在建立各车站、车辆段与监控中心资源子系统可靠性模型的基础上，进一步考虑网络的可靠性，可建立整个地铁综合监控系统的可靠性模型，其中，各站（包括车站、车辆段及监控中心）资源子系统均由工作站、服务器与 FEP 子系统构成，只不过子系统参数取值不同而已，各站资源子系统可靠性模型如图 5-8 所示。

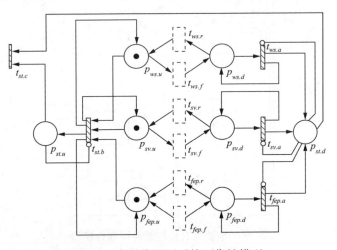

图 5-8　各站资源子系统可靠性模型

图 5-8 中库所 $p_{x.u}(x=ws,sv,fep,$ 下同) 与 $p_{x.d}$,以及库所之间的变迁 $t_{x.f}$、$t_{x.r}$ 构成的子网分别为各站工作站子系统(当 $x=ws$ 时)、服务器子系统(当 $x=sv$ 时)及 FEP 子系统(当 $x=fep$ 时)的等效可靠性模型,其中,$t_{x.f}$、$t_{x.r}$ 的点火率为相应子系统下层可靠性模型的等效转移率;库所 $p_{st.u}$ 与 $p_{st.d}$ 用于表示各站资源子系统的状态,只有当工作站、服务器与 FEP 子系统都能正常工作时,资源子系统才可正常工作,否则,资源子系统将故障。

根据图 5-8 所示的各站资源子系统可靠性模型,利用解得的关于该站工作站子系统、服务器子系统与 FEP 子系统等效可靠性模型的等效失效率与等效维修率,同样可求解关于各站资源子系统的等效转移率。

由各站资源子系统与通信子系统(骨干网)构成的地铁综合监控系统可靠性模型如图 5-9 所示。由于地铁综合监控系统各站交换机构成的骨干网的复杂性,当利用随机回报网对地铁综合监控系统的骨干网可靠性建模时,对模型的求解较为困难。故对整个系统的可靠性建模时,这里将使用骨干网的等效可靠性模型,而关于骨干网的等效失效率与等效维修率指标将在文献[1]中利用混合法求得。

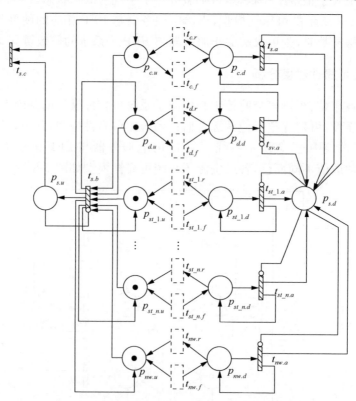

图 5-9　地铁综合监控系统可靠性模型

图 5-9 中库所 $p_{x.u}(x=c,d,st\_i(i=1,2,\cdots,n),mw,$ 下同$)$ 与 $p_{x.d}$，以及库所之间的变迁 $t_{x.f}$、$t_{x.r}$ 构成的子网分别为监控中心资源子系统(当 $x=c$ 时)、车辆段资源子系统(当 $x=d$ 时)、第 i 个车站资源子系统(当 $x=st\_i(i=1,2,\cdots,n)$ 时)等效可靠性模型及网络(当 $x=mw$ 时)可靠性模型。其中，$t_{x.f}$、$t_{x.r}$ 的点火率为相应子系统下层可靠性模型中计算的等效转移率及网络的失效率与维修率；库所 $p_{s.u}$ 与 $p_{s.d}$ 分别表示地铁综合监控系统正常工作与出现故障；系统的控制中心、车辆段及所有车站的资源子系统与网络都可正常工作时处于工作状态，否则处于系统故障状态。

结合各车站、监控中心及车辆段资源子系统的等效转移率参数及网络的给定工程参数，对图 5-9 所示的模型进行分析，可得地铁综合监控系统的等效失效率及等效维修率，并可进一步计算系统其他常用可靠性指标，如系统可用度、平均故障间隔时间(MTBF)、平均恢复前时间(MTTR)等。

5.4　本章小结

本章在介绍随机回报网理论的基础上，阐述了层次随机回报网及其在可靠性分析中的应用，并用实例探讨了层次随机回报网在地铁综合监控系统可靠性分析中的应用。总结起来，利用层次随机回报网模型对地铁综合监控系统可靠性分析，通过对下层可靠性模型的等效变换，使上层模型建立过程可隐蔽下层模型的内部结构，从而使得上层模型更清晰；同时，层次化的建模过程可减少上层模型可靠性分析时的状态空间，并使相同的子网不必重复设计。因而，层次随机回报网为地铁综合监控系统等复杂系统的可靠性分析提供了一种实用方法。具体的算例实证详见本书第 10 章。

参 考 文 献

[1] 于敏. 地铁综合监控系统可靠性分析方法研究[D]. 成都：西南交通大学，2011.

[2] Gianfranco C，Trivedi K S. A decomposition approach for stochastic reward net models[J]. Performance Evaluation，1993,18(1):37-59.

第6章 基于 Markov 链的可靠性分析方法

复杂系统所表现出的状态可能是数值的、非数值的、连续的、离散的,同时复杂系统由随时间变化的多事物对象组成,事物对象的状态是不确定的,甚至可能存在多种状态。可见,复杂系统随机过程复杂,其可靠性分析涉及因素众多,定量分析难度大,因此需要建立一种该类系统随机过程可靠性分析的模型和方法。

Markov 过程是最基本的随机过程模型之一。Markov 过程理论丰富而系统,同时在物理学、金融保险论、排队系统理论、生物演化理论等诸多学科中有重要的应用[1]。当构成系统的各单元的寿命分布和发生故障后修复时间的分布,以及其他出现的有关分布都为指数分布时,这样的系统通常可以用 Markov 过程来描述。Markov 提出一种能用数学分析方法研究自然过程的一般图式——Markov 链,同时开创了一种对无后效性随机过程——Markov 过程的研究。以极限理论和遍历性为理论核心的 Markov 理论,不仅在理论研究上与动力系统[2]、统计物理、算子理论、信息论[3]、泛函不等式[4],以及复杂系统过程研究等学科分支有着深刻的联系,在工程上也有着广泛的应用背景。Markov 过程揭示,对于一个系统,在由一个状态转至另一个状态的转换过程中存在着转移概率,并且该转移概率由当前状态决定,而与该系统的原始状态和此次转移前的 Markov 过程无关,这种特性称为 Markov 性或无后效性。

Markov 链理论能够定量评估复杂系统中的随机过程,是适合于对具有多种失效模式的复杂系统进行可靠性分析的方法,故被广泛用于复杂系统可靠性的建模分析。本章主要介绍 Markov 过程的有关概念,以及在计算复杂可修复系统可靠性特征量计算中的应用。

6.1 Markov 过程基本理论

Markov 随机过程是:已知现在的值,Markov 过程的过去与将来独立,此类过程广泛用于描述随时间演化的无后效系统。工程技术领域一般采用参数集和状态空间都离散的 Markov 过程,这种 Markov 过程称为 Markov 链或简单地称为马氏链。Markov 过程有利于分析动态问题,是随机过程的常用表示方法。显著特点是随机变量在 t_n 时刻的概率只与 t_{n-1} 时刻的概率取值有关,而与 t_{n-1} 以前时刻的概率值无关,它要求各单元的寿命分布和修复时间分布为指数分布。应用 Markov 过程可以得到系统工作状态概率值、故障状态概率值及系统达到稳态所需的时间等。

在用 Markov 过程计算系统可用度之前,先作以下假设。

(1) 系统应为可修复系统。

(2) 组成系统的单元的寿命和维修时间的分布服从指数分布。

(3) $X(t)$ 表示系统在 t 时刻的状态。

(4) 每个单元处于何种状态是相互独立、互不影响的。

设 $\{X(t),t \geqslant 0\}$ 是取值在 $E = \{0,1,\cdots\}$ 上的一个随机过程,其中 $X(t)$ 为系统在 t 时刻状态。若对任意自然数 n 及任意时刻点 $0 \leqslant t_1 < t_2 < \cdots < t_n$,均有

$$
\begin{aligned}
&P\{X(t_n) = i_n \mid X(t_1) = i_1, X(t_2) = i_2, \cdots, X(t_{n-1}) = i_{n-1}\} \\
&= P\{X(t_n) = i_n \mid X(t_{n-1}) = i_{n-1}\}, i_1, i_2, \cdots, i_n \in E
\end{aligned} \tag{6-1}
$$

则称 $\{X(t),t \geqslant 0\}$ 为离散状态空间 E 上的连续时间 Markov 过程,由该式可见,以前各状态不会影响现在各状态。用 Markov 链对系统进行可靠性分析建模时,常用的步骤如下[1-5]。

(1) 给出系统的状态转移图:定义系统状态,并确定系统的正常工作状态空间及故障状态空间,然后根据系统单元的工作、故障等过程给出系统的状态转移图。

(2) 写出系统状态转移方程:定义 Markov 链 $X(t)$,并写出 Markov 的矩阵 $\boldsymbol{P}(\Delta t)$(称为微系数矩阵),由微系数矩阵可以写出系统状态转移方程。

(3) 计算系统可靠性指标:根据矩阵 $\boldsymbol{P}(\Delta t)$ 对应的矩阵 $\boldsymbol{P}$ 及系统初始状态 $\boldsymbol{P}(0)$,利用拉普拉斯变换与拉普拉斯逆变换,可对状态转移方程求解,得到系统可靠性指标。

以一个最简单的两状态可修复系统为例,用状态"0"表示系统处于工作状态,状态"1"表示系统处于故障状态。

$$
X(t) = \begin{cases} 0, & \text{时刻 } t \text{ 系统工作} \\ 1, & \text{时刻 } t \text{ 系统故障} \end{cases} \tag{6-2}
$$

由此可得系统的状态转移图如图 6-1 所示,其中 λ 表示系统故障率,μ 表示系统修复率。

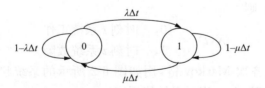

图 6-1　状态转移图

设 P_S 为系统正常状态的概率,P_F 为系统失效状态的概率,可写出 t 到 $t + \Delta t$ 时刻的状态转移方程:

$$\begin{pmatrix} P_S(t+\Delta t) \\ P_F(t+\Delta t) \end{pmatrix} = \begin{pmatrix} 1-\lambda\Delta t & \mu\Delta t \\ \lambda\Delta t & 1-\mu\Delta t \end{pmatrix} \cdot \begin{pmatrix} P_S(t) \\ P_F(t) \end{pmatrix} \tag{6-3}$$

式中，$\begin{pmatrix} 1-\lambda\Delta t & \mu\Delta t \\ \lambda\Delta t & 1-\mu\Delta t \end{pmatrix}$ 称为 Markov 链的微系数矩阵，记为 $\boldsymbol{P}(\Delta t)$，表示 Markov 过程的瞬时转移概率。令 $\boldsymbol{A} = \boldsymbol{P} - \boldsymbol{I}$，其中 $\boldsymbol{I}$ 为单位矩阵，可得 $\boldsymbol{A} = \begin{pmatrix} -\lambda & \mu \\ \lambda & -\mu \end{pmatrix}$，称为状态转移率矩阵。通过推导可知 $\boldsymbol{P}(s)(s\boldsymbol{I} - \boldsymbol{A}) = \boldsymbol{P}(0)$，令初始条件为 $A_s(0) = 1$，通过推导可得到系统的可用度为

$$A(t) = A_s(t) = \frac{\mu}{\mu+\lambda} + \frac{\lambda}{\mu+\lambda} e^{-(\mu+\lambda)t} \tag{6-4}$$

令 $t \to \infty$，则系统的稳定可用度为

$$A(\infty) = \frac{\mu}{\mu+\lambda} \tag{6-5}$$

Markov 过程将一个系统在寿命周期内按一定的标准分成若干个不同状态，各个状态之间可以发生状态转移。当系统满足标准所规定的参数时，则称此时系统处于对应的某个"状态"。系统的参数发生变化，使得系统由一个状态变化到另一个状态时，则称系统发生了状态转移。

本节引入通用 Markov 链的基本理论方法，下面将在此基础上介绍基于 Markov 链的复杂系统可靠性分析方法。

6.2　基于 Markov 链的可靠性分析方法

6.2.1　齐次 Markov 可修系统可靠性特征量的计算

以系统是由一个单元和一组维修人员组成为例，该系统是最简单的可修系统，且单元工作则系统工作，单元故障则系统也故障。若系统处于修复状态，则当单元修复后，单元重新开始工作，系统也就处于工作状态。若用 0 表示系统的正常状态、1 表示故障状态，则

$$X(t) = \begin{cases} 0, & \text{时刻 } t \text{ 系统工作} \\ 1, & \text{时刻 } t \text{ 系统故障} \end{cases} \tag{6-6}$$

式中，$X(t)$ 为一个齐次 Markov 链，用如图 6-2 所示的系统状态转移图来表示。其中，λ 表示系统故障率，μ 表示系统修复率。

为讨论方便，作如下假设。

（1）组成系统单元的寿命和维修时间的分布均为指数分布。

（2）$X(t)$ 表示系统在时刻 t 的状态。

（3）每个单元处于何种状态是相互独立的。

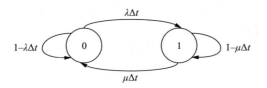

图 6-2　状态转移图

在遵循本假设的前提下,用 Markov 链对系统进行可靠性分析建模时,常用的步骤如下。

(1) 给出系统的状态转移图:定义系统状态,并确定系统的正常工作状态空间及故障状态空间,然后根据系统单元的工作、故障等过程给出系统的状态转移图。

(2) 写出系统状态转移方程:定义 Markov 链 $X(t)$,并写出 Markov 的矩阵 $\boldsymbol{P}(\Delta t)$(称为微系数矩阵),由微系数矩阵可以写出系统状态转移方程。

(3) 计算系统可靠性指标:根据矩阵 $\boldsymbol{P}(\Delta t)$ 对应的矩阵 $\boldsymbol{P}$ 及系统初始状态 $P(0)$,利用拉普拉斯变换与拉普拉斯逆变换,可对状态转移方程求解,得到系统可靠性指标。

设 P_S 为系统正常状态的概率,P_F 为系统失效状态的概率,根据状态转移图,可写出 t 到 $t+\Delta t$ 时刻的状态转移方程:

$$\begin{bmatrix} P_S(t+\Delta t) \\ P_F(t+\Delta t) \end{bmatrix} = \begin{bmatrix} 1-\lambda\Delta t & \mu\Delta t \\ \lambda\Delta t & 1-\mu\Delta t \end{bmatrix} \cdot \begin{bmatrix} P_S(t) \\ P_F(t) \end{bmatrix} \tag{6-7}$$

式中,$\boldsymbol{P}(\Delta t) = \begin{bmatrix} 1-\lambda\Delta t & \mu\Delta t \\ \lambda\Delta t & 1-\mu\Delta t \end{bmatrix}$ 称为微系数矩阵,由微系数矩阵可以写出 Δt 时间内各转移概率为

$$P_{00}(\Delta t) = P\{X(t+\Delta t) = 0 \mid X(t) = 0\} = 1 - \lambda\Delta t + o(\Delta t)$$
$$P_{01}(\Delta t) = P\{X(t+\Delta t) = 1 \mid X(t) = 0\} = \lambda\Delta t + o(\Delta t)$$
$$P_{10}(\Delta t) = P\{X(t+\Delta t) = 0 \mid X(t) = 1\} = \mu\Delta t + o(\Delta t) \tag{6-8}$$
$$P_{11}(\Delta t) = P\{X(t+\Delta t) = 1 \mid X(t) = 1\} = 1 - \mu\Delta t + o(\Delta t)$$

以式(6-8)中的第 2 式为例进行证明,而其余各式可作类似证明。由于在 $(t, t+\Delta t)$ 内,发生一个以上故障的概率为 $o(\Delta t)$。故

$$P_{01}(\Delta t) = P\{\Delta t \text{ 时间内恰发生一次故障} \mid X(1) = 0\} + o(\Delta t)$$
$$= P\{\Delta t \text{ 时间内至少发生一次故障} \mid X(0) = 1\} + o(\Delta t) \tag{6-9}$$

根据指数分布的无记忆性,得

$$P_{01}(\Delta t) = P\{X \leqslant \Delta t\} + o(\Delta t) = \lambda\Delta t + o(\Delta t) \tag{6-10}$$

而

$$P_{00}(\Delta t) = 1 - P_{01}(\Delta t) + o(\Delta t) = 1 - \lambda\Delta t + o(\Delta t) \tag{6-11}$$

令

$$P_0(t) = P\{X(t) = 0\}, \quad P_1(t) = P\{X(t) = 1\}$$

则利用全概率公式可得

$$\begin{cases} P_0(t + \Delta t) = P_0(t)P_{00}(\Delta t) + P_1(t)P_{10}(\Delta t) = (1 - \lambda \Delta t)P_0(t) + \mu \Delta t P_1(t) \\ P_1(t + \Delta t) = P_0(t)P_{01}(\Delta t) + P_1(t)P_{11}(\Delta t) = \lambda \Delta t P_0(t) + (1 - \mu \Delta t)P_1(t) \end{cases}$$

$$(6\text{-}12)$$

由于

$$\lim_{\Delta t \to 0} \frac{P_0(t + \Delta t) - P_0(t)}{\Delta t} = P_0'(t)$$

$$\lim_{\Delta t \to 0} \frac{P_1(t + \Delta t) - P_1(t)}{\Delta t} = P_1'(t)$$

$$(6\text{-}13)$$

则式(6-12)整理求极限后可写成微分方程组：

$$\begin{cases} P_0'(t) = -\lambda P_0(t) + \mu P_1(t) \\ P_1'(t) = \lambda P_0(t) - \mu P_1(t) \end{cases}$$

$$(6\text{-}14)$$

将式(6-14)写成矩阵形式：

$$\begin{bmatrix} P_0'(t) & P_1'(t) \end{bmatrix} = \begin{bmatrix} P_0(t) & P_1(t) \end{bmatrix} \begin{bmatrix} -\lambda & \lambda \\ \mu & -\mu \end{bmatrix}$$

$$(6\text{-}15)$$

令 $A = \begin{bmatrix} -\lambda & \lambda \\ \mu & -\mu \end{bmatrix}$，对式(6-14)进行拉普拉斯变换后，得

$$\begin{cases} sP_0(s) - P_0(0) = -\lambda P_0(s) + \mu P_1(s) \\ sP_1(s) - P_1(0) = \lambda P_0(s) - \mu P_1(s) \end{cases}$$

$$(6\text{-}16)$$

系统初始状态 $\boldsymbol{P}(0) = \begin{bmatrix} P_0(0) & P_1(0) \end{bmatrix} = \begin{bmatrix} 1 & 0 \end{bmatrix}$ 代入式(6-10)整理后，得

$$\begin{cases} (s + \lambda)P_0(s) - \mu P_1(s) - P_0(0) \\ -\lambda P_0(s) + (s + \mu)P_1(s) - P_1(0) \end{cases}$$

$$(6\text{-}17)$$

将式(6-17)写成矩阵形式为

$$\begin{bmatrix} P_0(s) & P_1(s) \end{bmatrix} \begin{bmatrix} s + \lambda & -\lambda \\ -\mu & s + \mu \end{bmatrix} = \begin{bmatrix} P_0(0) & P_1(0) \end{bmatrix}$$

$$(6\text{-}18)$$

$$\boldsymbol{P}(s)(s\boldsymbol{I} - \boldsymbol{A}) = \boldsymbol{P}(0)$$

$$(6\text{-}19)$$

式中，$\boldsymbol{I}$ 为单位矩阵，式(6-19)等式两边右乘 $(s\boldsymbol{I} - \boldsymbol{A})^{-1}$，得

$$\boldsymbol{P}(s) = \boldsymbol{P}(0)(s\boldsymbol{I} - \boldsymbol{A})^{-1}$$

$$(6\text{-}20)$$

将 $(s\boldsymbol{I} - \boldsymbol{A})^{-1}$ 按部分分式展开，得

$$(s\boldsymbol{I} - \boldsymbol{A})^{-1} = \frac{1}{s}\begin{bmatrix} \dfrac{\mu}{\lambda + \mu} & \dfrac{\lambda}{\lambda + \mu} \\ \dfrac{\mu}{\lambda + \mu} & \dfrac{\lambda}{\lambda + \mu} \end{bmatrix} + \frac{1}{s + \lambda + \mu}\begin{bmatrix} \dfrac{\mu}{\lambda + \mu} & -\dfrac{\lambda}{\lambda + \mu} \\ -\dfrac{\mu}{\lambda + \mu} & \dfrac{\lambda}{\lambda + \mu} \end{bmatrix}$$

$$(6\text{-}21)$$

则由式(6-21)得

$$\boldsymbol{P}(s) = \boldsymbol{P}(0)(s\boldsymbol{I} - \boldsymbol{A})^{-1} =$$

$$\boldsymbol{P}(0)\left[\frac{1}{s}\begin{bmatrix} \dfrac{\mu}{\lambda+\mu} & \dfrac{\lambda}{\lambda+\mu} \\[2mm] \dfrac{\mu}{\lambda+\mu} & \dfrac{\lambda}{\lambda+\mu} \end{bmatrix}+\frac{1}{s+\lambda+\mu}\begin{bmatrix} \dfrac{\mu}{\lambda+\mu} & -\dfrac{\lambda}{\lambda+\mu} \\[2mm] -\dfrac{\mu}{\lambda+\mu} & \dfrac{\lambda}{\lambda+\mu} \end{bmatrix}\right] \tag{6-22}$$

对式(6-22)进行反演变换,则

$$\boldsymbol{P}(t)=\boldsymbol{P}(0)\left[\begin{bmatrix} \dfrac{\mu}{\lambda+\mu} & \dfrac{\lambda}{\lambda+\mu} \\[2mm] \dfrac{\mu}{\lambda+\mu} & \dfrac{\lambda}{\lambda+\mu} \end{bmatrix}+\begin{bmatrix} \dfrac{\mu}{\lambda+\mu} & -\dfrac{\lambda}{\lambda+\mu} \\[2mm] -\dfrac{\mu}{\lambda+\mu} & \dfrac{\lambda}{\lambda+\mu} \end{bmatrix}\mathrm{e}^{-(\lambda+\mu)t}\right]$$

$$=\begin{bmatrix} 1 & 0 \end{bmatrix}\begin{bmatrix} \dfrac{\mu}{\lambda+\mu}+\dfrac{\lambda}{\lambda+\mu}\mathrm{e}^{-(\lambda+\mu)t} & \dfrac{\lambda}{\lambda+\mu}(1-\mathrm{e}^{-(\lambda+\mu)t}) \\[3mm] \dfrac{\mu}{\lambda+\mu}(1-\mathrm{e}^{-(\lambda+\mu)t}) & \dfrac{\lambda}{\lambda+\mu}+\dfrac{\mu}{\lambda+\mu}\mathrm{e}^{-(\lambda+\mu)t} \end{bmatrix} \tag{6-23}$$

$$=\begin{bmatrix} \dfrac{\mu}{\lambda+\mu}+\dfrac{\lambda}{\lambda+\mu}\mathrm{e}^{-(\lambda+\mu)t} & \dfrac{\lambda}{\lambda+\mu}(1-\mathrm{e}^{-(\lambda+\mu)t}) \end{bmatrix}$$

因此得到系统的瞬时有效度为

$$A(t)=P_0(t)=\frac{\mu}{\lambda+\mu}+\frac{\lambda}{\lambda+\mu}\mathrm{e}^{-(\lambda+\mu)t} \tag{6-24}$$

在工程上,受关注的是 $t\rightarrow\infty$ 时, $A(t)$ 的极限值 $A(\infty)$,即系统的稳定有效度。

$$A(\infty)=\frac{\mu}{\lambda+\mu} \tag{6-25}$$

这表明,在系统已经运行了很长一段时间后,系统所处的状态与开始状态无关,处于平稳状态。系统的平均有效度为

$$A_m(t)=\frac{1}{t}\int_0^t\left(\frac{\mu}{\lambda+\mu}+\frac{\lambda}{\lambda+\mu}\mathrm{e}^{-(\lambda+\mu)t}\right)\mathrm{d}t=\frac{\mu}{\lambda+\mu}+\frac{\lambda}{(\lambda+\mu)^2 t}[1-\mathrm{e}^{-(\lambda+\mu)t}] \tag{6-26}$$

在故障后不再修复,则系统进入吸收状态,其状态转移图如图 6-3 所示。这时,$\mu=0$,可以由式(6-24)求出系统的可靠度 $R(t)=A(t)=\mathrm{e}^{-\lambda t}$,其余可靠性特征量可由可靠度进行计算。

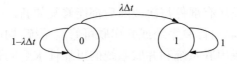

图 6-3　吸收状态转移图

由以上分析,将计算齐次 Markov 可修系统可靠性特征量的具体步骤归纳如下。

（1）定义系统的状态。要保证所定义的状态足以区分系统的各种不同状况，并确定出系统的状态空间 Z、正常工作状态空间 E 及故障状态空间 $F(Z = E \bigcup F)$。

（2）定义一个齐次的 Markov 链 $X(t)$。

（3）写出微系数矩阵 $\boldsymbol{P}(\Delta t)$ 及对应的矩阵 $\boldsymbol{P}$，由 $\boldsymbol{P}$ 求 $\boldsymbol{A}$，即 $\boldsymbol{A} = \boldsymbol{P} - \boldsymbol{I}$。

（4）求 $(s\boldsymbol{I} - \boldsymbol{A})$ 及其 $(s\boldsymbol{I} - \boldsymbol{A})^{-1}$。对 $(s\boldsymbol{I} - \boldsymbol{A})^{-1}$ 按部分分式法展开，并代入式（6-19）后对其进行反演变换，即可得到所求解。例如，系统的瞬时有效度和稳态有效度分别为

$$A(t) \sum_{i \in E} P_i(t) \tag{6-27}$$

$$A(\infty) = \lim_{t \to \infty} A(t) \tag{6-28}$$

式中，$\boldsymbol{I}$ 为单位矩阵。

6.2.2　可修复串并联系统的可靠性建模分析

针对可修复串并联系统的模型[6,7]进行假设，如图 6-4 所示的串并联连接系统，它由 n 个子系统组成。假设每个子系统都有一个修理工。

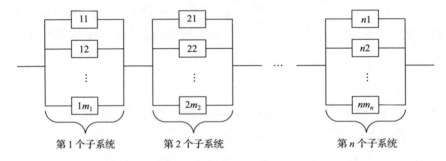

图 6-4　串并联连接系统

如果没有任何部件发生故障，或者某一个或多个子系统中有一部分部件故障，但没有引起任何一个子系统瘫痪，则整个系统能正常运行。如果有一个子系统的所有部件都发生故障，则整个系统不能正常运行。

现假设部件故障后马上进行修理，如果某子系统有多个部件发生故障，则按先到先服务原则，且假设所有部件每次故障后都能修复如新。

对于任何的串并联可修复系统或并串联可修复系统，均可按照先局部、后整体的思路，将问题拆解成串联系统和并联系统的可靠性求解问题，下面对典型的串联可修复系统和并联可修复系统进行可靠性分析。

1. 两组件串联系统的 MTBF

串联系统的结构及其可修系统的 Markov 模型如图 6-5 所示。图 6-5 中的状

态 1 对应于 $A1$、$A2$ 都正常工作；状态 2 对应于 $A1$ 故障、$A2$ 工作；状态 3 对应于 $A1$ 工作、$A2$ 故障；状态 4 对应于 $A1$、$A2$ 都故障。状态 1 为系统的成功状态，其他 3 个状态都是系统的故障状态。λ_{A1} 和 μ_{A1} 分别是 $A1$ 的故障率和维修率；λ_{A2} 和 μ_{A2} 别是 $A2$ 的故障率和维修率。

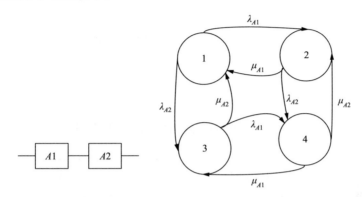

图 6-5　两组件串联系统结构及状态转移图

分别求得系统的等效故障率 λ_{sys} 和 MTBF，其中，F_f 为系统停留在故障状态的频率：

$$\lambda_{sys} = \frac{F_f}{p_s} = \frac{p_s\lambda_{A1} + p_s\lambda_{A2}}{p_s} = \lambda_{A1} + \lambda_{A2} \tag{6-29}$$

$$\text{MTBF} = \frac{1}{\lambda_{sys}} = \frac{1}{\lambda_{A1} + \lambda_{A2}} \tag{6-30}$$

2. 两组件并联系统的 MTBF

并联系统的结构及其可修系统的 Markov 模型如图 6-6 所示，四种状态与串联系统相同。求解稳态下系统故障和系统正常的概率。首先根据 Markov 过程理论求出系统的转移率矩阵 A 有

$$A = \begin{bmatrix} -(\lambda_{A1} + \lambda_{A2}) & \lambda_{A1} & \lambda_{A2} & 0 \\ \mu_{A1} & -(\mu_{A1} + \lambda_{A2}) & 0 & \mu_{A2} \\ \mu_{A2} & 0 & -(\mu_{A2} + \lambda_{A1}) & \lambda_{A1} \\ 0 & \mu_{A2} & \mu_{A1} & -(\mu_{A1} + \mu_{A2}) \end{bmatrix} \tag{6-31}$$

状态概率方程为

$$\begin{cases} [p_1\ p_2\ p_3\ p_4] \times A = [0\ \ 0\ \ 0\ \ 0] \\ p_1 + p_2 + p_3 + p_4 = 1 \end{cases} \tag{6-32}$$

式中，$p_1 \sim p_4$ 分别为状态 1～状态 4 的概率。最后求得

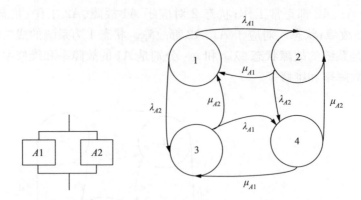

图 6-6　两组件并联系统的结构及状态转移图

$$p_1 = \frac{\mu_{A1}\mu_{A2}}{(\lambda_{A1}+\mu_{A2})(\lambda_{A2}+\mu_{A2})}, \quad p_2 = \frac{\lambda_{A1}\mu_{A2}}{(\lambda_{A1}+\mu_{A1})(\lambda_{A2}+\mu_{A2})}$$
$$p_3 = \frac{\mu_{A1}\lambda_{A2}}{(\lambda_{A1}+\mu_{A1})(\lambda_{A2}+\mu_{A2})}, \quad p_4 = \frac{\lambda_{A1}\lambda_{A2}}{(\lambda_{A1}+\mu_{A1})(\lambda_{A2}+\mu_{A2})} \tag{6-33}$$

系统的故障状态概率 p_f 为

$$p_f = p_4 = \frac{\lambda_{A1}\lambda_{A2}}{(\lambda_{A1}+\mu_{A1})(\lambda_{A2}+\mu_{A2})} \tag{6-34}$$

系统的成功状态概率 p_s 为

$$p_s = 1 - p_f = p_1 + p_2 + p_3 = \frac{\mu_{A1}\mu_{A2}+\lambda_{A1}\mu_{A2}+\mu_{A1}\lambda_{A2}}{(\lambda_{A1}+\mu_{A2})(\lambda_{A2}+\mu_{A2})} \tag{6-35}$$

　　根据频率和持续时间法可知：从其他状态进入某状态的频率之和等于离开该状态到其他状态的频率之和；某状态的发生频率等于停留在该状态的概率乘以离开该状态的脱离率，也等于不停留在该状态的概率乘以进入该状态的进入率。

　　分别求得系统的等效维修率 μ_{sys} 和故障率 λ_{sys} 为

$$\mu_{sys} = \frac{F_s}{p_f} = \frac{p_f\mu_{A1}+p_f\mu_{A2}}{p_f} = \mu_{A1}+\mu_{A2} \tag{6-36}$$

$$\lambda_{sys} = \frac{F_f}{p_s} = \frac{p_f\mu_{sys}}{p_s} = \frac{\lambda_{A1}\lambda_{A2}(\mu_{A1}+\mu_{A2})}{\mu_{A1}\mu_{A2}+\lambda_{A1}\mu_{A2}+\mu_{A1}\lambda_{A2}} \tag{6-37}$$

式中，F_s、F_f 分别为系统停留在成功状态和故障状态的频率。

　　系统的 MTBF 为

$$\text{MTBF} = \frac{1}{\lambda_{sys}} = \frac{\mu_{A1}\mu_{A2}+\lambda_{A1}\mu_{A2}+\mu_{A1}\lambda_{A2}}{\lambda_{A1}\lambda_{A2}(\mu_{A1}+\mu_{A2})} \tag{6-38}$$

6.2.3　Markov 状态图法

　　动态故障树向 Markov 状态图的转化为一般动态系统可靠性问题的求解提供了便利[8]。针对现代复杂工程系统的失效过程通常伴随着与失效时间和失效顺序相关的复杂动态特征,动态 Markov 模型解决了这类复杂系统的可靠性建模分析问题,但针对复杂系统可维修性问题并没有独特的优势。Markov 状态图法既适用于不可修系统,又适用于可修系统[9]。除了要求系统满足 Markov 过程,还要求系统和部件只能取离散状态,即正常和失效两种状态。系统故障率 λ 和维修率 μ 均为常数:状态转换可在任一时刻进行,但在相当小的时间间隔 Δt 内,不会发生两个或两个以上的部件状态转换。以上假设均适用于容错计算机系统的冗余结构,虽然 Markov 状态图法不能完全适用于所有冗余结构的可靠性分析问题,但可以很好地适用于一些典型的冗余结构。

Markov 状态图法处理问题的一般步骤如下。

(1) 根据系统各部件状态变化的规律,给出系统 Markov 状态空间图状态转移率,一般是指失效率和维修率。

(2) 根据系统状态转移图列出系统状态转移概率矩阵 $\boldsymbol{T}$,并给出状态方程系数矩阵 $\boldsymbol{A} = |\boldsymbol{T} - \boldsymbol{U}|$,列出状态方程。

(3) 根据状态方程求出各状态概率 $P_i(t)$,根据 $P_i(t)$ 的定义得出可靠度、不可靠度等指标,计算可借助拉普拉斯变换。

6.2.4　动态 Markov 过程

在介绍了 Markov 状态图法及其处理问题一般步骤的基础上,本节对动态 Markov 过程模型的原理内容进行了更为深入的介绍[10,11]。为方便说明,引入超文本概率语法(Hypertext Probabilistic Grammar,HPG)图来表示 Markov 模型。在 HPG 图中,每个状态用一个节点表示,状态转移用一个转换表示。每个箭头从转换前状态节点指向转换后的状态节点,箭头上标有状态的转移概率和转移次数。每个节点的所有出箭头上的概率之和为 1,概率为 0 的转换箭头省略。

定义 6.1　in-link 和 out-link:在 HPG 图中,从其他状态向状态 A_x 的一步转移称为 A_x 的 in-link,从 A_x 向其他状态的一步转移称为 A_x 的 out-link。用 $w_{i,j}$ 表示从 A_i 到 A_j 发生的次数,$w_{i,j,o}$ 表示 $A_iA_jA_o$ 发生的次数,$P_{i,j}$ 表示从 A_i 到 A_j 的一阶转移概率,$P_{i,j,o}$ 表示前一状态为 A_i 时 A_j 到 A_o 的二阶转移概率。

定义 6.2　状态二阶精确性:设 HPG 图中的某一状态 A_x 有 I 条 in-link 和 O 条 out-link(如图 6-7),取精确度域值 $\gamma(0 \leqslant \gamma \leqslant 1)$,如果所有 $i(1 \leqslant i \leqslant I)$ 和 $j(1 \leqslant j \leqslant O)$ 都有 $|P_{ix,j} - P_{x,j}| \leqslant \gamma$,则称状态 A_x 是二阶精确的。如果所有 i 和 j 都有 $|P_{ix,j} - P_{x,j}| = 0$,则称状态 A_x 是二阶严格精确的。

定义 6.3　状态克隆:设状态 A_x 有 I 条

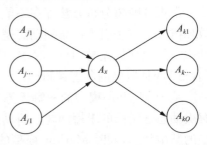

图 6-7　I 条 in-link 和 O 条 out-link

in-link 和 O 条 out-link，A'_x 是 A_x 的克隆，A_1A_x 被分配给 A'_x，那么 HPG 图应作如下的修改。

(1) 增加 $A'_xA_o(1 \leqslant o \leqslant O)$。

(2) 移除 A_1A_x 并增加 $A_1A'_x$。

(3) $w_{x,o} = w_{x,o} - w_{1,x,o}$，$w_{x',o} = w_{x',o} + w_{1,x,o}$，$w_{1,x'} = w_{1,x,o}$。

对不满足精确性要求的状态，通过状态克隆的方法可以使其满足精确性要求。

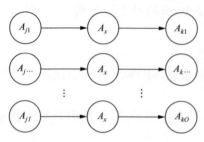

图 6-8　状态 Ax 的全克隆状态

1) 全克隆

最为简单直观的方法就是克隆 $I-1$ 个状态（如图 6-8），每个状态对应一条 in-link，克隆后每个状态都是二阶严格精确的。这种方法的缺点是克隆后状态数多，不能有效减少模型的复杂度。

2) 基于聚类的克隆

为了更加有效地减小模型的复杂度，可以采用基于聚类的状态克隆方法。

(1) 将 A_x 的所有 in-link 对应的二阶转移概率用向量表示，初始取 $K=2$（K 为聚类的个数）。

(2) 用 K-means 聚类法对 in-link 进行聚类。

(3) 克隆 $K-1$ 个状态 A_x，每个聚类对应一个状态。判断状态 A_x 和其克隆状态是否都能满足二阶精确性要求，若满足要求，则结束；否则 $K=K+1$，并重复执行步骤(2)和步骤(3)。

这种方法克服了全克隆状态多的缺点，同时能保证模型的精确性。

6.3　基于 Markov 链的可靠性分析算例

6.3.1　动态故障树的 Markov 模型

常规故障树分析方法存在不能对系统中的顺序相关性进行建模的局限，动态故障树分析方法引入一系列动态逻辑门来描述系统的时序规则和动态失效行为。其中主要包括优先与门(PAND)、功能相关门(FDEP)、顺序相关门(SEQ)和备件门(SP)四种典型的动态逻辑门。

基于 Markov 模型的图解优势，将动态逻辑门转换为 Markov 模型，能够有效解决动态逻辑门的求解问题。将动态逻辑门输入事件的状态组合作为 Markov 模型的基本状态，同时 Markov 模型的状态转移概率设置为输入事件的故障概率，这样就能够将动态逻辑门转换为 Markov 模型。

　　各种动态门与 Markov 模型的转化方法已很成熟，本书仅以优先与门（PAND）为例进行说明[8]。如图 6-9 所示，当输入 A 和 B 均失效且 A 先于 B 失效时，输出为失效（failure, FL）；若 A、B 均不失效或 B 先于 A 失效，则输出为不失效（operation, OP）。相应的状态空间图如图 6-10 所示。

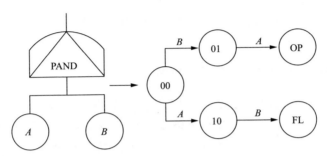

图 6-9　PAND 与 Markov 链的转化

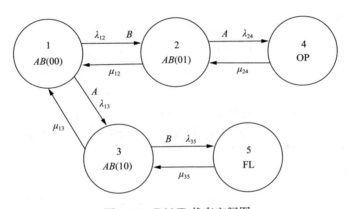

图 6-10　PAND 状态空间图

　　图 6-10 中，λ_{12}、λ_{13}、λ_{24}、λ_{35}，μ_{12}、μ_{13}、μ_{24}、μ_{35} 为各状态转移概率，设 $\lambda_{12} = \lambda_{13} = \lambda_{24} = \lambda_{35} = 3.7522 \times 10^{-6}/h$，$\mu_{12} = \mu_{13} = \mu_{24} = \mu_{35} = \dfrac{1}{8}/h$。

　　按以下步骤对图 6-10 模型建立 Markov 状态方程，求解各状态的稳态概率。

（1）根据系统状态转移建立状态转移矩阵 $\boldsymbol{P}$。

$$\boldsymbol{P} = \begin{bmatrix} -(\lambda_{12}+\lambda_{13}) & \lambda_{12} & \lambda_{13} & 0 & 0 \\ \mu_{12} & -(\mu_{12}+\lambda_{24}) & 0 & \lambda_{24} & 0 \\ \mu_{13} & 0 & -(\mu_{13}+\lambda_{35}) & 0 & \lambda_{35} \\ 0 & \mu_{24} & 0 & -\mu_{24} & 0 \\ 0 & 0 & \mu_{35} & 0 & -\mu_{35} \end{bmatrix} \quad (6\text{-}39)$$

（2）建立并求解线性代数方程组，计算出系统各状态的稳态概率 $\boldsymbol{P} =$

$[p_1 \quad p_2 \quad p_3 \quad p_4 \quad p_5]$。

$$\begin{cases} PA = 0 \\ \sum p_i = 1 \end{cases} \tag{6-40}$$

解得各状态的稳态概率为：$p_1 = 0.99994$，$p_2 = p_3 = 3.0015 \times 10^{-5}$，$p_4 = p_5 = 9.01 \times 10^{-10}$。最后，分别将 p_1、p_2、p_3、p_4、p_5 作为相应 Markov 底事件的输出，进行下一步的系统级分析即可。

6.3.2　动态 Markov 过程在可靠性分析中的应用

设有表 6-1 所示的用户会话，考察状态 A_5。如图 6-11(a)所示，A_5 有 4 条 in-link 和 2 条 out-link，A_1, A_2, A_3, A_4 边上的向量表示各条 in-link 对应的二阶转移概率，A_5 边上的向量表示一阶转移概率。若取精确度域值 $\gamma = 0.1$，因 $|P_{A_1,A_5,A_6} - P_{A_5,A_6}| = |0.67 - 0.5| = 0.15 > \gamma$，由定义 6.1 知 A_5 不满足精确性要求，需要克隆。对 4 条 in-link $A_1A_5\{0.67, 0.33\}$、$A_2A_5\{0.64, 0.36\}$、$A_3A_5\{0.36, 0.64\}$、$A_4A_5\{0.33, 0.67\}$ 进行 K-means 聚类后，A_1A_5 和 A_2A_5 为一类，A_3A_5 和 A_4A_5 为另一类。克隆状态 A_5 得到 A_5'，将 A_1A_5 和 A_2A_5 分配给 A_5'，A_3A_5 和 A_4A_5 分配给 A_5。图 6-11(b)为基于聚类的克隆结果。

表 6-1　用户会话 1

会话	频度
$A_1A_5A_6$	6
$A_1A_5A_7$	3
$A_2A_5A_6$	7
$A_2A_5A_7$	4
$A_3A_5A_6$	4
$A_3A_5A_7$	7
$A_4A_5A_6$	3
$A_4A_5A_7$	6

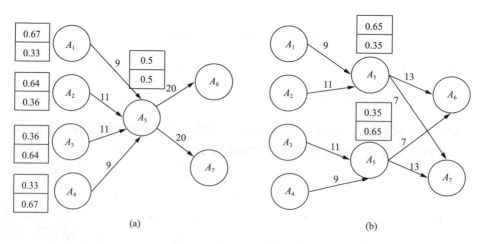

(a)　　　　　　　　　　　　(b)

图 6-11　基于聚类的克隆

$$|P_{A_1A'_5,A_6} - P_{A'_5,A_6}| = |0.67 - 0.65| = 0.02 < \gamma$$

$$|P_{A_1A'_5,A_7} - P_{A'_5,A_7}| = |0.33 - 0.35| = 0.02 < \gamma$$

$$|P_{A_2A'_5,A_6} - P_{A'_5,A_6}| = |0.64 - 0.65| = 0.01 < \gamma$$

$$|P_{A_2A'_5,A_7} - P_{A'_5,A_7}| = |0.36 - 0.35| = 0.01 < \gamma$$

所以 A'_5 满足二阶精确性要求。

6.3.3　基于 Markov 模型的硬件式容错计算机系统可靠性建模分析

针对一个硬件式容错计算机系统,运用整体 Markov 模型来分析其性能指标。整个系统采用双总线结构,包括 3 个处理器、2 个 I/O 接口设备和 3 个存储器。假设所有功能相同的设备都具有相同的属性,即失效率、维修率等指标都相同。

对于构造容错系统整体的 Markov 模型,本书没有采用专用软件,而是在构建模型时作了一些假设,以便把系统复杂度控制在可计算范围内。

(1) 故障的发生是不相关的,部件的失效率和维修率是常数。

(2) 故障是不传播的。

(3) 故障检测与系统重构非完善,覆盖率为常数,在算法上使用变步长的龙格-库塔方法。

1. 采用多数表决方式的处理器

通过以上假设,可以构造出处理器采用多数表决方式下的 Markov 状态图。由于状态过多,Markov 状态图过于复杂,本书仅给出状态 s_0 的转移过程,如图 6-12 所示。图中状态 $(3,3,2,2\ s_0)$ 表示在某时刻状态 s_0 有 3 个处理器、3 个存储器、2 个 I/O 接口设备和 2 个总线。假设经过一段时间 Δt,有 1 个处理器失效,在此过程中要进行故障检测与系统重构,切除故障模块。设重构成功的概率为 c_p,则转移到 s_1 的概率为 $3\lambda_p c_p \Delta t$,s_0 向 s_2、s_3、s_4 跃迁的过程依此类推,当系统处在其他状态时,与 s_0 状态相似。在该冗余方式下,可以得到 21 个状态的 Markov 状态转移图,分别是 $s_0,s_1,\cdots,s_{20}$。

为了减少可变参数的数量,假定:①所有部件的失效率都相等,即 $\lambda_p = \lambda_m = \lambda_b = \lambda_I = \lambda$;②所有部件的故障检测和系统重组的覆盖率都相等,即 $c_p = c_m = c_b = c_I = \alpha$;③所有部件的维修率都相等,即 $\mu_p = \mu_m = \mu_b = \mu_I = \mu$。其中,$p,m,b,I$ 分别表示各个部件的编号。

由 Markov 链得到 Markov 状态微分方程为

$$[s_0(t)', s_1(t)', \cdots, s_{19}(t)', s_{20}(t)'] = [s_0(t), s_1(t), \cdots, s_{19}(t), s_{20}(t)]\mathbf{A}$$

$$(6-41)$$

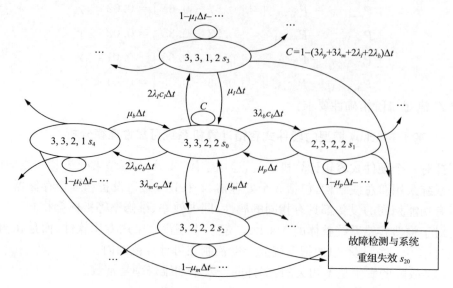

图 6-12　处理器采用多数表决方式下的 Markov 状态转移图

$$A = \begin{bmatrix} -10\lambda & 3\lambda\alpha & 3\lambda\alpha & \wedge & \wedge & 0 & 0 & 10\lambda(1-\alpha) \\ \mu & -9\lambda-\mu & 0 & \wedge & \wedge & 0 & 0 & 7\lambda(1-\alpha) \\ \mu & 0 & -9\lambda-\mu & \wedge & \wedge & 0 & 2\lambda & 7\lambda(1-\alpha) \\ \wedge & \wedge & \wedge & \wedge & \wedge & \wedge & \wedge & \wedge \\ \wedge & \wedge & \wedge & \wedge & \wedge & \wedge & \wedge & \wedge \\ 0 & 0 & 0 & \wedge & \wedge & -8\mu & 0 & 0 \\ 0 & 0 & \mu & \wedge & \wedge & 0 & -8\mu & 0 \\ 0 & 0 & 0 & \wedge & \wedge & 0 & 0 & 0 \end{bmatrix}$$

$$\tag{6-42}$$

式中，A 为状态转移率矩阵，这一矩阵方程(方程组)称为查普曼-科尔莫戈罗夫 (Chapman Kolmogorov)方程，由此可以解出系统处于任意状态的概率。

由于状态 $s_{16}, s_{17}, s_{18}, s_{19}, s_{20}$ 分别表示处理器失效、存储器失效、I/O 失效、总线失效和故障检测与系统重组失效，所以系统的瞬间可利用度 $A(t)$ 为

$$A(t) = 1 - s_{16}(t) - s_{17}(t) - s_{18}(t) - s_{19}(t) - s_{20}(t) \tag{6-43}$$

在计算该系统的可靠度时，将状态 $s_{16}, s_{17}, s_{18}, s_{19}, s_{20}$ 作为吸收状态。

对式(6-43)应用龙格-库塔方法求此微分方程的数值解，令修复率 $\mu = 0.9$，故障检测率 $\alpha = 0.99$。表 6-2 和表 6-3 分别是在不同的参数下得到的系统可用度和可靠度值(精度为 10^{-10})。

表 6-2　多数表决方式下模块失效率对系统可靠度的影响($\mu=0.9, \alpha=0.99$)

t	λ			
	0.001	0.0001	0.00001	0.000001
1	0.9998830605	0.9999889305	0.9999988993	0.9999998900
10	0.9988357129	0.9998974496	0.9999898845	0.9999989898
100	0.9883527876	0.9989823876	0.9998997336	0.9999899883
1000	0.8893880260	0.9898776992	0.9989986721	0.9998999777
10000	0.3096593142	0.9032721649	0.9900325958	0.9990003169
100000	0.0000081061	0.3615675930	0.9046806869	0.9900481097

表 6-3　多数表决方式下模块失效率对系统可用度的影响($\mu=0.9, \alpha=0.99$)

t	λ			
	0.001	0.0001	0.00001	0.000001
1	0.9999911765	0.9999992451	0.9999999258	0.9999999927
10	0.9999901290	0.9999992346	0.9999999257	0.9999999926
100	0.9999901287	0.9999992346	0.9999999257	0.9999999926
1000	0.9999901287	0.9999992346	0.9999999257	0.9999999926
10000	0.9999901287	0.9999992346	0.9999999257	0.9999999926
100000	0.9999901287	0.9999992346	0.9999999257	0.9999999926

2. 采用单工温储备方式的处理器

设 3 个处理器采用单工储备冗余方式,其中 1 个处理器处于工作状态,2 个处于储备状态。对于储备模块,又分为热储备、温储备和冷储备三种储备模式。根据上面的假设条件,得出系统的 Markov 状态图如图 6-13 所示。

在图 6-13 中,设储备的处理器的模块失效率为 λ',由 $p_0 \sim p_1$ 的转移概率为 $(\lambda_p + 2\lambda')c_p\Delta t$,$p_{28}$ 为故障检测与系统重组失效状态。设某时刻系统处于 p_0 状态,经过 Δt 时间,有可能发生处理器失效、存储器失效、总线失效或 I/O 设备失效(根据前面的假设,某时刻只能一种部件失效),系统相应由 p_0 状态转移到 p_1、p_2、p_3 和 p_4。如果在故障检测与系统重组的过程中发生故障,那么引起系统失效,系统由 p_0 状态转移到 p_{28} 状态,转移概率为 $[(\lambda_p + 2\lambda')(1-c_p) + 3\lambda_m(1-c_m) + 2\lambda_I(1-c_I) + 2\lambda_b(1-c_b)]\Delta t$,当系统处于其他状态时,与 p_0 状态雷同。

与第一种冗余模式的假设相同,可以得出第三种冗余模式下的可靠度和可用度如表 6-4 和表 6-5 所示。

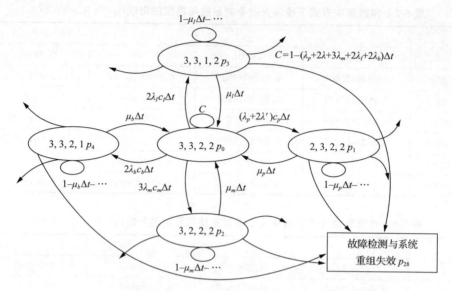

图 6-13　处理器采用单工储备方式下的 Markov 状态转移图

表 6-4　单工温储备方式下模块失效率对系统可靠度的影响($\mu=0.9, \alpha=0.99$)

t	λ			
	0.001	0.0001	0.00001	0.000001
	0.0005	0.00005	0.000005	0.0000005
1	0.9998966702	0.9999900567	0.9999999096	0.9999999010
10	0.9989946434	0.9999081335	0.9999909003	0.9999990909
100	0.9899723291	0.9990888229	0.9999098071	0.9999909900
1000	0.9038393885	0.9909322860	0.9990992366	0.9999099843
10000	0.3476478882	0.9129160930	0.9910295566	0.9991002879
100000	0.0000230870	0.4005409909	0.9138296170	0.9910392964

表 6-5　单工温储备方式下模块失效率对系统可用度的影响($\mu=0.9, \alpha=0.99$)

t	λ			
	0.001	0.0001	0.00001	0.000001
	0.0005	0.00005	0.000005	0.0000005
1	0.9999950402	0.9999995591	0.9999999565	0.9999999958
10	0.9999940206	0.9999995549	0.9999999564	0.9999999957
100	0.9999940168	0.9999995549	0.9999999564	0.9999999957
1000	0.9999940168	0.9999995549	0.9999999564	0.9999999957
10000	0.9999940168	0.9999995549	0.9999999564	0.9999999957
100000	0.9999940168	0.9999995549	0.9999999564	0.9999999957

3. 小结

从表 6-2～表 6-5 可以看出,在同一失效率下,随着时间的增长,容错系统的可用度开始下降,最后收敛于一个常数,而可靠度却随着时间的增长趋于零。随着失效率降低,系统的可靠度和可用度都提高,与容错系统的实际情况较吻合。

从表 6-2 和表 6-4 中还可以看出,由同样的部件构成的冗余系统,由于采用的容错方式不一样,结果对系统的可靠度和可用度有很大的影响。以上面的模型为例,在第一种方式下,3 个处理器采用表决方式,可以得到短时间内的高可靠度,而且这种方式还受到表决器可靠度的限制,一般采用多级表决方式来提高表决器的可靠度。在第二种方式下,3 个处理器采用三模单工储备方式工作,即 1 个处理器处于工作状态,其他 2 个处理器处于储备状态。储备的部件,分别可以采用热储备、温储备和冷储备方式。电子类产品,采用热储备或温储备方式最好。在同样的系统参数条件下,采用储备方式可得到较高的可靠度和可用度,但故障检测与系统重构的装置较复杂。

6.4　本 章 小 结

本章在概述 Markov 过程基础理论的基础上,阐述了 Markov 链、Markov 状态图法、动态 Markov 及其在可靠性建模分析中的应用。总结起来,Markov 链理论能够定量评估复杂系统中的随机过程,是适合用于对具有多种失效模式的复杂系统进行可靠性分析的方法;Markov 状态图法虽不能完全适用于所有冗余结构的可靠性分析问题,但可以很好地适用于一些典型的冗余结构。因而,Markov 链为复杂系统随机过程的可靠性分析提供了一种实用方法。

参 考 文 献

[1] 李海涛. 马尔可夫过程的若干条件极限定理[D]. 北京:清华大学,2013.

[2] Arnold V, Avez A. Ergodic Problems of Classical Mechanics[M]. New York:W. A. Benjamin, 1968.

[3] Billingsley P. Ergodic Theory and Information[M]. New York:Wiley, 1965.

[4] Chen M F. Eigenvalues, Inequalities, and Ergodic Theory[M]. London:Springer, 2005.

[5] 张延安. 试论马尔可夫模型及其应用[J]. 沈阳大学学报,2001,13(2):44-46.

[6] 谭利,顾九华. 串并联可修系统的可靠性[J]. 数学理论与应用,2007,27(2):31-35.

[7] 孙永国,孙永全,郭建英. 串并联系统可用性优化方法[J]. 电机与控制学报,2007,11(3):315-317.

[8] 戴志辉,王增平,焦彦军. 基于动态故障树与蒙特卡罗仿真的保护系统动态可靠性评估[J]. 中国电机工程学报,2011,31(19):105-113.

[9] 胡宇驰. 应用马尔可夫状态图法进行可靠性评估[J]. 电子科技大学学报,2001,30(2):175-180.

[10] 周晟,俞建家. 基于动态马尔可夫模型的智能网页推荐[J]. 计算机工程与应用,2006:84-87.

[11] 尹清波,张汝波,李雪耀,等. 基于动态马尔可夫模型的入侵检测技术研究[J]. 电子学报,2004,32(11):1785-1788.

第7章 基于 Kronecker 代数的系统可靠性分析方法

复杂系统的可靠性分析难以摆脱复杂的图形化建模和烦琐的计算求解,为简化特殊复杂系统中可靠性建模分析的建模和计算复杂度,本章将通过介绍复杂系统对其接入子系统可靠性的影响,引入状态相依与功能相依的概念,给出基于 Kronecker 代数的考虑组件的状态相依与功能相依的系统可靠性建模过程及常用的可维修系统可靠性指标的计算方法,并介绍基本结构时,考虑状态相依的维修与考虑功能相依的失效对系统可靠性的影响。

Kronecker 代数作为张量分析的前身,为发展张量分析的理论起到了推动研究作用[1,2]。目前,Kronecker 代数在图形图像处理领域有着广泛的应用[3],特别在快速计算和并行处理[4]中引起了广泛的重视。Amoia 等将其引入可靠性分析领域[5],根据组件的状态转移矩阵,利用 Kronecker 代数可直接建立系统可靠性分析时的状态转移矩阵,避免了图形化建模过程,并易于计算机的编程实现[6,7]。因此,本章介绍用 Kronecker 代数对系统可靠性分析建模的过程,以减小复杂系统可靠性建模分析的难度和计算复杂度。

7.1 基于 Kronecker 代数的系统可靠性模型

建立由 N 个组件构成的系统可靠性模型[8],定义组件 $k(k=1,2,\cdots,N)$ 的状态数目为 v_k,将组件 k 的状态记为状态 0 到状态 v_k-1,此时系统的状态数目为 $v=\prod\limits_{i=1}^{N}v_i$,系统的状态 $S_i(S_i=0,1,\cdots,v-1)$ 与组件 k 的状态 $S_i^{(k)}$ 的关系可表示为

$$S_i \equiv (S_i^{(1)}, S_i^{(2)}, \cdots, S_i^{(N)}) \tag{7-1}$$

并有

$$S_i = \omega_1 S_i^{(1)} + \omega_2 S_i^{(2)} + \cdots + \omega_N S_i^{(N)} = \sum_{k=1}^{N} \omega_k S_i^{(k)} \tag{7-2}$$

式中,ω_k 为第 k 个组件的权重,有

$$\omega_k = \begin{cases} 1, & \text{当 } k=1 \text{ 时} \\ v_{k-1}\omega_{k-1}, & \text{当 } k=2,3,\cdots,N \text{ 时} \end{cases} \tag{7-3}$$

故组件 k 的状态 $S_i^{(k)}$ 与系统的状态 S_i 的对应关系可表示为

$$S_i^{(k)} = \begin{cases} \mathrm{int}(S_i/\omega_k), & k = N \\ \mathrm{int}((S_i - \sum\limits_{j=k+1}^{N} \omega_{j+1} S_i^{(j+1)})/\omega_k), & k = 1,2,\cdots,N-1 \end{cases} \qquad (7\text{-}4)$$

式中,int 函数为取整函数,本章的可靠性模型基于组件及系统的状态转移矩阵。其中,组件 k 的状态转移矩阵 $\boldsymbol{C}_0^{(k)} = (c_{0;ij}^{(k)})_{v_k \times v_k}$ 中的元素 $c_{0;ij}^{(k)} \geqslant 0 (i \neq j)$ 用于描述组件 k 的状态 j 到状态 i 的转移率,并有对角线上的元素值为 $c_{0;ii}^{(k)} = -\sum_{i \neq j} c_{0;ij}^{(k)}$。为了便于描述,本章关于组件或系统的状态转移矩阵的对角线元素用"×"表示,不再列出其具体值。

7.1.1　独立组件可靠性模型

若用"$\oplus$"表示矩阵的 Kronecker 和,则矩阵 $\boldsymbol{A} = (a_{ij})_{m \times m}$ 和 $\boldsymbol{B} = (b_{ij})_{n \times n}$ 的 Kronecker 和为 $\boldsymbol{A} \oplus \boldsymbol{B} = \boldsymbol{A} \otimes \boldsymbol{I}_n + \boldsymbol{I}_m \otimes \boldsymbol{B}$,其中 $\boldsymbol{I}$ 为单位矩阵;用"$\otimes$"表示矩阵的 Kronecker 积,则矩阵 $\boldsymbol{A} = (a_{ij})_{m \times n}$ 和 $\boldsymbol{B} = (b_{ij})_{p \times q}$ 的 Kronecker 积为 $\boldsymbol{A} \otimes \boldsymbol{B} = (a_{ij}\boldsymbol{B})_{mp \times nq}$。

设独立组件状态转移矩阵为 $\boldsymbol{C}_0^{(k)} (k = 1,2,\cdots,N)$,独立组件构成的系统的状态转移矩阵可通过 Kronecker 和进行计算,N 个独立组件构成的系统状态转移矩阵 $\boldsymbol{L}_0$ 为

$$\boldsymbol{L}_0 = \boldsymbol{C}_0^{(N)} \oplus \boldsymbol{C}_0^{(N-1)} \oplus \cdots \oplus \boldsymbol{C}_0^{(2)} \oplus \boldsymbol{C}_0^{(1)} \qquad (7\text{-}5)$$

根据文献[8],式(7-5)也可以用 Kronecker 积的形式表示,即 N 个独立组件构成的系统状态转移矩阵 $\boldsymbol{L}_0$ 可表示为

$$\boldsymbol{L}_0 = \sum_{i=1}^{N} \boldsymbol{I}_{v_N} \otimes \cdots \otimes \boldsymbol{I}_{v_{i+1}} \otimes \boldsymbol{C}_0^{(i)} \otimes \boldsymbol{I}_{v_{i-1}} \otimes \cdots \otimes \boldsymbol{I}_{v_1} \qquad (7\text{-}6)$$

根据式(7-5)或式(7-6)计算独立组件构成的系统的状态转移矩阵 $\boldsymbol{L}_0 = (l_{0;ij})_{v \times v}$ 中的元素 $l_{0;ij}$ 同样是用于描述系统的状态 $S_j(S_j^{(1)}, S_j^{(2)}, \cdots, S_j^{(N)})$ 到状态 $S_i(S_i^{(1)}, S_i^{(2)}, \cdots, S_i^{(N)})$ 的转移率,并有

(1) $l_{0;ij} = \sum\limits_{k=1}^{N} C_{0;S_i^{(k)} S_j^{(k)}}^{(k)} \prod\limits_{q \neq k} \delta_{S_i^{(q)} S_j^{(q)}}, i \neq j$。

(2) $l_{0;ii} = -\sum\limits_{i \neq j} l_{0;ij}$。

式中,δ_{ij} 为 Kronecker 函数,仅当 $i = j$ 时有 $\delta_{ij} = 1$,否则 $\delta_{ij} = 0$;$l_{0;ij}(i \neq j)$ 的计算公式描述了系统由状态 S_j 到状态 S_i 的转移,若转移仅由组件 k 的状态变化引起,则 $l_{0;ij}$ 等于组件 k 的状态 $S_j^{(k)}$ 到状态 $S_i^{(k)}$ 的转移率,否则 $l_{0;ij}$ 取值为 0。

7.1.2　考虑状态相依的可靠性建模

状态相依是指系统中存在组件的状态转移是其他组件状态的函数[9-11]。本章

主要考虑的是关于维修的状态相依，即组件的随机故障是相互独立的。此时，计算系统的状态转移矩阵可利用 Kronecker 积的可分解属性，将组件的状态转移矩阵分为关于失效与维修的两个矩阵，即对于可分解的组件的状态转移矩阵 C_a 与 C_b，有

$$C_a = L_a + U_a, C_b = L_b + U_b \tag{7-7}$$

若记

$$L = L_a \bigotimes L_b, U = U_a \bigotimes U_b \tag{7-8}$$

式中，L_a、L_b 为 C_a 与 C_b 的下三角矩阵；U_a、U_b 为 C_a 与 C_b 的上三角矩阵，有

$$C = C_a \bigotimes C_b = L + U \tag{7-9}$$

组件或系统的状态转移矩阵的下三角矩阵用于描述与失效相关的状态转移率，上三角矩阵描述的是与维修相关的状态转移率。

当组件的失效是独立的，系统关于失效的状态转移矩阵可用式(7-5)或式(7-6)生成；考虑状态相依时关于维修的状态转移矩阵可利用 stress 矩阵方法构建[6]，当组件 r 的状态影响组件 k 的状态转移时，将组件 r 的状态对组件 k 的 stress 矩阵记为

$$G^{(k;r)} = (g_{ij}^{(k;r)})_{v_r \times v_r} \tag{7-10}$$

$G^{(k;r)}$ 中的元素只有对角元素 $g_{ii}^{(k;r)}$ 有意义，因此，非对角线上的元素都取值为 0，并有

$$g_{ii}^{(k;r)} = \begin{cases} 1, & \text{组件 } r \text{ 的状态 } i \text{ 对组件 } k \text{ 无影响} \\ 0, & \text{组件 } r \text{ 的状态 } i \text{ 对组件 } k \text{ 有影响} \end{cases}, \quad i = 1, 2, \cdots, v_r \tag{7-11}$$

若组件 r 的所有状态对组件 k 的状态转移都没有影响，则

$$G^{(k;r)} = I_{v_r} \tag{7-12}$$

此时，考虑状态相依时关于维修的状态转移矩阵为

$$U = \sum_{i=1}^{N} G^{(i;N)} \bigotimes \cdots \bigotimes G^{(i;i+1)} \bigotimes U^{(i)} \bigotimes G^{(i;i-1)} \bigotimes \cdots \bigotimes G^{(i;1)} \tag{7-13}$$

式中，$U^{(i)}$ 为系统中组件 $i(i = 1, 2, \cdots, N)$ 的关于维修的状态转移矩阵。

7.1.3　考虑功能相依的可靠性建模

功能相依是指系统不同的状态转移同时发生[12,13]。本章的功能相依为关于串联系统的失效相依，即串联系统中某一组件的失效会使其他组件停用。由于功能相依是指系统的某些特定的状态转移会使其他的某些状态转移同时发生，可引入操作规则[13]来构建考虑功能相依时的系统状态转移矩阵。操作规则表示某些组件的状态转移紧随系统的特定状态转移的发生而发生。描述操作规则 i 如下。

(1) 规则 i 实施的条件：规则 i 可实施需要满足两个条件，称为条件1与条件2，记系统状态转移发生前后系统的状态分别为 S_j 与 S_k，当状态 S_j 与状态 S_k 分别满

足条件 1 与条件 2 时,规则 i 适用,记 $\boldsymbol{M}^{(i)} = (m_{kj}^{(i)})_{v \times v}$ 为规则 i 实施的条件矩阵,有

$$m_{kj}^{(i)} = \begin{cases} 1, & \text{当系统的状态 } S_j \text{ 与状态 } S_k \text{ 分别符合} \\ & \text{第 } i \text{ 个操作规则的条件 1 与条件 2 时} \\ 0, & \text{其他} \end{cases} \qquad (7\text{-}14)$$

(2) 规则 i 实施的影响:规则 i 实施时对组件 r 状态转移的影响用矩阵 $\boldsymbol{F}^{(i;r)} = (f_{pq}^{(i;r)})_{v_r \times v_r}$ 表示。$\boldsymbol{F}^{(i;r)}$ 为概率矩阵,$f_{pq}^{(i;r)}$ 用于描述规则 i 影响下,组件 r 的状态 q 到状态 p 转移发生的概率。若第 i 个操作规则对第 r 个组件没有影响,则组件 r 在规则 i 实施时没有状态转移发生,应有 $\boldsymbol{F}^{(i;r)} = \boldsymbol{I}_{v_r}$。记 $\boldsymbol{F}^{(i)}$ 为规则 i 实施时对系统状态转移的影响矩阵,则

$$\boldsymbol{F}^{(i)} = \boldsymbol{F}^{(i;N)} \otimes \boldsymbol{F}^{(i;N-1)} \otimes \cdots \otimes \boldsymbol{F}^{(i;2)} \otimes \boldsymbol{F}^{(i;1)} \qquad (7\text{-}15)$$

考虑功能相依时系统状态转移矩阵的计算过程不具有交换性,因此,处理顺序应参照规则发生的先后顺序。若系统存在 m 个关于功能相依的规则,则考虑第 $i(i = 1, 2, \cdots, m)$ 个规则后的系统状态转移矩阵为

$$\boldsymbol{Q}^{(i)} = \boldsymbol{Q}^{(i-1)} + (\boldsymbol{F}^{(i)} - \boldsymbol{I}_v)(\boldsymbol{M}^{(i)} \circ \boldsymbol{Q}^{(i-1)}), \quad i = 1, 2, \cdots, m \qquad (7\text{-}16)$$

式中,$\boldsymbol{Q}^{(0)}$ 与 $\boldsymbol{Q}^{(i)}$ 分别为未考虑功能相依与考虑第 i 个关于功能相依规则后的系统状态转移矩阵;"$\circ$"表示矩阵的 Hadamard 积,它是按对应分量相乘,即矩阵 $\boldsymbol{A} = (a_{ij})_{m \times n}$ 和 $\boldsymbol{B} = (b_{ij})_{m \times n}$ 的 Hadamard 积为 $\boldsymbol{A} \circ \boldsymbol{B} = (a_{ij}b_{ij})_{m \times n}$。

7.1.4　可靠性模型求解

根据可维修系统几个常用可靠性指标的计算方法,如系统的稳态可用度 A、MTBF 与 MTTR 等,当考虑维修性对系统可靠性的影响时,应与可修系统可靠性指标作比较,针对不可修系统的可靠性指标主要为平均失效前时间(MTTF)。同时,系统首次故障前平均时间(MTTFF)是可修及不可修系统都适用的可靠性指标。上述可靠性指标常用于描述系统可靠性的度量,下面将给出关于上述指标求解的方法。

1) 不可修复系统稳态可靠性指标求解

在不可修复系统中,当进入失效状态后就不再发生向其他状态的转移,即意味着任务的结束。一般将这种一旦进入就不再向外转移的状态称为吸收状态,这时可靠性分析主要是计算系统停留在非吸收状态的平均时间。由于系统的不可维修性,系统的 MTTFF 与 MTTF 值是相同的,若系统的可靠度为 $R(t)$,则

$$\text{MTTF} = \text{MTTFF} = \int_0^\infty R(t)\,\mathrm{d}t \qquad (7\text{-}17)$$

2) 可修复系统稳态可靠性指标求解

对于系统可用度、MTBF 与 MTTR 这三个指标的计算,均需要利用系统在各状态的稳定状态概率。对于有 v 个状态的系统,可记状态空间为 $E = \{0, 1, \cdots, v-$

1},定义 $\pi_i(i \in E)$ 为稳态时系统处于状态 i 的概率,并记 $\boldsymbol{\pi} = (\pi_0, \pi_1, \cdots, \pi_{v-1})$ 为系统的稳定状态概率向量,记 $\boldsymbol{Q}$ 为系统状态转移矩阵,根据文献[8]中式(2.8)可计算系统稳态状态概率,进一步根据文献[8]中式(2.12)和式(2.13)可求解系统失效率与维修率,分别记为 λ_s 与 μ_s,则计算系统的 MTBF、MTTR 与 A 值,有

$$MTBF = \frac{1}{\lambda_s} \tag{7-18}$$

$$MTTR = \frac{1}{\mu_s} \tag{7-19}$$

$$A = \frac{MTBF}{MTBF + MTTR} = \frac{\mu_s}{\lambda_s + \mu_s} \tag{7-20}$$

此时,计算可修系统的 MTTFF 值就是计算系统进入不希望进入的一个或几个状态之前成功运行的平均时间间隔。这些状态也许不是真正的吸收状态,因为在经过维修之后可以向其他状态转移。然而,若把这些状态(如失效状态)规定为吸收状态,就可利用吸收状态的概念来计算平均持续运行时间,它可通过式(7-21)进行求解:

$$MTTFF = \boldsymbol{P}_+(0)(-\boldsymbol{Q}^*)^{-1}\boldsymbol{E}_k \tag{7-21}$$

式中,$\boldsymbol{Q}^*$ 为系统状态转移矩阵中正常状态与正常状态的转移矩阵,即仅由正常状态构成的矩阵,即由矩阵 $\boldsymbol{Q}$ 中删去与吸收状态对应的行和列后的降阶矩阵,一般称其为截尾矩阵;$\boldsymbol{P}_+(0)$ 是所有正常状态对应的初始状态概率向量;$\boldsymbol{E}_k$ 是分量均为 1 的 k 维列向量,其中,k 是系统正常状态的数目。

7.2　基于 Kronecker 代数两组件系统可靠性分析示例

复杂系统是由基本系统构成的,因此仅有两组件(记为组件 1 与组件 2)的基本系统的可靠性结论对于复杂系统的可靠性分析是适用的。本节首先给出组件 1 的维修状态相依于组件 2 时的可靠性分析,然后给出基本串联与并联系统的可靠性分析。

7.2.1　组件 1 状态相依于组件 2 时的可靠性分析

假设组件 $i(i=1,2)$ 都仅有正常与故障两个状态,分别记为状态 0 与状态 1,组件的寿命与维修时间服从指数分布,且假设组件为修复如新的,组件 i 的失效率与维修率为 λ_i 与 μ_i,且组件独立时关于失效与维修的状态转移矩阵记为 $\boldsymbol{L}_a^{(i)}$ 与 $\boldsymbol{U}_a^{(i)}$,有

$$\boldsymbol{L}_a^{(i)} = \begin{bmatrix} \times & 0 \\ \lambda_i & \times \end{bmatrix}, \quad \boldsymbol{U}_a^{(i)} = \begin{bmatrix} \times & \mu_i \\ 0 & \times \end{bmatrix}, i = 1, 2 \tag{7-22}$$

当组件 1 的维修状态相依于组件 2 的状态时,由于组件 2 往往指与维修相关

的设备,如故障检测装置等,组件 2 的存在可能会改变组件 1 的维修率,当研究组件 2 的存在对组件 1 维修影响时,不妨将组件 1 的维修率记为 $k_{\mu 1}(k>0)$。

当组件 1 故障时,仅当组件 2 为状态 0 时才可对其维修,组件 2 的状态对组件 1 影响的 stress 矩阵为

$$\boldsymbol{G}_d^{(1;2)} = \begin{bmatrix} 1 & 0 \\ 0 & 0 \end{bmatrix} \tag{7-23}$$

由于组件 1 的状态对组件 2 的状态转移情况没有影响,故有 $\boldsymbol{G}_d^{(2;1)} = \boldsymbol{I}_2$。

由于组件 1 与组件 2 的失效是独立的,考虑组件 2 的状态对组件 1 维修的影响,根据 Kronecker 积的可分解属性,得系统的状态转移矩阵为

$$\boldsymbol{Q}_d = \boldsymbol{L}_\alpha + \boldsymbol{U}_\alpha = \boldsymbol{L}_\alpha^{(2)} \oplus \boldsymbol{L}_\alpha^{(1)} + \boldsymbol{U}_\alpha^{(2)} \otimes \boldsymbol{G}_d^{(2;1)} + \boldsymbol{G}_d^{(1;2)} \otimes \boldsymbol{U}_\alpha^{(1)} = \begin{bmatrix} \times & k\mu_1 & \mu_2 & 0 \\ \lambda_1 & \times & 0 & \mu_2 \\ \lambda_2 & 0 & \times & 0 \\ 0 & \lambda_2 & \lambda_1 & \times \end{bmatrix}$$

$$\tag{7-24}$$

当系统的研究对象为组件 1 时,仅当组件 1 可正常工作时,系统可正常工作,即系统的状态 0 与状态 2 为正常状态,根据式(7-18)~式(7-20)可计算考虑组件 2 影响的关于组件 1 的系统可靠性指标为

$$\mathrm{MTBF}_{d;1} = \mathrm{MTTFF}_{d;1} = \frac{1}{\lambda_1} \tag{7-25}$$

$$\mathrm{MTTR}_{d;1} = \frac{\lambda_1\lambda_2 + \lambda_1\mu_2 + k\mu_1\lambda_2 + \lambda_2^2 + 2\lambda_2\mu_2 + \mu_2^2}{k\mu_1\mu_2(\lambda_1 + \lambda_2 + \mu_2)} \tag{7-26}$$

$$A_{d;1} = \frac{k\mu_1\mu_2(\lambda_1 + \lambda_2 + \mu_2)}{(\lambda_2 + \mu_2)(\lambda_1^2 + k\lambda_1\mu_1 + \lambda_1\lambda_2 + \lambda_1\mu_2 + k\mu_1\mu_2)} \tag{7-27}$$

当系统仅有组件 1 时,系统可靠性指标为:$\mathrm{MTBF}_{d;2} = \mathrm{MTTFF}_{d;2} = 1/\lambda_1$,$\mathrm{MTTR}_{d;2} = 1/\mu_1$,$A_{d;2} = \mu_1/(\lambda_1 + \mu_1)$。

两种情况下,系统的 MTBF 与 MTTFF 值都为 $1/\lambda_1$,即组件 2 的存在对系统的 MTBF 与 MTTFF 是没有影响的。下面就组件 2 的存在对系统的 MTTR 影响进行分析,有以下步骤。

(1) 比较是否存在组件 2 时系统的 MTTR 值,令

$$\begin{aligned} \mathrm{MTTR}_{diff} &= \mathrm{MTTR}_{d;1} - \mathrm{MTTR}_{d;2} \\ &= \frac{\lambda_1\lambda_2 + (1-k)\lambda_1\mu_2 + k\mu_1\lambda_2 + \lambda_2^2 + (2-k)\lambda_2\mu_2 + (1-k)\mu_2^2}{k\mu_1\mu_2(\lambda_1 + \lambda_2 + \mu_2)} \end{aligned} \tag{7-28}$$

由于 k、$\lambda_i(i=1,2)$ 与 μ_i 都为大于 0 的实数,故式(7-28)的分母为大于 0 的实数。记式(7-28)的分子为 MTTR_{diff_u},当 $k=1$ 时,有

$$\mathrm{MTTR}_{diff\_u} = \lambda_1\lambda_2 + \mu_1\lambda_2 + \lambda_2^2 + \lambda_2\mu_2 > 0 \tag{7-29}$$

即 $\mathrm{MTTR}_{d;1} - \mathrm{MTTR}_{d;2} > 0$,若组件 2 的存在不会改变组件 1 的维修率,则存在组件 2 时,系统的 MTTR 值将大于没有组件 2 时的系统 MTTR 值,即组件 2 的存在反而会降低组件 1 的性能。

(2) 在工程实际中,组件 2 的应用往往会改变组件 1 的维修率,这是因为组件 2 为故障检测装置或 ISCS 等时,组件 2 的存在可减少组件 1 的故障响应时间,式(7-30)给出 $\mathrm{MTTR}_{d;1}$ 关于 k 的导数,有

$$\mathrm{MTTR}'_{d;1}(k) = \frac{-(\lambda_2 + \mu_2)}{k^2 \mu_1 \mu_2} < 0 \tag{7-30}$$

故函数 $\mathrm{MTTR}_{d;1}(k)$ 在区间 $(0, +\infty)$ 上单调递减,并令式 $\mathrm{MTTR}_{diff} = 0$,解得

$$k_0 = \frac{\lambda_1\lambda_2 + \lambda_1\mu_2 + \lambda_2^2 + 2\lambda_2\mu_2 + \mu_2^2}{\lambda_1\mu_2 - \mu_1\lambda_2 + \lambda_2\mu_2 + \mu_2^2} \tag{7-31}$$

当 $k \in (0, k_0)$ 时,存在组件 2 时的系统的 MTTR 大于没有组件 2 时系统的 MTTR 值;当 $k \in (k_0, +\infty)$ 时,存在组件 2 时系统的 MTTR 小于没有组件 2 时系统的 MTTR 值,体现了组件 2 的存在对组件 1 可靠性指标的改进。

(3) 下面进一步考虑组件 2 的可靠性参数对组件 1 维修性的影响,其中

$$\mathrm{MTTR}'_{d;1}(\mu_2)$$

$$= -\frac{\lambda_1^2\lambda_2 + k\lambda_1\mu_1\lambda_2 + 2\lambda_1\lambda_2^2 + 2\lambda_1\lambda_2\mu_2 + k\mu_1\lambda_2 + 2k\mu_1\mu_2 + \lambda_2^2 + 2\lambda_2\mu_2 + \mu_2^2}{k\mu_1\mu_2^2 (\lambda_1 + \lambda_2 + \mu_2)^2} < 0 \tag{7-32}$$

$$\mathrm{MTTR}'_{d;1}(\lambda_2) = \frac{\lambda_1^2 + k\lambda_1\mu_1 + 2\lambda_1\lambda_2 + 2\lambda_1\mu_2 + k\mu_1\mu_2 + \lambda_2^2 + 2\lambda_2\mu_2 + \mu_2^2}{k\mu_1\mu_2 (\lambda_1 + \lambda_2 + \mu_2)^2} > 0 \tag{7-33}$$

从式(7-32)与式(7-33)可以看出,系统的 MTTR 值随着组件 2 维修率的增加而减少,并随着组件 2 失效率的增加而增加。

以上分析了是否存在组件 2 时关于组件 1 的系统的 MTTR 的相关规律,又由于两种情况下,系统的 MTBF 值是相同的,根据式(7-20)可知,当 MTBF 值不变时,系统的 A 值与 MTTR 值变化成反比特性,故与 A 相关的可靠性规律,这里不再重复描述。

7.2.2　两组件串联系统可靠性分析

目前关于串联系统可靠性分析一般没有考虑组件的失效相依,即假设串联系统中故障组件并不影响其他组件的工作情况;但对于实际系统,故障组件在引起串联系统故障的同时,可能使其他组件停止工作,下面考虑是否考虑失效相依对两组

件串联系统的可靠性指标的影响。

当考虑失效相依时,组件的状态除了状态 0 与状态 1,还应有由于故障组件引起的其他组件的停用状态,不妨记为状态 2,仍将组件 $i(i = 1,2)$ 的失效率与维修率分别记为 λ_i 与 μ_i,则组件 i 独立时,关于失效与维修的状态转移矩阵记为 $\boldsymbol{L}_{\beta}^{(i)}$ 与 $\boldsymbol{U}_{\beta}^{(i)}$,有

$$\boldsymbol{L}_{\beta}^{(i)} = \begin{bmatrix} \times & 0 & 0 \\ \lambda_i & \times & 0 \\ 0 & 0 & \times \end{bmatrix}, \quad \boldsymbol{U}_{\beta}^{(i)} = \begin{bmatrix} \times & \mu_i & 0 \\ 0 & \times & 0 \\ 0 & 0 & \times \end{bmatrix}, i = 1,2 \tag{7-34}$$

两组件串联系统在组件的失效与维修都是独立时的状态转移矩阵记为 $\boldsymbol{Q}_{s;1}$,有

$$\boldsymbol{Q}_{s;1} = \boldsymbol{L}_{\beta}^{(2)} \oplus \boldsymbol{L}_{\beta}^{(1)} + \boldsymbol{U}_{\beta}^{(2)} \oplus \boldsymbol{U}_{\beta}^{(1)} = \begin{bmatrix} \times & \mu_1 & 0 & \mu_2 & 0 & 0 & 0 & 0 & 0 \\ \lambda_1 & \times & 0 & 0 & \mu_2 & 0 & 0 & 0 & 0 \\ 0 & 0 & \times & 0 & 0 & \mu_2 & 0 & 0 & 0 \\ \lambda_2 & 0 & 0 & \times & \mu_1 & 0 & 0 & 0 & 0 \\ 0 & \lambda_2 & 0 & \lambda_1 & \times & 0 & 0 & 0 & 0 \\ 0 & 0 & \lambda_2 & 0 & 0 & \times & 0 & 0 & 0 \\ 0 & 0 & 0 & 0 & 0 & 0 & \times & \mu_1 & 0 \\ 0 & 0 & 0 & 0 & 0 & 0 & \lambda_1 & \times & 0 \\ 0 & 0 & 0 & 0 & 0 & 0 & 0 & 0 & \times \end{bmatrix}$$

$$\tag{7-35}$$

当建立考虑失效相依的串联系统的可靠性模型时,需要利用操作规则的方法。当组件 1 失效时会使组件 2 停用,同时随着组件 1 的维修完成会使组件 2 恢复工作,同样,组件 2 的失效与维修动作也会使组件 1 有相同的动作。由于关于操作规则的计算过程不具有交换性,而组件的维修动作应在其失效动作之后,这里建立考虑失效相依的两组件串联系统的状态转移矩阵规则的实施可按照组件 1 失效(规则 1)、组件 2 失效(规则 2)、组件 1 维修(规则 3)与组件 2 维修(规则 4)这 4 个动作发生的顺序。事实上,规则实施只需要满足相应组件的失效在其维修之前发生即可,如规则 2 与规则 3 交换顺序并不会改变系统的状态转移矩阵。下面给出这 4 条规则实施时系统的状态转移矩阵计算过程。

(1) 规则 1 实施的条件 1 是状态转移前组件 1 为正常工作状态,条件 2 是系统状态转移后组件 1 为故障状态;记规则 1 实施的条件矩阵为 $\boldsymbol{M}_{s;2}^{(1)}$,矩阵中的元素 $m_{s;2}^{(1)}(i,j)$ 用于判断系统状态 j 到状态 i 的状态转移是否会引起规则 1 的实施。根据规则 1 的实施条件有:仅当 $(S_j^{(1)} = 0) \wedge (S_i^{(1)} = 1)$ 时,$m_{s;2}^{(1)}(i,j) = 1$,否则为 0,即规则 1 实施的条件矩阵的具体取值为

$$M_{s;2}^{(1)} = \begin{bmatrix} 0 & 0 & 0 & 0 & 0 & 0 & 0 & 0 & 0 \\ 1 & 0 & 0 & 1 & 0 & 0 & 1 & 0 & 0 \\ 0 & 0 & 0 & 0 & 0 & 0 & 0 & 0 & 0 \\ 0 & 0 & 0 & 0 & 0 & 0 & 0 & 0 & 0 \\ 1 & 0 & 0 & 1 & 0 & 0 & 1 & 0 & 0 \\ 0 & 0 & 0 & 0 & 0 & 0 & 0 & 0 & 0 \\ 0 & 0 & 0 & 0 & 0 & 0 & 0 & 0 & 0 \\ 1 & 0 & 0 & 1 & 0 & 0 & 1 & 0 & 0 \\ 0 & 0 & 0 & 0 & 0 & 0 & 0 & 0 & 0 \end{bmatrix} \qquad (7\text{-}36)$$

当规则 1 实施时仅有组件 2 受影响,并且仅当组件 2 为状态 0 时需要向状态 2 转移,故规则 1 实施时,组件 2 状态转移的影响矩阵 $F_{s;2}^{(1;2)}$ 为

$$F_{s;2}^{(1;2)} = \begin{bmatrix} 0 & 0 & 0 \\ 0 & 1 & 0 \\ 1 & 0 & 1 \end{bmatrix} \qquad (7\text{-}37)$$

规则 1 实施时,对系统状态转移的影响矩阵为

$$F_{s;2}^{(1)} = F_{s;2}^{(1;2)} \otimes I_3 \qquad (7\text{-}38)$$

根据式(7-16)可计算两组件串联系统在考虑失效相依情形下,规则 1 发生时的系统状态转移矩阵为

$$Q_{s;2}^{(1)} = Q_{s;1} + (F_{s;2}^{(1)} - I_9)(M_{s;2}^{(1)} \circ Q_{s;1}) \qquad (7\text{-}39)$$

(2) 规则 2 实施的条件 1 是系统状态转移前组件 2 为正常工作状态,条件 2 是系统状态转移后组件 2 为故障状态,则规则 2 实施的条件矩阵 $M_{s;2}^{(2)}$ 中的元素 $m_{s;2}^{(2)}(i,j)$ 仅当 $(S_j^{(2)} = 0) \wedge (S_i^{(2)} = 1)$ 时取值为 1,否则取值为 0。限于篇幅,后面关于规则实施的条件矩阵仅给出判断条件,不再列出具体值。

当规则 2 实施时,仅有组件 1 受影响,同样仅有组件 1 为状态 0 时,需要向状态 2 转移,故有 $F_{s;2}^{(2;1)} = F_{s;2}^{(1;2)}$,规则 2 的实施对系统状态转移的影响矩阵为

$$F_{s;2}^{(2)} = I_3 \otimes F_{s;2}^{(2;1)} \qquad (7\text{-}40)$$

规则 2 实施时,系统状态转移矩阵为

$$Q_{s;2}^{(2)} = Q_{s;2}^{(1)} + (F_{s;2}^{(2)} - I_9)(M_{s;2}^{(2)} \circ Q_{s;2}^{(1)}) \qquad (7\text{-}41)$$

(3) 规则 3 实施的条件 1 是系统状态转移前组件 1 为故障状态,条件 2 是系统状态转移后组件 1 为正常状态,则规则 3 实施的条件矩阵 $M_{s;2}^{(3)}$ 中的元素 $m_{s;2}^{(3)}(i, j)$ 仅当 $(S_j^{(1)} = 1) \wedge (S_i^{(1)} = 0)$ 时取值为 1,否则为 0。当规则 3 实施时,仅有组件 2 受影响,且仅当组件 2 为状态 2 时,需要向状态 0 转移,故规则 3 实施时,组件 2 状态转移影响矩阵 $F_{s;2}^{(3;2)}$ 为

$$F_{s;2}^{(3;2)} = \begin{bmatrix} 1 & 0 & 1 \\ 0 & 1 & 0 \\ 0 & 0 & 0 \end{bmatrix} \qquad (7\text{-}42)$$

规则 3 实施对系统状态转移的影响矩阵为

$$\boldsymbol{F}_{s;2}^{(3)} = \boldsymbol{F}_{s;2}^{(3;2)} \bigotimes \boldsymbol{I}_3 \tag{7-43}$$

则系统规则 3 实施时系统的状态转移矩阵为

$$\boldsymbol{Q}_{s;2}^{(3)} = \boldsymbol{Q}_{s;2}^{(2)} + (\boldsymbol{F}_{s;2}^{(3)} - \boldsymbol{I}_9)(\boldsymbol{M}_{s;2}^{(3)} \circ \boldsymbol{Q}_{s;2}^{(2)}) \tag{7-44}$$

（4）规则 4 实施的条件 1 是系统状态转移前组件 2 为故障状态，条件 2 是系统状态转移后组件 2 为正常状态，则规则 4 实施的条件矩阵 $\boldsymbol{M}_{s;2}^{(4)}$ 中的元素 $m_{s;2}^{(4)}(i, j)$ 仅当 $(S_j^{(2)} = 1) \wedge (S_i^{(2)} = 0)$ 时取值为 1，否则取值为 0。当规则 4 实施时，仅有组件 1 受影响，同样仅组件 1 为状态 2 时，需要向状态 0 转移，故有规则 4 实施对组件 1 状态转移的影响矩阵 $\boldsymbol{F}_{s;2}^{(4;1)} = \boldsymbol{F}_{s;2}^{(3;2)}$，规则 4 的实施对系统状态转移的影响矩阵为

$$\boldsymbol{F}_{s;2}^{(4)} = \boldsymbol{I}_3 \bigotimes \boldsymbol{F}_{s;2}^{(4;1)} \tag{7-45}$$

则系统在规则 4 实施后的状态转移矩阵为

$$\boldsymbol{Q}_{s;2}^{(4)} = \boldsymbol{Q}_{s;2}^{(3)} + (\boldsymbol{F}_{s;2}^{(4)} - \boldsymbol{I}_9)(\boldsymbol{M}_{s;2}^{(4)} \circ \boldsymbol{Q}_{s;2}^{(3)}) = \begin{bmatrix} \times & \mu_1 & 0 & \mu_2 & 0 & \mu_2 & 0 & \mu_1 & 0 \\ 0 & \times & 0 & 0 & \mu_2 & 0 & 0 & 0 & 0 \\ 0 & 0 & \times & 0 & 0 & 0 & 0 & 0 & 0 \\ 0 & 0 & 0 & \times & \mu_1 & 0 & 0 & 0 & 0 \\ 0 & \lambda_2 & 0 & \lambda_1 & \times & 0 & 0 & 0 & 0 \\ \lambda_2 & 0 & \lambda_2 & 0 & 0 & \times & 0 & 0 & 0 \\ 0 & 0 & 0 & 0 & 0 & 0 & \times & 0 & 0 \\ \lambda_1 & 0 & 0 & 0 & 0 & 0 & \lambda_1 & \times & 0 \\ 0 & 0 & 0 & 0 & 0 & 0 & 0 & 0 & \times \end{bmatrix}$$

$$\tag{7-46}$$

矩阵 $\boldsymbol{Q}_{s;1}$ 与 $\boldsymbol{Q}_{s;2}^{(4)}$ 为两组件串联系统在组件失效独立与考虑组件失效相依两种情形下的系统转移矩阵。对于串联系统，只要有一个组件故障则系统故障，因此仅当两组件都正常工作时，系统可正常工作，即仅有状态 0 为系统的正常状态。对模型求解可得两种情形时系统的可靠性指标。其中不考虑失效相依时的系统可靠性指标为

$$\text{MTBF}_{s;1} = \text{MTTFF}_{s;1} = \frac{1}{\lambda_1 + \lambda_2} \tag{7-47}$$

$$\text{MTTR}_{s;1} = \frac{\lambda_1\lambda_2 + \lambda_1\mu_2 + \mu_1\lambda_2}{\mu_1\mu_2(\lambda_1 + \lambda_2)} \tag{7-48}$$

$$A_{s;1} = \frac{\mu_1\mu_2}{(\lambda_1 + \mu_1)(\lambda_2 + \mu_2)} \tag{7-49}$$

考虑失效相依时两组件串联系统可靠性指标为

$$\text{MTBF}_{s;2} = \text{MTTF}_{s;2} = \frac{1}{\lambda_1 + \lambda_2} \tag{7-50}$$

$$\text{MTTR}_{s;2} = \frac{\lambda_1 \mu_2 + \mu_1 \lambda_2}{\mu_1 \mu_2 (\lambda_1 + \lambda_2)} \tag{7-51}$$

$$A_{s;2} = \frac{\mu_1 \mu_2}{\lambda_1 \mu_2 + \mu_1 \lambda_2 + \mu_1 \mu_2} \tag{7-52}$$

两组件串联系统不可维修时系统的可靠度函数为

$$R_s(t) = \mathrm{e}^{-(\lambda_1 + \lambda_2)t} \tag{7-53}$$

此时不可维修系统的可靠性指标为

$$\text{MTTF}_{s;3} = \text{MTTFF}_{s;3} = \int_0^\infty R_s(t)\mathrm{d}t = \frac{1}{\lambda_1 + \lambda_2} \tag{7-54}$$

由式(7-47)、式(7-50)与式(7-54)可知,对于串联系统,是否维修和是否考虑组件的失效相依都不影响系统的 MTTF(MTBF) 值与 MTTFF 值。这个结论是很明显的,主要是由于对于串联系统,只要一个组件故障则系统失效,此时维修对于计算相关失效前的可靠性指标是没有影响的。

对两种情形下的 MTTR 值与 A 值进行比较,有

$$\text{MTTR}_{s;1} - \text{MTTR}_{s;2} = \frac{\lambda_1 \lambda_2}{\mu_1 \mu_2 (\lambda_1 + \lambda_2)} > 0 \tag{7-55}$$

$$A_{s;1} - A_{s;2} = \frac{-\lambda_1 \mu_1 \lambda_2 \mu_2}{(\lambda_1 + \mu_1)(\lambda_2 + \mu_2)(\lambda_1^2 + \lambda_1 \mu_1 + \lambda_1 \lambda_2 + \lambda_1 \mu_2 + \mu_1 \mu_2)} < 0 \tag{7-56}$$

由式(7-55)可知,当不考虑失效相依时,两组件串联系统的 MTTR 值要大于考虑失效相依时系统的 MTTR 值,这是由于当不考虑组件的失效相依时,在故障组件维修期间另一组件仍可能出现故障,故而需要维修;当考虑失效相依时,在故障组件维修期间另一组件处于停用状态,在此期间其不会继续失效。同时,又由于两种情形下的 MTBF 值是相同的,故有式(7-56)所示的不考虑失效相依时,两组件串联系统的 A 值小于考虑失效相依时系统的 A 值。

7.2.3　两组件并联系统可靠性分析

当组件为并联情况时,同样考虑可维修与不可维修两种情况下的可靠性模型。当可维修时,两组件的失效与维修都是相互独立的,系统的状态转移矩阵为

$$\boldsymbol{Q}_{p;1} = \boldsymbol{L}_\alpha^{(2)} \oplus \boldsymbol{L}_\alpha^{(1)} + \boldsymbol{U}_\alpha^{(2)} \oplus \boldsymbol{U}_\alpha^{(1)} = \begin{bmatrix} \times & \mu_1 & \mu_2 & 0 \\ \lambda_1 & \times & 0 & \mu_2 \\ \lambda_2 & 0 & \times & \mu_1 \\ 0 & \lambda_2 & \lambda_1 & \times \end{bmatrix} \tag{7-57}$$

对于并联系统,只要任一组件能正常工作,则系统可正常工作,故有状态 0、状态 1 与状态 2 皆为系统正常状态,解得可维修时的可靠性指标为

$$\mathrm{MTBF}_{p;1} = \frac{\lambda_1\mu_2 + \mu_1\lambda_2 + \mu_1\mu_2}{\lambda_1\lambda_2(\mu_1 + \mu_2)} \tag{7-58}$$

$$\mathrm{MTTR}_{p;1} = \frac{1}{\mu_1 + \mu_2} \tag{7-59}$$

$$A_{p;1} = \frac{\lambda_1\mu_2 + \mu_1\lambda_2 + \mu_1\mu_2}{(\lambda_1 + \mu_1)(\lambda_2 + \mu_2)} \tag{7-60}$$

$$\mathrm{MTTFF}_{p;1} = \frac{\lambda_1^2 + \lambda_1\mu_1 + \lambda_1\lambda_2 + \lambda_1\mu_2 + \mu_1\lambda_2 + \mu_1\mu_2 + \lambda_2^2 + \lambda_2\mu_2}{\lambda_1\lambda_2(\lambda_1 + \mu_1 + \lambda_2 + \mu_2)} \tag{7-61}$$

当系统为不可维修时,两组件并联系统的可靠度函数为

$$R_p(t) = \mathrm{e}^{-\lambda_1 t} + \mathrm{e}^{-\lambda_2 t} - \mathrm{e}^{-(\lambda_1 + \lambda_2)t} \tag{7-62}$$

故不可维修时,两组件并联系统的可靠性指标为

$$\mathrm{MTTF}_{p;2} = \mathrm{MTTFF}_{p;2} = \int_0^\infty R_p(t)\mathrm{d}t = \frac{1}{\lambda_1} + \frac{1}{\lambda_2} - \frac{1}{\lambda_1 + \lambda_2} \tag{7-63}$$

下面分析两组件并联时的规律,由于两组件并联时的表达式较复杂,同时两组件并联结构多为两个同型组件,这里为了清晰地给出两组件并联时的可靠性规律,并且为了减少可变参数的数量,假定组件 1 与组件 2 的可靠性参数相同,即有 $\lambda_1 = \lambda_2 = \lambda$, $\mu_1 = \mu_2 = \mu$,这样的假设对于给出系统的规律是可行的,经过对不同情形时可靠性指标进行比较,得出以下几个结论。

(1) 对相同情形下 MTTFF 与 MTBF 值进行比较,有

$$\mathrm{MTTFF}_{p;1} - \mathrm{MTBF}_{p;1} = \frac{\lambda_1^2\mu_1 + \lambda_1\mu_1^2 + \lambda_2^2\mu_2 + \lambda_2\mu_2^2}{\lambda_1\lambda_2(\lambda_1 + \mu_1 + \lambda_2 + \mu_2)(\mu_1 + \mu_2)} > 0 \tag{7-64}$$

$$\mathrm{MTTFF}_{p;2} - \mathrm{MTTF}_{p;2} = 0 \tag{7-65}$$

由不可修系统可靠性指标的计算过程可以说明式(7-65)描述不可维修并联系统的 MTTFF 值等于 MTBF 值的原因。由式(7-64)可以看出,相同情形下可维修并联系统的 MTTFF 值大于 MTBF 值。这是由于计算 MTTFF 值时,系统的初始条件为两个组件都为正常工作状态,即系统处于状态 0;当计算 MTBF 值时,由于维修将使系统以某一概率处于所有的正常状态,但这里的正常状态包含状态 0、状态 1 与状态 2,当系统在状态 1 或状态 2 时,进入故障状态的平均时间间隔将小于系统在状态 0 进入故障状态的平均时间间隔,故相同情形下,可维修并联系统的 MTTFF 值大于 MTBF 值。

(2) 对不同情形下 MTTFF 值进行比较,有

$$\mathrm{MTTFF}_{p;1} - \mathrm{MTTFF}_{p;2} = \frac{\lambda_1\mu_1\lambda_2 + \lambda_1\mu_1\mu_2 + \lambda_1\lambda_2\mu_2 + \mu_1\lambda_2\mu_2}{\lambda_1\lambda_2(\lambda_1 + \mu_1 + \lambda_2 + \mu_2)(\mu_1 + \mu_2)} > 0 \tag{7-66}$$

由式(7-66)可以看出,系统存在维修时的 MTTFF 值要大于没有维修时的 MTTFF 值,这是由于当可维修并联系统的一个组件故障时,若故障组件能在另一组件故障前完成维修,则系统将仍处于正常工作状态,故存在维修时的 MTTFF

值要大于不可维修时的 MTTFF 值。

（3）对可维修时的 MTBF 值及不可维修时的 MTTF 值进行比较，有

$$MTBF_{p;1} - MTTF_{p;2} = \frac{\mu_1\lambda_2\mu_2 + \lambda_1\mu_1\mu_2 - \lambda_1^2\mu_1 - \lambda_2^2\mu_2}{\lambda_1\lambda_2(\lambda_1 + \lambda_2)(\mu_1 + \mu_2)}$$

$$= \frac{\lambda_2\mu_2(\mu_1 - \lambda_2) + \lambda_1\mu_1(\mu_2 - \lambda_1)}{\lambda_1\lambda_2(\lambda_1 + \lambda_2)(\mu_1 + \mu_2)} \tag{7-67}$$

由式（7-67）可以看出，当 $\mu_1 > \lambda_2$ 且 $\mu_2 > \lambda_1$ 时，可维修时的两组件并联系统的 MTBF 值要大于不可维修时的 MTTF 值，这是由于故障组件的可维修性可使其在另外一个组件故障前回到正常工作状态，则可维修系统相对于不可维修时的 MTTF 值，延长了其 MTBF 值。但这里需要注意的是，当 $\mu_1 < \lambda_2$ 且 $\mu_2 < \lambda_1$ 时，可维修系统的 MTBF 值不比不可维修系统的 MTTF 值大，这也很容易理解，即由于故障组件的维修率不大于组件的失效率，故障组件的 MTTR 大于另一可正常工作组件的 MTBF 值，即故障组件在另一组件失效前往往不能完成其维修。一般来讲，对于并联系统的组件，有 $\mu \gg \lambda$，但当 $\mu \leqslant \lambda$ 时，需要重新考虑实际工程应用中并联结构的可行性。

7.3　本章小结

本章总结了利用 Kronecker 代数建立系统状态转移矩阵的方法，根据 Kronecker 积的可分解属性，可将组件的状态转移矩阵分为关于失效与关于维修的两个矩阵。其中，考虑状态相依的关于维修的状态转移矩阵可利用 stress 矩阵方法生成，考虑功能相依时系统的状态转移矩阵则需要利用操作规则来构建，从而为复杂系统的可靠性分析提供了适用的建模和分析算法，使得可靠性分析能够摆脱复杂图形化建模和烦琐计算求解的影响。

参 考 文 献

[1] 于敏. 地铁综合监控系统可靠性分析方法研究[D]. 成都:西南交通大学,2011.

[2] 杨明,刘先忠. 矩阵论[M]. 2 版. 武汉:华中科技大学出版社,2005.

[3] 许君一,孙伟,齐东旭. 矩阵 Kronecker 乘积及其应用[J]. 计算机辅助设计与图形学学报,2003,15(4): 377-385.

[4] Tadonki C, Philippe B. Parallel multiplication of a vector by a Kronecker tensor product of matrices[J]. Parallel and Distributed Computing Practices, 2000,4(2):53-67.

[5] Amoia V, Santomauro M. Computer oriented reliability analysis of large electrical system[C]. Proceedings of the Summer Conference on Circuit Theory, 1977:317-325.

[6] Amoia V, De Michelli G, Santomauro M. Computr-oriented formulation of transition rate matrices via Kronecker algebra[J]. IEEE Transactions on Reliability, 1981,30(2):123-132.

[7] Anne B, Paulo F, Brigitte P, et al. On the benefits of using functional transitions and Kronecker algebra

[J]. Performance Evaluation，2004,58(4):367-390.

[8] Giuseppe C，Francesco C，Francesco V. Multistate Markov models and structural properties of the transition-rate matrix[J]. IEEE Transactions on Reliability，1986,R-35(2):192-200.

[9] Levitin G. A universal generating function approach for the analysis of multi-state systems with dependent elements[J]. Reliability Engineering & System Safety，2004,84(3):285-292.

[10] Moustafa M S. Reliability analysis of K-out-of-N: G systems with dependent failures and imperfect coverage[J]. Reliability Engineering & System Safety,1997,58(1):15-17.

[11] Cui L R，Li H J. Analytical method for reliability and MTTF assessment of coherent systems with dependent components[J]. Reliability Engineering & System Safety，2007,92(3):300-307.

[12] Tombuyses B. Automatic construction of Markov transition matrices under state and functional dependences[J]. Reliability Engineering and System Safety，1999,64(1):49-58.

第 8 章   基于模糊理论的可靠性分析方法

复杂系统可执行多种功能,而系统中某一个功能的丧失并不意味着系统完全不能运行,即对于复杂系统不能简单地说系统是正常还是失效,因此,对于复杂系统,全系统绝对正常的可靠性指标几乎失去意义。从这个角度来说,复杂系统的可靠性建模研究应该考虑到系统可能在一部分功能失效的情况下继续工作,即考虑在系统完全故障与完全正常之间的状态取值是多值的。例如,城市轨道交通系统中的地铁综合监控系统,其监控中心或任何一个车站的服务器、工作站等随时都有可能发生故障或故障后的维修,而除了监控中心的资源,各车站或车辆段的资源接入、退出或发生故障都不会影响到其他节点。因此,更多时候需要关注该监控系统能在多大程度上保持其规定的功能,即在系统可靠性分析中需要考虑模糊性的问题,而此时采用常规可靠性理论存在困难甚至是不可实现的。可见,要解决模糊可靠性的问题,必须借助新的工具,建立新的可靠性分析方法,以解决此类困难。在这种情况下,模糊可靠性理论应运而生。

基于模糊可靠性理论,本章将介绍考虑复杂系统模糊状态的可靠性分析方法,并引入关于复杂系统的模糊成功状态与模糊故障状态,同时介绍考虑参数模糊性的模糊 Markov 过程的可靠性模型及基于仿射算法的模糊可靠性分析算法,并利用循环网络方法对可靠性模型进行求解,为可修复系统的模糊可靠性计算提供一种实用的算法,最后比较其结果与传统可靠性理论的不同之处,总结模糊可靠度可反映故障程度对系统可靠性影响的程度。

8.1   基于模糊理论的可靠性建模分析

8.1.1   基于模糊状态的模糊可靠性模型

模糊状态[1,2]假设系统的失效定义是模糊的,具体表述为,在任一时刻,系统从一定程度上处于模糊成功状态,又在某种程度上处于模糊失效状态,此时,基于概率假设和模糊状态假设的可靠性定义为在规定的时间内系统不发生模糊失效的概率。假设系统具有 n 个非模糊状态 $S_0, S_2, \cdots, S_{n-1}$,令 $U = \{S_0, S_1, \cdots, S_{n-1}\}$ 为论域,根据文献[1]、[2]在这个论域上定义模糊成功状态 $\widetilde{W}$,有

$$\widetilde{W} = \{(\widetilde{W}_i, \mu_{\widetilde{W}}(S_i)), i = 0, 1, \cdots, n-1\} \tag{8-1}$$

同时可定义关于系统的模糊故障状态 $\widetilde{F}$,有

$$\widetilde{F} = \{(F_i, \mu_F(S_i)), \quad i = 0, 1, \cdots, n-1\} \tag{8-2}$$

式中，$\mu_{\widetilde{W}}(S_i)$ 和 $\mu_{\widetilde{F}}(S_i)$ 分别为相应的隶属函数，当定义了系统的模糊状态后，可以通过求解隶属函数来获取系统关于模糊状态的模糊可靠性指标。

由于 $\widetilde{W}$ 和 $\widetilde{F}$ 均为模糊状态，当计算系统的模糊可靠度时，我们不能明确地说明何时 $\widetilde{W}$ 完全转移到 $\widetilde{F}$，所以可将 $\widetilde{W}$ 到 $\widetilde{F}$ 的转移（记为 $T_{\widetilde{W}\widetilde{F}}$）同样视为模糊事件。很明显，仅当非模糊状态 $\{S_0, S_1, \cdots, S_{n-1}\}$ 之间发生某个转移时，$T_{\widetilde{W}\widetilde{F}}$ 才有可能在某种程度上发生，因此可将 $T_{\widetilde{W}\widetilde{F}}$ 定义为从模糊成功状态到模糊故障状态的转移，并将其作为一个模糊事件，有[3,4]

$$T_{\widetilde{W}\widetilde{F}} = \{(T_{i,j}, \mu_{T_{\widetilde{W}\widetilde{F}}}(T_{i,j})), i, j = 0, 1, \cdots, n-1\} \tag{8-3}$$

式中，$T_{i,j}$ 表示从状态 S_i 到状态 S_j 的转移。对于 $\mu_{T_{\widetilde{W}\widetilde{F}}}(T_{i,j})$，有

$$\mu_{T_{\widetilde{W}\widetilde{F}}}(T_{i,j}) = \begin{cases} \beta_{\widetilde{F}/\widetilde{W}}(S_j) - \beta_{\widetilde{F}/\widetilde{W}}(S_i), & \text{当 } \beta_{\widetilde{F}/\widetilde{W}}(S_j) > \beta_{\widetilde{F}/\widetilde{W}}(S_i) \text{ 时} \\ 0, & \text{其他} \end{cases} \tag{8-4}$$

式中，$\beta_{\widetilde{F}/\widetilde{W}}(S_i)$ 可解释为相对于 $\widetilde{W}$，状态 S_i 隶属于 $\widetilde{F}$ 的程度，有

$$\beta_{\widetilde{F}/\widetilde{W}}(S_i) = \frac{\mu_{\widetilde{F}}(S_i)}{\mu_{\widetilde{F}}(S_i) + \mu_{\widetilde{W}}(S_i)}, \quad i = 0, 1, \cdots, n-1 \tag{8-5}$$

这样仅当 $\beta_{\widetilde{F}/\widetilde{W}}(S_j) > \beta_{\widetilde{F}/\widetilde{W}}(S_i)$ 成立时，S_i 到状态 S_j 的转移才促使 $\widetilde{W}$ 在某种程度上转移到 $\widetilde{F}$。

下面给出关于模糊状态的可靠性指标，其中，系统的模糊可靠度为

$$\widetilde{R}(t_0, t_0 + t) = P\{T_{\widetilde{W}\widetilde{F}} \text{ 不在} [t_0, t_0 + t] \text{ 内发生}\}$$

$$= 1 - \sum_{i=1}^{n} \sum_{j=1}^{n} \mu_{T_{\widetilde{W}\widetilde{F}}}(T_{i,j}) P\{T_{i,j} \text{ 发生于} [t_0, t_0 + t]\}$$

$$= 1 - \sum_{i=1}^{n} \mu_{\widetilde{F}}(S_i) P\{t_0 + t \text{ 时刻系统处于} S_i\}$$

$$= 1 - E\mu_{\widetilde{F}} = E\mu_{\widetilde{S}} \tag{8-6}$$

式中，E 为数学期望运算；$\mu_{\widetilde{F}}$ 和 $\mu_{\widetilde{S}}$ 均为随机变量，不失一般性。可令 $t_0 = 0$，因此定义系统的模糊可靠度为

$$\widetilde{R}(t) = \widetilde{R}(0, t) \tag{8-7}$$

进一步，可定义系统的模糊可用度为

$$\widetilde{A}(t) = P\{t \text{ 时刻处于模糊成功状态}\} \tag{8-8}$$

复杂系统可靠状态的分类，就是一个模糊事物，系统的可靠等级之间不存在明确的数量界限，"可靠"、"准可靠"、"不可靠"之间不能简单地用是、非或数字来表示，而模糊数学的隶属度可用来区分系统状态和这些可靠等级之间的隶属程度。在对复杂系统的可靠状态进行分析时，需要对诸多因素进行模糊化处理，因此来对

由于认知而带来的不确定性进行处理。

8.1.2　基于仿射算法的模糊可靠性分析

传统的可靠性分析方法,是将硬件或软件等组件的故障率、维修率等基本可靠性参数均视为精确数,然而,这样的假定往往只强调相关参数的随机性,而忽视了工程系统的复杂性和人们认识客观世界的模糊性。例如,在项目的早期阶段,存在需要根据类似项目或工程的经验判断而造成的不确定性[5];同时,环境和试验条件在本质上也可表现出模糊性[6];此外,尽管我们可以对环境条件给出确切的定义,但是使用现场的环境条件往往和指定的环境条件不尽相同,更确切地说,现场环境条件和指定环境条件之间存在差异是绝对的。因此,关于组件的可靠性参数往往具有明显的不精确性,而基础参数对可靠性分析结果又有较大影响。将这些基础参数当作精确数据不符合实际情况,因此有必要在可靠性分析中计及初始参数的不精确性。

这种关于参数的不精确性常用模糊数、区间数等来描述,但这些方法多为依据扩张原理和区间分析理论进行可靠性计算的,可以用于不可维修系统的模糊可靠性分析。但若用于可修系统模糊可靠性分析,使用的运算法则容易引发误差爆炸,导致最终的计算结果丧失实用价值,存在无法修正的缺陷。鉴于此,本节首先简要介绍区间分析直接应用于可维修系统模糊可靠性分析存在的问题,再介绍利用仿射算法及用模糊 Markov 过程对系统进行模糊可靠性分析。

1. 区间算法数学基础

区间分析的基本思想是利用实数集合的方法分析问题[7],在区间分析法中,用 $[x]$ 表示所有满足如下条件的实数 x 集合:

$$[x] = [\underline{x}, \bar{x}] = \{x \in \mathbf{R} \mid \underline{x} \leqslant x \leqslant \bar{x}\} \tag{8-9}$$

定义区间量 $[y] = [\underline{y}, \bar{y}]$,文献[8]给出了关于区间运算的基本四则运算法则,有

(1) 加法运算:

$$[x] + [y] = [\underline{x} + \underline{y}, \bar{x} + \bar{y}] \tag{8-10}$$

(2) 减法运算:

$$[x] - [y] = [\underline{x} - \bar{y}, \bar{x} - \underline{y}] \tag{8-11}$$

(3) 乘法运算:

$$[x] \cdot [y] = [\min(\underline{x}\underline{y}, \underline{x}\bar{y}, \bar{x}\underline{y}, \bar{x}\bar{y}), \max(\underline{x}\underline{y}, \underline{x}\bar{y}, \bar{x}\underline{y}, \bar{x}\bar{y})] \tag{8-12}$$

(4) 除法运算:

$$[x]/[y] = [\underline{x}, \bar{x}] \cdot [1/\bar{y}, 1/\underline{y}], 0 \notin [y] \tag{8-13}$$

下面给出关于可修单组件的基于区间运算的模糊可用度计算过程,其模糊 Markov 状态转移图如图 8-1 所示。

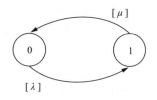

图 8-1　组件的模糊 Markov
状转移图

记组件失效率和维修率分别为$[\lambda]$和$[\mu]$,用数值举例可令:$[\lambda]=[0.01-0.0001,0.01+0.0001]=[0.0099,0.0101]$,$[\mu]=[0.1-0.001,0.1+0.001]=[0.099,0.1010]$。并记稳态时状态 0 和状态 1 的模糊概率为$[\pi_0]$和$[\pi_1]$,根据稳态时的状态转移关系,即式(8-14)可得稳态时状态 0 和状态 1 的模糊概率为

$$[\pi_0]=\frac{[\mu]}{[\lambda]+[\mu]}, \quad [\pi_1]=\frac{[\lambda]}{[\lambda]+[\mu]} \tag{8-14}$$

由于仅有状态 0 为系统的工作状态,根据区间运算的四则运算直接计算系统稳态时的模糊可用度为

$$[A]=[\pi_0]=\frac{[\mu]}{[\lambda]+[\mu]}=[0.89109,0.92746] \tag{8-15}$$

而当$\lambda\in[0.0099,0.0101]$且$\mu\in[0.099,0.1010]$时,若通过如下的变换计算系统稳态时的模糊可用度范围,则

$$\pi_0=\frac{\mu}{\lambda+\mu}=\frac{1}{\frac{\lambda}{\mu}+1}\in[0.90742,0.91073] \tag{8-16}$$

从式(8-15)与式(8-16)的结果比较可以看出,式(8-15)的范围是经过式(8-16)计算的单组件的模糊可用度范围的 10.988 倍,这个过大的区间范围值对于工程实际的模糊可靠性分析可能没有任何意义。

2. 仿射算法数学基础

区间算法用于可维修系统的模糊可靠性分析时,计算最终结果值可能远大于实际值。这源于区间运算规则的不合理性,使运算过程中的结果极易扩张和溢出,即运算时忽略了变量之间的相关性[9],加之倒数运算的溢出误差,以及对数、开方等运算的圆整误差,这些是误差爆炸的直接原因。为克服这些缺陷,已经出现了如特征值质量包含定理和刚度包含定理[10]、区间有限元法[11]等改进算法,但都因分析过程烦琐、计算量大且结果不稳定,从而适用面有限。

鉴于区间算法的极易扩张和溢出问题在诸如迭代等“长运算”的过程中可能尤为严重,如本论文中关于 Markov 模型的循环网络求解过程。因此,本节将引入仿射算法来建立可维修系统可靠性模型,并应用于地铁综合监控系统的模糊可靠性分析。

仿射分析方法是 1990 年末由 Egizinano 在国际电力电子会议上首次提出的,

主要目标是在运算中最大程度地保留并体现出其变量的相关性,其运算规则具有优化性质[9],在信号处理[12]和电路分析[13]等方面已有所应用,同时作为不确定性的方法在非概率可靠性指标的计算中也有了初步研究[14,15]。

参考文献[16]给出关于仿射型的基本运算。在仿射分析中区间 $[x]$ 将被表示为一次多项式,为了区别表示,区间符号 $[x]$ 将被 $\hat{x}$ 所代替,有

$$\hat{x} = x_0 + x_1\varepsilon_1 + x_2\varepsilon_2 + \cdots + x_n\varepsilon_n = x_0 + \sum_{i=1}^{n} x_i\varepsilon_i, \quad \varepsilon_i \in [-1,1] \quad (8\text{-}17)$$

式中, x_0 是 $\hat{x}$ 的中心值; $\varepsilon_i \in [-1,1](i=1,2,\cdots,n)$ 是第 i 个噪声符号; $x_i \in R$ 为 $\hat{x}$ 的第 i 个偏离分量,由于代表不同的噪声(即关于 x_0 的不确定度),所以相互独立。

任何以仿射型或实数为自变量的仿射运算,其返回必须也是仿射型,记 $\hat{y} = y_0 + \sum_{i=1}^{n} y_i\varepsilon_i(\varepsilon_i \in [-1,1])$, $\zeta \in \mathbf{R}$ 且 $c \in \mathbf{R}$,有

$$\hat{x} \pm \hat{y} = (x_0 \pm y_0) + \sum_{i=1}^{n} (x_i \pm y_i)\varepsilon_i \quad (8\text{-}18)$$

$$\hat{x} \pm \zeta = (x_0 \pm \zeta) + \sum_{i=1}^{n} x_i\varepsilon_i \quad (8\text{-}19)$$

$$c\hat{x} = cx_0 + \sum_{i=1}^{n} cx_i\varepsilon_i \quad (8\text{-}20)$$

本章在求解模糊 Markov 方程时,将用到关于仿射的乘法运算,而关于仿射的乘法规则将稍显复杂,主要是由于其直接计算结果的噪声符号的多项式不再是一次多项式,即不是仿射型。

$$\hat{z} = \hat{x} \cdot \hat{y} = \left(x_0 + \sum_{i=1}^{n} x_i\varepsilon_i\right)\left(y_0 + \sum_{i=1}^{n} y_i\varepsilon_i\right)$$

$$= x_0y_0 + \sum_{i=1}^{n} (x_0y_i + y_0x_i)\varepsilon_i + \sum_{i=1}^{n} (x_i\varepsilon_i)\sum_{i=1}^{n} (y_i\varepsilon_i) \quad (8\text{-}21)$$

如式(8-21)所示,乘法运算式中出现了噪声符号的二次项,根据参考文献[15]的方法,可以引入一个新的噪声符号 ε_{n+1} 的仿射型替代,首先记

$$Q(\varepsilon_1, \varepsilon_2, \cdots, \varepsilon_n) = \sum_{i=1}^{n} (x_i\varepsilon_i)\sum_{i=1}^{n} (y_i\varepsilon_i) \quad (8\text{-}22)$$

由于 Q 的定义域是边长为 2 的以 $\varepsilon_1 = 0, \varepsilon_2 = 0, \cdots, \varepsilon_n = 0$ 为对称中心的 n 维正方体,且有

$$Q(\varepsilon_1, \varepsilon_2, \cdots, \varepsilon_n) = Q(-\varepsilon_1, -\varepsilon_2, \cdots, -\varepsilon_n) \quad (8\text{-}23)$$

故可根据 Chebyshev 仿射理论[17]得到 Q 的最优仿射型:设 Q 在定义域内的最大和最小值分别为 b 和 a,有

$$Q(\varepsilon_1, \varepsilon_2, \cdots, \varepsilon_n) = \frac{a+b}{2} + \frac{b-a}{2}\varepsilon_{n+1} \tag{8-24}$$

故式(8-21)可以进一步改写为

$$\hat{z} = \left(x_0 y_0 + \frac{a+b}{2}\right) + \sum_{i=1}^{n}(x_0 y_i + y_0 x_i)\varepsilon_i + \frac{b-a}{2}\varepsilon_{n+1} \tag{8-25}$$

当计算多个乘积项的求和运算时,有

$$\hat{z} = \hat{x} \cdot \hat{y} + \hat{p} \cdot \hat{q}$$

$$= (x_0 y_0 + p_0 q_0) + \sum_{i=1}^{n}(x_0 y_i + y_0 x_i + p_0 q_i + q_0 p_i)\varepsilon_i$$

$$+ \sum_{i=1}^{n}(x_i \varepsilon_i)\sum_{i=1}^{n}(y_i \varepsilon_i) + \sum_{i=1}^{n}(p_i \varepsilon_i)\sum_{i=1}^{n}(q_i \varepsilon_i) \tag{8-26}$$

式中,记 a 和 b 是式(8-27)的最小值和最大值。

$$Q = \sum_{i=1}^{n}(x_i \varepsilon_i)\sum_{i=1}^{n}(y_i \varepsilon_i) + \sum_{i=1}^{n}(p_i \varepsilon_i)\sum_{i=1}^{n}(q_i \varepsilon_i) \tag{8-27}$$

式(8-26)与式(8-27)描述了对多个乘积项求和时,可对所有的乘积项求和之后,再对所有新产生的二次项求最小值和最大值,并生成新的噪声符号,这样的计算过程可进一步减少计算的偏差。

3. 基于仿射算法的模糊可靠性分析

本章将利用模糊 Markov 过程分析系统的模糊可靠性,其模型建立过程与 Markov 应用于传统系统可靠性分析时的过程相同,但是状态之间的转移率不再是精确值,如本章可靠性模型中的状态转移率是利用仿射型表示的模糊值。

对于有 n 个状态的模糊状态转移图,可写出系统的模糊状态转移矩阵,记为 $\hat{Q}$,矩阵中的元素 $\hat{q}_{i,j}(i,j = 0,1,\cdots,n-1)$ 为状态 i 到状态 j 的模糊转移率。记系统的初始状态概率向量为 $\hat{P}(0)$,由于系统由初始的状态概率向量是精确值,即 $\hat{P}(0)$ 也可记为 $P(0)$。若已知系统的初始状态概率向量及系统的模糊状态转移矩阵,则可求解系统在 t 时刻处于状态 i 的模糊状态概率,可记为 $\hat{P}_i(t)$。

传统的稳态可靠性指标可通过对线性方程组的求解而得到,但瞬时可靠性指标需要通过对状态转移方程的求解而获得。常用的求解方法为先利用微分公式进行化简,然后通过拉普拉斯变换及其逆变换对差分方程求解。但当系统状态数较大时,它们并不容易反演出来,当系统的状态转移方程为用仿射型表示的模糊值时,方程求解将更加困难。所以,本章借鉴循环网络模型给出关于系统模糊 Markov 过程的求解,得到系统处于 t 时刻各个状态的模糊概率值。此时,模糊 Markov 过程的模糊循环网络模型如图 8-2 所示。

如图 8-2 所示,系统的模糊循环网络模型仍分为输入层和输出层。对于有 n

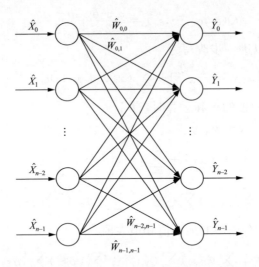

图 8-2　对应于模糊 Markov 过程的模糊循环网络模型

个状态的状态转移图,每层将包括 n 个节点,并分别与模糊 Markov 过程的 n 个状态对应。图 8-2 中 $\hat{W}_{i,j}$ 代表输入层 i 节点与输出层 j 节点的连接权值,用于描述 Δt 时间内系统从一个状态 i 转移到另一个状态 j 的模糊概率。t 时刻模型输入层 $\hat{X}$(输入列向量) 与输出层 $\hat{Y}$(输出列向量)的关系为

$$\hat{X} = \begin{bmatrix} \hat{X}_0 \\ \hat{X}_1 \\ \vdots \\ \hat{X}_{n-1} \end{bmatrix} = \begin{bmatrix} \hat{P}_0(t) \\ \hat{P}_1(t) \\ \vdots \\ \hat{P}_{n-1}(t) \end{bmatrix} \tag{8-28}$$

$$\hat{Y} = \begin{bmatrix} \hat{Y}_0 \\ \hat{Y}_1 \\ \vdots \\ \hat{Y}_{n-1} \end{bmatrix} = \begin{bmatrix} \hat{P}_0(t+\Delta t) \\ \hat{P}_1(t+\Delta t) \\ \vdots \\ \hat{P}_{n-1}(t+\Delta t) \end{bmatrix} \tag{8-29}$$

此时,输出层节点的处理特性为

$$\hat{Y}_j = \sum_{i=0}^{n-1} \hat{W}_{i,j} \cdot \hat{X}_i \tag{8-30}$$

于是,模糊循环网络模型的计算过程为

$$\begin{cases} \hat{\boldsymbol{Y}}(t+\Delta t) = \hat{\boldsymbol{W}} \cdot \hat{\boldsymbol{X}}(t) \\ \hat{\boldsymbol{X}}(t+\Delta t) = \hat{\boldsymbol{Y}}(t+\Delta t) \end{cases} \tag{8-31}$$

根据初始状态概率 $\hat{\boldsymbol{P}}(0)$ 得向量 $\hat{\boldsymbol{X}}(0)$，代入式（8-31），求出 $\hat{\boldsymbol{X}}(0+\Delta t) = \hat{\boldsymbol{X}}(\Delta t)$，再将 $\hat{\boldsymbol{X}}(\Delta t)$ 代入同一公式，求出 $\hat{\boldsymbol{X}}(2\Delta t)$。如此反复进行，得向量序列 $\{\hat{\boldsymbol{X}}(k\Delta t), k=0,1,2,\cdots\}$。当合理设定 Δt 取值时，经过循环网络方法可得 $t=k\Delta t$ 时刻系统处于各状态的模糊概率。

利用上述方法再次计算单组件的模糊可用度，此时求解的关于 π_0 的范围为 $[0.90743, 0.91074]$。可见利用仿射算法计算时仅存在微小误差，而利用区间算法计算时误差很大。但是从结果可以看出：利用仿射算法和循环网络方法计算的结果下限值将略大于真实值的下限，同时，利用仿射算法和循环网络方法求解系统的模糊可用度值将比利用区间算法花费更多的计算机时间。尽管如此，利用仿射算法可以比区间算法得到更具有实际意义的真实值。

8.2　基于模糊可靠性分析的工作站可靠性分析算例

以 5.3 节中的轨道交通地铁综合监控系统为例，对单个工作站的模糊可靠性进行建模分析，记工作站应用软件（AS）的模糊失效率与模糊维修率分别为 $\hat{\lambda}_a$ 与 $\hat{\mu}_a$，硬件（含 OS）的模糊失效率与模糊维修率为 $\hat{\lambda}_{ho}$ 与 $\hat{\mu}_{ho}$，单个工作站的 CTMC 给出系统的模糊 Markov 状态转移图如图 8-3 所示。

图 8-3 中的状态 S_0 表示硬件（含 OS）与 AS 都可正常工作，即工作站可正常工作；状态 S_1 表示工作站由于 AS 故障而故障；状态 S_2 表示硬件（含 OS）故障，导致运行于其上的 AS 故障，并最终使工作站故障。同样有正常状态集合为 $\Omega_U = \{S_0\}$，故障状态集合为 $\Omega_D = \{S_1, S_2\}$，设 $\hat{\boldsymbol{\pi}}$ 为稳态模糊状态概率向量，根据图 8-3 可得关于工作站的模糊状态微系数矩阵 $\hat{\boldsymbol{Q}}(\Delta t)$ 为

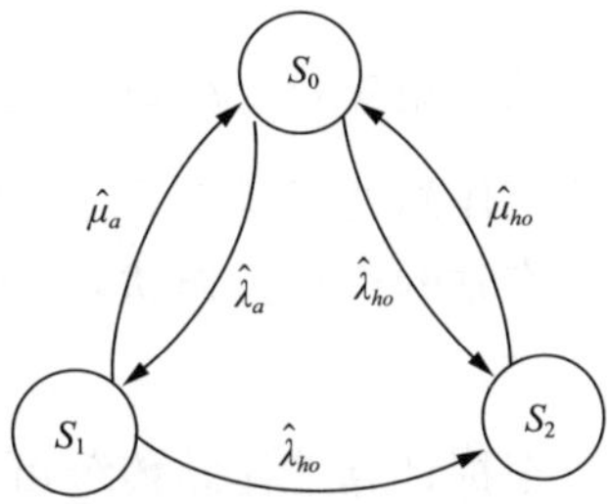

图 8-3　单个工作站的模糊
Markov 状态转移图

$$\hat{\boldsymbol{Q}}(\Delta t) = \begin{bmatrix} (1-\hat{\lambda}_a-\hat{\lambda}_{ho})\Delta t & \hat{\lambda}_a\Delta t & \hat{\lambda}_{ho}\Delta t \\ \hat{\mu}_a\Delta t & (1-\hat{\mu}_a-\hat{\lambda}_{ho})\Delta t & \hat{\lambda}_{ho}\Delta t \\ \hat{\mu}_{ho}\Delta t & 0 & (1-\hat{\mu}_{ho})\Delta t \end{bmatrix} \tag{8-32}$$

式中，矩阵 $\hat{\boldsymbol{Q}}$ 中的元素 $\hat{q}_{i,j}(i,j=0,1,2)$ 为状态 S_i 到状态 S_j 单位时间 Δt 内的模糊转移率。当给定工作站的硬件（含 OS）及 AS 的模糊失效与模糊维修参数时，可计算工作站的相应模糊可靠性指标。为了保证 $\hat{\lambda}_a$、$\hat{\mu}_a$、$\hat{\lambda}_{ho}$ 与 $\hat{\mu}_{ho}$ 四个变量的独立性，可将这几个可靠性参数表示为如下的仿射型：

$$\hat{\boldsymbol{P}}(0) = \begin{bmatrix} \hat{P}_0(0) & \hat{P}_1(0) & \hat{P}_2(0) \end{bmatrix} = \begin{bmatrix} 1 & 0 & 0 \end{bmatrix} \tag{8-33}$$

$$\begin{cases} \hat{\lambda}_a = \lambda_a^{(0)} + \lambda_a^{(d)}\varepsilon_1 \\ \hat{\mu}_a = \mu_a^{(0)} + \mu_a^{(d)}\varepsilon_2 \\ \hat{\lambda}_{ho} = \lambda_{ho}^{(0)} + \lambda_{ho}^{(d)}\varepsilon_3 \\ \hat{\mu}_{ho} = \mu_{ho}^{(0)} + \mu_{ho}^{(d)}\varepsilon_4 \end{cases} \tag{8-34}$$

式中，$\lambda_a^{(0)}$、$\mu_a^{(0)}$、$\lambda_{ho}^{(0)}$ 与 $\mu_{ho}^{(0)}$ 是相应变量的中心值；$\lambda_a^{(d)}$、$\mu_a^{(d)}$、$\lambda_{ho}^{(d)}$ 与 $\mu_{ho}^{(d)}$ 是相应变量的偏离分量。由于 $\varepsilon_i(i=1,2,3,4)$ 代表不同的噪声，所以保证了四个变量在运算中的相互独立性。

记系统在时刻 t 处于状态 $i(i=0,1,2)$ 的模糊状态概率为 $\hat{P}_i(t)$，由于初始时刻 AS 与硬件（含 OS）都可正常工作，即系统处于状态 S_0，则系统的初始状态概率向量为

$$\hat{\boldsymbol{P}}(0) = \begin{bmatrix} \hat{P}_0(0) & \hat{P}_1(0) & \hat{P}_2(0) \end{bmatrix} = \begin{bmatrix} 1 & 0 & 0 \end{bmatrix} \tag{8-35}$$

根据式（8-28）～式（8-31）对模糊状态转移方程求解，其中 $\hat{\boldsymbol{W}}$ 取式（8-32）对应的微系数矩阵 $\hat{\boldsymbol{Q}}(\Delta t)$ 的转置，即 $\hat{\boldsymbol{W}} = \hat{\boldsymbol{Q}}^{\mathrm{T}}(\Delta t)$，且令 $\Delta t = 0.1\mathrm{h}$。利用循环网络方法计算工作站处于状态 S_i 的模糊稳定状态概率为 $\hat{P}_i(t)(i=0,1,2)$。由于仅状态 S_0 为工作站的正常工作状态，可计算系统的稳态可用度为

$$\hat{A}(t) = \hat{P}_0(t) \tag{8-36}$$

根据计算工作站传统可靠性指标时的可靠性参数，将 AS 与硬件的相应模糊可靠性参数取为如下值：

$$\begin{cases} \hat{\lambda}_a = 2.0 \times 10^{-4} + 2.0 \times 10^{-6}\varepsilon_1 \\ \hat{\mu}_a = 2.0 + 2.0 \times 10^{-2}\varepsilon_2 \\ \hat{\lambda}_{ho} = 2.0 \times 10^{-5} + 2.0 \times 10^{-7}\varepsilon_3 \\ \hat{\mu}_{ho} = 3.333 \times 10^{-1} + 3.333 \times 10^{-3}\varepsilon_4 \end{cases}$$

下面给出用循环网络方法求解的基于仿射算法的模糊 Markov 模型的模糊可用度曲线，并与工作站的传统可用度曲线进行比较，结果如图 8-4 所示。

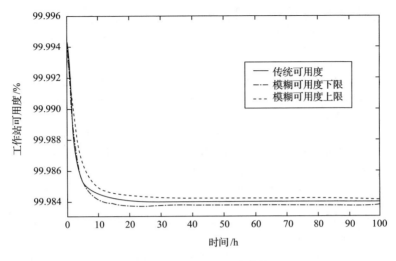

图 8-4　工作站可用度曲线

图 8-4 给出了经过计算的关于工作站的传统可用度曲线及模糊可用度曲线。其中,传统可用度在约为 15h 达到稳态,其稳态可用度值为 99.9840%。关于系统的模糊可用度,这里仅给出关于其值的上限值与下限值的曲线。工作站的模糊可用度在约为 15h 时同样达到稳态,而此时模糊可用度下限与上限值分别为 99.9837%和 99.9843%。

8.3　本 章 小 结

本章根据复杂系统中存在的状态模糊性与参数模糊性给出了关于系统的两种模糊可靠性计算,并分别比较其结果与传统可靠性指标的不同之处,可以看出模糊可靠度不仅能反映故障类别对系统的影响程度,而且能反映各类故障对系统工作的影响程度,全面刻画了系统的可靠性行为。同时,考虑系统可靠性分析时组件可靠性参数的不确定性,提出了基于仿射算法与 Markov 过程相结合的模糊可靠性模型,并利用循环网络方法对模型求解,为可修系统的模糊可靠性计算提供了一种实用的算法。

参 考 文 献

[1] 于敏. 地铁综合监控系统可靠性分析方法研究[D].成都:西南交通大学,2011.

[2] 徐勇,侯朝桢,罗莉.基于模糊状态的可修表决系统可靠性分析[J].北京理工大学学报,2000,20(6):698-702.

[3] 黄洪钟.模糊状态下装卸机械系统的可靠性分析[J].西南交通大学学报,1994,29(5):512-518.

[4] 黄洪钟.基于模糊状态的机械系统可靠性理论及应用的研究[J].机械设计,1995,9:11-13.

［5］田艳芳,师义民,李凤. 基于模糊随机变量的结构可靠性分析[J]. 数学的实践与认识,2006,36(12):149-152.

［6］董玉革,陈心昭,赵显德,等. 基于模糊事件概率理论的模糊可靠性分析通用方法[J]. 计算力学学报,2005,22(3):281-286.

［7］孙海龙,姚卫星. 典型系统的区间可靠性分析[J]. 南京航空航天大学学报,2007,39(5):637-641.

［8］Moore R E. Methods and Applications of Interval Analysis [M]. London：Prentice-Hall，1979.

［9］Shou H,Martin R,Voiculescu I,et al. Affine arithmetic in matrix form for polynomial evaluation and algebraic cure drawing[J]. Progress in Natrural Science，2002，12(1):77-80.

［10］邱志平,顾元宪,王寿梅. 在界参数结构特征值的上下界定理[J]. 力学学报,1999,31(4):466-473.

［11］郭书祥,吕震宙. 区间运算和静力区间有限元[J]. 应用数学和力学,2001,22(12):1249-1254.

［12］Chrisoph G,Wilhelm H,Klaus W. Analysis of mixed-signal systems with affine arithmetic[J]. IEEE Transactions on Computer-Aided Design of Integrated Circuits and Systems，2005,24(1):118-123.

［13］Nicola F,Giovanni S. True worst-case circuit tolerance analysis using genetic algorithms and affine arithmetic[J]. IEEE Transactions on Circuits and Systems，2000,47(9):1285-1296.

［14］朱增青,陈建军,宋宗凤,等. 区间参数杆系结构非概率可靠性指标的改进仿射算法[J]. 工程力学,2010,27(2):49-53.

［15］江涛,陈建军,张驰江. 区间模型非概率可靠性指标的仿射算法[J]. 机械强度,2007,29(2):251-255.

［16］De Figueiredo L H,Stolfi J. Affine arithmetic：concepts and applications[J]. Numerical Algorithms,2004,37:147-158.

［17］Sun J,Li J,Ma D S,et al. Chebyshev affine-arithmetic-based parametric yield prediction under limited descriptions of uncertainty[J]. IEEE Transactions on Computer-Aided Design of Integrated Circuits and Systems,2008,27(10):1852-1865.

第9章 城市轨道交通牵引供电系统的可靠性分析应用

随着社会经济的发展与进步,城市规模不断扩大、人口密度迅速增加,全社会对轨道交通的需求不断增加。轨道交通中的城市轨道交通,如图 9-1 所示,包括地铁、轻轨、磁悬浮交通等,都在社会发展和市民日常生活中发挥着越来越重要的作用,同时社会发展对城市轨道交通的可靠性要求也越来越高。因此,分析和提高城市轨道交通系统的可靠性成为越来越受关注的课题。

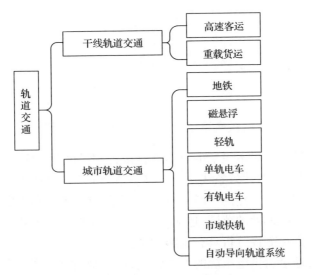

图 9-1 轨道交通的系统组成

9.1 城市轨道交通牵引供电系统及其可靠性分析

9.1.1 城市轨道交通供电系统基本结构

城市轨道交通供电系统是结构复杂、规模庞大的系统,是包含城市供电网、向城轨列车提供动力的牵引供电所和向通信信号系统、储能系统等提供电能的电力变/配电系统组成,是整个城市轨道交通系统的动力源泉[1]。城市轨道交通供电系统主要部分之间的结构关系如图 9-2 所示。

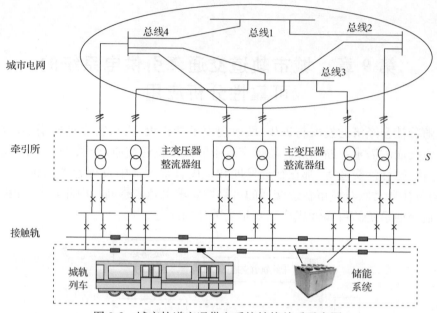

图 9-2　城市轨道交通供电系统结构关系示意图

9.1.2　城市轨道交通牵引供电系统可靠性分析特点及流程

城市轨道交通牵引供电系统的可靠性直接关系到整个系统的可靠性。一旦牵引供电系统发生故障,将使整条线路乃至整个系统失去运营能力,造成重大经济损失。随着城市轨道交通线路的不断增多,其牵引供电系统复杂程度越来越高,出现事故的可能性和故障波及的范围,造成的损失也不断增大。因此,研究城市轨道交通牵引供电系统的可靠性分析具有现实意义。

城市轨道交通牵引供电系统的可靠性,就是可靠性工程的一般原理和方法与牵引供电系统工程问题相结合的应用科学,实质是用科学、经济的方式,充分发挥供电设备的潜力,保证向机车车辆不断供给质量合格的电力。

牵引供电系统的可靠性分析,既需要考虑各子系统的可靠性,又需要考虑整个系统的可靠性。首先对系统各个组成部分进行分析,然后通过综合的方法得到整个系统可靠性分析结果。牵引供电系统可靠性研究主要包括以下几个方面内容。

(1) 设备本身的可靠性。要使构成系统的各种设备经常处于健全完好的运行状态,能够充分发挥其功能,具有较高的可靠性。

(2) 整个系统的设备可靠性。必须考虑把具有相当可靠性水平的各种设备组合起来,并与其他系统相联系,构成容易实现一元化运行和维护的最佳系统。

(3) 系统运行的可靠性。必须把各种设备有机地结合起来,使之成为具有系统安全校核、系统保护和系统恢复能力,对任何事态都有自行处理能力的有生命系统。系统安全校核是对系统运行进行监视和控制，判断能否继续安全无故障运行，对整个系统运行情况进行全面的监视，以校核运行的安全性。当有威胁系统运行安全的危险时，通过发出报警等方式促使系统采取适当的预防措施。系统保护是在系统运行发生异常的情况下，一边采取必要的保护措施，使系统安全运行，不扩大事故，一边谋求继续正常运行。系统恢复是当系统部分或全部停运时，在考虑系统运行安全的同时，采取适当措施，使系统尽快恢复到故障前的正常运行状态。

同时，根据城市轨道交通牵引供电系统自身的特点，在其可靠性分析中需要考虑以下两个假设前提条件。

（1）牵引供电系统内各个设备的可靠性可以认为在统计学上是彼此独立的。与很多系统不同，城市轨道交通牵引供电系统不能容忍在某些设备失效的情况下继续进行，这样会较大程度地增加其他设备失效甚至整个系统加速失效的可能性。通常的做法是在发现某个设备进入损耗或者刚刚失效就投入新设备的使用，因此从整体上看，单个设备的失效对其他设备无显著影响，这点符合统计学上彼此独立的条件。

（2）牵引供电系统可以看作不可修复系统。尽管大多数系统都是可修复的，但是城市轨道交通牵引供电系统的特殊之处在于：运行的不间断性特性要求牵引供电系统仅存在两种状态，正常运行或完全失效（仅在意外事故发生时出现），而不存在像修复状态这样的中间状态。对该系统进行可靠性分析的一个重要目的就是提出提高系统可靠性的措施，减少故障或事故的发生。因此，从这个角度分析，牵引供电系统是不可修复的。

此外，牵引供电系统可靠性分析还应该具有以下特点。

（1）可靠性分析模型应能全面描述全系统的特点及动态特性。

（2）可靠性分析方法应能体现某些不确定因素（如时变工作条件）对系统可靠性的影响。

本章将针对以上问题，对城市轨道交通牵引供电系统可靠性进行具体细致的分析和讨论，介绍城市轨道交通牵引供电系统的可靠性指标、可靠性指标计算，并介绍其可靠性建模及从定性和定量两个方面对可靠性模型进行分析。

9.1.3　城市轨道交通牵引供电系统可靠性分析指标

1. 可靠性分析指标定义

牵引供电系统可靠性指标是牵引供电系统可靠性进行历史的和未来的评价的基础和基本出发点，能反映牵引供电系统及其设备的结构、特性、运行状况，以及对正常行驶的电力机车的影响，并能作为衡量各有关因素的尺度。

文献[2]中建立了城市轨道交通牵引供电系统可靠性指标。

1) 供电质量指标

(1) 供电可用度：一年中有效供电时间与统计期间时间的比值。

$$供电可用度 = 1 - \frac{故障停电时间}{统计期间时间} \times 100\% \tag{9-1}$$

(2) 列车延误时间：一年中所有延误列车的延误总时间。

$$列车延误时间 = \sum 每次列车延误时间（min） \tag{9-2}$$

(3) 延误列车数：一年中所有延误列车数。

$$延误列车数 = \sum 每次延误列车数（列） \tag{9-3}$$

(4) 列车平均延误时间：一年中每一延误列车的平均延误时间。

$$列车平均延误时间 = \frac{列车延误时间}{延误列车数}（min） \tag{9-4}$$

(5) 平均延误列车数：一年中平均每次故障停电引起的延误列车数。

$$平均延误列车数 = \frac{延误列车数}{故障停电次数}（列 / 次） \tag{9-5}$$

2) 故障停电指标

(1) 故障停电时间：一年中故障停电的总时间。

$$故障停电时间 = \sum 每次故障停电时间（min） \tag{9-6}$$

(2) 故障平均停电时间：一年中平均每次故障停电的时间。

$$故障平均停电时间 = \frac{故障停电时间}{故障停电次数}（min） \tag{9-7}$$

3) 设备性能指标

(1) 设备故障率：一年中某类设备平均故障次数。

$$设备故障率 = \frac{设备故障总次数}{设备台数（或线路公里数）} \times 100（次 /100 台或 km） \tag{9-8}$$

(2) 设备故障持续时间：一年中某类设备平均每次故障的持续时间。

$$设备故障持续时间 = \frac{设备故障总时间}{设备故障次数}（min） \tag{9-9}$$

2. 可靠性指标计算

以广州地铁 1 号线牵引供电系统[3] 为例，其系统结构示意图如图 9-3 所示。通过对广州地铁 1 号线供电系统的实地调研和查阅大量文献，以下具体介绍其牵引供电系统的可靠性指标。

广州地铁 1 号线全长 18.48km，共设 16 个车站，1 个车辆段，1 个控制中心，2 个主变电站，8 座牵引降压混合变电所，25 座降压所。供电系统按一类负荷设计，即平时由 2 路互为备用的独立电源供电，以实现不间断供电。

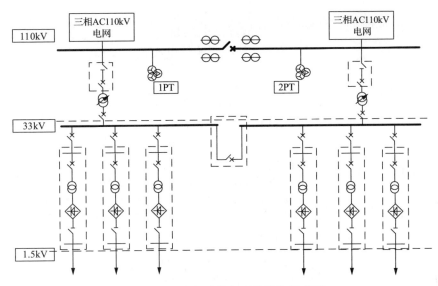

图 9-3　地铁牵引供电系统结构示意图

主变电所的主变容量是 $2 \times 31.5 MVA$,满足最大高峰小时负荷的要求,也满足当一个主变电所发生故障(不含 33kV 母线故障)时,另一个主变电所能承担全线牵引负荷及全线动力 Ⅰ、Ⅱ 级负荷的供电要求。

在选择牵引供电设备容量时,1 号线只考虑有一个牵引变电所故障的情况,当正线牵引变电所任何一个故障时,其相邻牵引变电所采取越区供电方式,担负起该段地铁牵引供电负荷。不考虑地铁车辆采用再生制动所节省的设备容量,芳村 A、长寿路 A、公园前 B、烈士陵园 A 和体育西 B 的整流变压器容量是 $4000 kVA \times 2$;车辆段 B、西朗和广州东 A 整流变压器容量是 $2500 kVA \times 2$。

根据 1 号线供电部门提供的原始数据,由于统计数据的不完备,1 号线 2003 年和 2004 年供电系统故障统计数据如表 9-1 所示,结合地铁供电系统可靠性指标计算方法,可计算出供电系统的可靠性指标。

表 9-1　某地铁 1 号线供电故障原始数据

可靠性指标	故障停电总时间/min	列车延误总时间/min	延误列车数/列	列车平均延误时间/min	故障停电次数/次	外部影响停电次数/次
2003 年	134	12	2	6	12	1
2004 年	105	0	0	0	9	0

1 号线 2003 年牵引供电系统可靠性指标计算如下。

$$列车平均延误时间 = \frac{列车延误时间}{延误列车数}(min) = 6min$$

$$故障平均停电时间 = \frac{故障停电时间}{故障停电次数}(\text{min}) = 11.17\text{min}$$

$$外部影响停电率 = \frac{外部影响停电次数}{故障停电次数} = 8.33\%$$

$$供电可用度 = 1 - \frac{故障停电时间}{统计期间时间} \times 100\% = 99.96\%$$

$$\text{MTBF} = 8757.7667\text{h}$$

$$\text{MTTR} = 2.2333\text{h}$$

$$系统可用度：A = \frac{\text{MTBF}}{\text{MTBF} + \text{MTTR}} = \frac{8757.7667}{8757.7667 + 2.333} = 99.9745\%$$

$$系统不可用度：U = \frac{\text{MTTR}}{\text{MTBF} + \text{MTTR}} = \frac{2.333}{8757.7667 + 2.333} = 0.02549\%$$

1 号线 2004 年牵引变电所的可靠性指标如下。

$$列车平均延误时间 = \frac{列车延误时间}{延误列车数}(\text{min}) = 0\text{min}$$

$$故障平均停电时间 = \frac{故障停电时间}{故障停电次数}(\text{min}) = 11.67\text{min}$$

$$外部影响停电率 = \frac{外部影响停电次数}{故障停电次数} = 0\%$$

$$供电可用度 = 1 - \frac{故障停电时间}{统计期间时间} \times 100\% = 99.97\%$$

$$\text{MTBF} = 8758.25\text{h}$$

$$\text{MTTR} = 1.75\text{h}$$

$$系统可用度：A = \frac{\text{MTBF}}{\text{MTBF} + \text{MTTR}} = \frac{8758.25}{8758.25 + 1.75} = 99.98\%$$

$$系统不可用度：U = \frac{\text{MTTR}}{\text{MTBF} + \text{MTTR}} = \frac{1.75}{8758.25 + 1.75} = 0.01998\%$$

从以上分析结果可以看出,2003 年 1 号线供电可用度为 99.96%,故障平均停电时间较长,外部影响停电率较大。2004 年故障停电总时间明显减少,这说明地铁运营部门在人员管理和组织维修的工作上,有了明显提高。从供电质量指标来看,2004 年的列车延误总时间和延误列车数较 2003 年明显减少,这反映地铁供电运营部门在发生故障情况下行车组织工作,以及减小故障波及范围的能力有所增强。另外,外部影响停电率也减少,说明引起外部故障的主要因素——地方电源故障和地铁列车故障减少,这表示地铁供电部门与电力部门的协调力度加大,同时对地铁列车加大了检修维修的力度。

因此,通过对城市轨道交通牵引供电系统可靠性指标的分析与计算,可以较清楚地得知影响供电系统故障的主要原因,指导牵引供电管理人员加大对该因素的管理力度,也可以为检修维护人员提供参考,进行有计划的维修,达到节约维修成本的目的。

9.2　磁浮牵引供电系统可靠性建模分析

9.2.1　磁浮牵引供电系统概述

磁浮运营线具有交通、展示、旅游观光等多重功能,其牵引供电系统主要由供电系统和牵引系统及其控制系统、轨旁馈电电缆组、轨旁开关站和长定子直线电动机几部分组成。牵引供电系统为磁浮列车提供运行时所需的牵引动力,牵引供电技术是高速磁浮交通技术中的关键技术之一。

供电系统的作用是把电网电压高电压等级变换成牵引系统使用的电压等级,供电系统及其控制系统设置在主变电站中。同时,主变电站中还设有无功功率补偿装置和谐波滤波器,以减小牵引供电设备对外部供电电网的不利影响。

牵引系统及其控制系统设置在牵引变电站中,牵引系统根据运行控制系统(Operation Control System,OCS)的要求,对大功率电力电子变流系统的输出电压和电流的幅值、频率与相位进行实时调节,分段地对磁浮列车所在的长定子直线电动机轨道供电,从而实现对磁浮列车牵引力的有效控制,完成启动、恒速运行和制动停车等各种运行要求,使磁浮列车严格地按照设定的路程-速度曲线高速、安全和舒适地运行。

以某一实际的磁浮运营线路为例进行分析说明。该磁浮运营线主要解决连接城市机场和市区的大运量高速交通需求。正线全长 30km,并附有 3.5km 的辅助线路,双线上下行折返运行,设 2 个车站、2 个牵引变电站、1 个运行控制中心(设在起点站车站内部)和 1 个维修中心。初期配置 3 套车底,共 15 节车,设计最高运行速度为 430km/h,单向运行时间约 8min,发车间隔为 10min。

该磁浮运营线路的牵引供电系统采用集中供电方式,从城市电网引入 110kV 电,降压后馈入牵引供电系统和中/低压供电系统。牵引供电系统包括 1 个控制中心,两座 110kV/20kV 主/牵引变电站,分别设在起点站东侧和终点站西北侧的维修基地附近(维修基地变电站);2 座牵引变电站,牵引变电站设置在主变电站旁边;9 个轨旁变电站;另外沿轨道每隔约 600m 设置一个开关站,全线共 57 个开关站。在起点站的主变电站和牵引变电站称为 #1 变电站,在维修基地的主变电站和牵引变电站称为 #2 变电站。

牵引供电区间是指相对于每条线路轨道,两个相邻的牵引变电站之间的长定子、馈电线路及牵引控制系统的逻辑分区。由于在一个供电区间的任意时刻只能有同一幅值、同一频率和同一运动方向的电流存在,所以在任一供电区间只能有一列列车运行在一个牵引供电区间内,只允许一列磁浮列车运行,确保了列车的安全。

该磁浮运营线路全线共划分为 5 个牵引供电区间。在图 9-4 中,正线即区间 1 轨道 A 和区间 2 轨道 B,其长度约为 30km。♯1 变电站和♯2 变电站各装有两套高功率模块(图 9-4 中的 H 模块),采用双端并联供电的形式分别给牵引供电区 1 和 2 供电。列车在正线与维修基地往返的牵引供电也由 A 轨高功率模块承担。在维修基地变电站还装有中功率模块一套和低功率模块一套(图 9-4 中的 M 模块 和 L 模块),分别给牵引供电区间 4 和区间 5 供电。起点车站内的牵引供电区间 3 由起点站处牵引变电站内的两个高功率模块冗余供电。

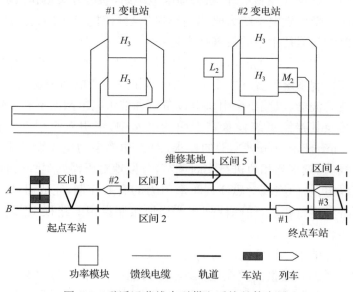

图 9-4　磁浮运营线牵引供电系统整体布局

各个牵引供电区间又分为若干长定子段,长定子段的平均长度约为 1200m。全线共设有 57 个轨旁开关站,由它们完成对列车所处位置定子段供电的切换动作。

9.2.2　磁浮牵引供电系统可靠性分析

对磁浮牵引供电系统进行分析,首要的工作就是选择可靠性分析方法,经过对本书第 3~8 章中多种可靠性方法的分析比较[4],结合磁浮牵引供电系统的特点,最终确定故障模式、影响及危害性分析法和故障树分析法相结合的方法。

由于磁浮牵引供电牵引系统结构相对复杂、设备众多等,可靠性分析应主要关注于系统成功运行或出现故障原因的分析,因此,主要考虑基于失效因果分析方法的可靠性设计分析方法——故障模式影响及危害性分析法(FMECA)和故障树分析法(FTA)。FMECA 是一种从体系上分析故障的方法,其具体做法是建立 FMECA 表格,可以为建立故障树提供依据。FTA 是从最不希望发生的事件出发,关注系统故障的基本原因和中间过程,通过故障树将系统的逻辑关系表示出来，十分形象直观，在此基础上可快捷地写出故障树顶事件的结构函数，进而对系统进行可靠性分析，适合于磁浮牵引供电系统这种较为复杂的系统。实际上，FMECA 与 FTA 对于失效分析是等效的，一个"自下而上"分析，一个"自上而下"分析，两者的优缺点可以互补，把两种方法结合起来，难度小而且效果好。因此基于磁浮牵引供电系统本身的结构特点和上述方法比较，考虑采用 FMECA 与 FTA 相结合的方法对磁浮牵引供电系统进行可靠性分析，结合两种方法，对磁浮牵引供电系统可靠性分析的流程如图 9-5 所示。

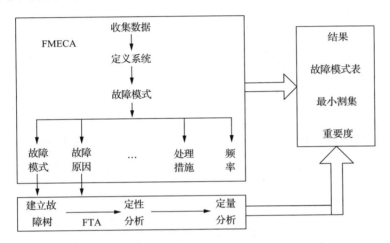

图 9-5 FMECA 与 FTA 综合可靠性分析流程图

根据 FMECA 与 FTA 综合可靠性分析流程图可知，首先利用 FMECA 将系统划分为不同的子系统，针对子系统利用不同的表格分析可能发生的故障模式，包括故障发生的原因、对系统可能产生的影响等，然后结合 FMECA 表分析得出的故障模式建立比较完整的故障树，再用 FTA 对故障树进行分析，得出定性和定量的分析结果。

1. 故障模式、影响及危害性建模分析

磁浮牵引供电系统是一个高可靠性的系统，故障模式众多，引起的后果危害性严重程度不同，没有必要对所有事件都建立故障树。因此，有必要建立其故障状态等级，为建立故障树提供依据。参照国际电工委员会的故障严重等级关系表，结合磁浮列车运行特点，按列车延误时间和降低功率量划分，建议磁浮牵引供电系统的故障等级划分如下。

（1）低等故障等级 1 级：牵引供电系统发生故障，对列车运行时刻没有影响，故障可在列车运行期间排除。例如，依据冗余设置，故障元件已经被自动取代，如某变压器进线故障。

（2）中等故障等级 2 级：故障影响列车正常运行，但是比较有限，列车延误时间在 120s 以内。例如，上述磁浮运营线路中，维修基地变电站中功率模块失效，影响列车车站的调出。

（3）最高故障等级 3 级：整个牵引系统受到强烈影响或者已经根本不能工作，列车运行计划完全打乱，列车必须降低功率运行。例如，轨道某侧定子供电故障，列车降低功率运行，此时，必须采取紧急措施。

由于 1 级故障对列车正常运行基本无影响，所以只对 2、3 级故障状态进行了分析。

在明确示范线牵引供电系统的结构、组成和运行方式的基础上，可以建立牵引供电系统的故障模式后果分析表，查清每个设备/元件的故障模式、失效后果、故障检验方法及补救措施，分别建立变电站和供电区间来分别建立分析表，其中 5 个供电区间结构形式类似，仅列出供电区间一的分析表，如表 9-2～表 9-4 所示。其中，系统反映是指是否有元件取代故障元件的功能，取代后是否能完全实施该故障元件所有功能或者有所限制，如牵引功率的限制；未采取措施对系统运行的影响是指对列车运行的影响结果、列车时间延误的估计、轨道的可用性等。

表 9-2　起点站牵引变电所故障模式后果分析表

系统或设备	故障模式	系统反映	未采取措施对系统运行的影响	需要采取措施	故障等级
1♯ 或 2♯ 110kV 进线	断线；停电	切除相应的变压器，另外一台主变压器负责变电站全部的牵引负荷和全部牵引辅助用电负荷等	由另一条进线供电，供电可靠性降低	检查维修，恢复供电	1 级
1♯ 或 2♯ 110/20kV 主变压器	变压器外壳漏电击穿/短路/断线变压器水淹/失火等	切除相应的变压器，另外一台主变压器负责变电站全部的牵引负荷和全部牵引辅助用电负荷等	由另一条进线供电，供电可靠性降低	检查维修，恢复供电	2 级
20kV 母线 Ⅰ 或 Ⅱ	母线断线	通过母联开关由另一路母线供电	由另一条进线供电，供电可靠性降低	检查维修，恢复供电	1 级
20kV 母线 Ⅰ 或 Ⅱ 隔离开关、断路器	电气故障，母线供电中断	通过母联开关由另一路母线供电	由另一条母线供电，供电可靠性降低	检查维修，恢复供电	1 级
高功率模块 H1A	电气故障，功率模块失效	牵引功率模块 H1B 负责整个起点站区间列车运行供电，1 区域的馈线将由 H2A 供电，PSE2A 区域内的列车速度降低	起点变电站和终点站间轨道 A 上的机车运行时间增加，10min 的发车间隔受到影响，机车不能按计划到达或离开起点站	所有指定的变流器单元设置为维修模式，及时维修	3 级

续表

系统或设备	故障模式	系统反映	未采取措施对系统运行的影响	需要采取措施	故障等级
高功率模块 H1B	电气故障,功率模块失效	牵引功率模块 H1A 负责起点站区段的运行供电,2 区域的馈线将由 H2B 供电,2 区域内的列车速度降低	起点变电站和终点站间轨道 B 上的机车运行时间增加,10min 的发车间隔受到影响,机车不能按计划到达或离开起点站	所有指定的变流器单元设置为维修模式,及时维修	3 级

表 9-3　终点维修基地站牵引变电所故障模式后果分析表

系统或设备	故障模式	系统反映	未采取措施对系统运行的影响	需要采取措施	故障等级
1# 或 2# 110kV 进线	断线;停电	切除相应的变压器,另外一台主变压器负责变电站全部的牵引负荷和全部牵引辅助用电负荷等	由另一条进线供电,供电可靠性降低	检查维修,恢复供电	1 级
1# 或 2# 110/20kV 主变压器	变压器外壳漏电击穿/短路/断线变压器水淹/失火等	切除相应的变压器,另外一台主变压器负责变电站全部的牵引负荷和全部牵引辅助用电负荷等	由另一条进线供电,供电可靠性降低	检查维修,恢复供电	2 级
20kV 母线 I 或 II	母线断线	通过母联开关由另一路母线供电	由另一条进线供电,供电可靠性降低	检查维修,恢复供电	1 级
20kV 母线 I 或 II 隔离开关、断路器	电气故障,母线供电中断	通过母联开关由另一路母线供电	由另一条母线供电,供电可靠性降低	检查维修,恢复供电	1 级
高功率模块 H2A	电气故障,功率模块失效,变流器单元 U211、U212、U213 停用	牵引功率模块 M2B、M2C 负责终点站区段的供电,1 区域的馈线将由 H1A 供电,1 区域内的列车速度降低	起点站变电站和终点站间轨道 A 上的机车运行时间增加,10min 的发车间隔受到影响,机车不能按计划到达或离开终点站	所有指定的变流器单元设置为维修模式,及时维修	3 级
高功率模块 H2B	电气故障,功率模块失效,变流器单元 U221、U222、U223 停用	牵引功率模块 M2A、M2C 负责终点站区段的供电,2 区域的馈线将由 H1B 供电,2 区域内的列车速度降低	起点站变电站和终点站间轨道 B 上的机车运行时间增加,10min 的发车间隔受到影响,机车不能按计划到达或离开终点站	所有指定的变流器单元设置为维修模式,及时维修	3 级

系统或设备	故障模式	系统反映	未采取措施对系统运行的影响	需要采取措施	故障等级
中功率模块 M2C	电气故障,功率模块失效,变流器单元 U321、U322 停用	牵引功率模块 M2A、M2B 负责终点站区段的供电	若区间 1 和区间 2 有车,则不能完成折返和调车作业	及时维修,重置变流器单元 CVU221(222)、CVU212(211)	3 级
低功率模块 PBL	电气故障,功率模块失效,变流器单元 U9021、U9022 停用	无	PSE90 区域内的行车不能进行列车的调进调出	把指定的变流器单元设置成维修模式	3 级:机车运行在客运轨道时。1 级:机车进出维修基地时

表 9-4　供电区间 1 故障模式后果分析表

系统或设备	故障模式	系统反映	未采取措施对系统运行的影响	需要采取措施	故障等级
定子绕组	断线	无	列车降低功率运行,供电可靠性降低	检查维修,恢复供电	2 级:一个定子绕组发生故障。3 级:相邻且相对的两段定子线圈同时发生供电故障
20kV 环网母线Ⅰ或Ⅱ	母线断线	通过母联开关由另一路母线供电	由另一条母线供电,供电可靠性降低	检查维修,恢复供电	1 级
20kV 环网母线Ⅰ或Ⅱ隔离开关、断路器	电气故障,母线供电中断	通过母联开关由另一路母线供电	由另一条母线供电,供电可靠性降低	检查维修,恢复供电	1 级
每相馈电电缆的电缆Ⅰ	断线;停电	通过该相馈电电缆的电缆Ⅱ给所连接定子段供电	故障相由另一条馈电电缆供电,供电可靠性降低	检查维修,恢复供电	1 级
星接电缆	断线;停电	对应区间上定子段不能向列车提供牵引电能	起点站变电站和终点站间轨道 A 上的机车运行时间增加,10min 的发车间隔受到影响,机车不能按计划到达或离开终点站	检查维修,恢复供电	3 级

续表

系统或设备	故障模式	系统反映	未采取措施对系统运行的影响	需要采取措施	故障等级
定子开关站	电气故障,控制开关失效	无	供电可靠性降低	检查维修,恢复供电	1 级
轨旁变电站	电气故障,20kV/0.4kV 变压器 1 故障	可将 400VAC 母联开关闭合,由变压器 2 提供整个轨旁变电所负担负荷的供电	由 UPS 系统负责向定子开关站供电,供电可靠性降低	检查维修,恢复供电	2 级
UPS 系统	电气故障	无	供电可靠性降低	检查维修	1 级

通过表 9-2~表 9-4,可以很清楚地知道牵引供电系统各个元件或设备的故障模式、失效后果、故障检验方法与补救措施,为牵引变电所故障树的建立提供依据。

2. 故障树建模分析

1) 故障事件及故障树的确定

(1) 顶事件确定。

对磁浮牵引供电系统进行 FTA,首先要根据分析的目的选择一个合适的顶事件。例如,分析系统的可靠性,则可以选择像"牵引供电系统不能向馈电电缆供电"或"区间 1 不能正常向定子段供电"等作为顶事件。例如,分析某个设备的可靠性,则可以选择像"高功率模块输出故障"等作为顶事件。

本节以整个磁浮牵引供电系统的可靠性作为研究目标,依据任意一个设备失效时,最大影响为降低牵引功率继续运行的原则,所以选择"列车因为牵引供电系统因素不能按计划时刻表运行"作为顶事件,为简化起见,该顶事件描述为"列车不能按计划时刻表运行"。依据任意一个设备失效时,最大影响为降低牵引功率继续运行。

(2) 边界条件的确定原则。

对于牵引供电系统以外的原因造成的系统故障,只考虑外部电源对系统的影响,其他如列车本身发生故障、人为误操作导致的故障或恶劣的天气引起故障暂不考虑;以设备级元件故障作为底事件;去掉对系统影响不大的事件,抓住重点、力争简化,以便于定性定量分析。

(3) 系统分层。

磁浮牵引供电系统是一个复杂的系统,建立的完整的故障树十分庞大。因此,需要对其进行分层分块的处理,在后续的磁浮牵引供电系统可靠性分析中,按功能可将系统分为各变电所、各供电区间设备装置组合等;依据磁浮牵引供电系统的逻辑分区,可按其供电区间划分进行 FTA。当然划分可以有多种处理方式,并且根据需要可以进一步细化扩展,但应该以适合 FTA、逻辑划分合理为宜。

　　结合牵引供电系统的故障模式后果分析表,对牵引供电系统进行分析,可以建立牵引供电系统失效故障树。因此,根据分析的目的将"因牵引供电系统因素磁浮列车不能按行车安排正常运行"作为顶事件,简单描述为"磁浮列车不能按行车安排正常运行",由于 1 级故障对磁浮列车行车安排基本没有影响,所列故障树只考虑发生 2 级和 3 级故障的情况,1 级故障不予考虑。建立故障树,如图 9-6 所示,图中按牵引供电区间划分正线轨道 A 为区间 1,正线轨道 B 为区间 2,起点站为区间 3,终点站为区间 4。由于篇幅问题,本节只介绍区间 1 的可靠性分析。

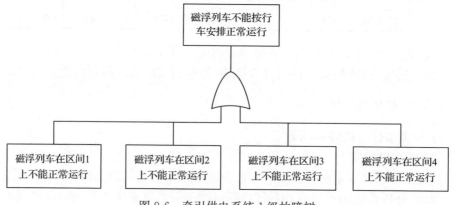

图 9-6　牵引供电系统 1 级故障树

　　在供电区间 1 上,系统采用"三步法"对轨道定子线圈供电,供电示意图如图 9-7 所示。在起点站牵引变电站和终点维修基地牵引变电站的牵引高功率模块里各有 3 个变流器单元,分别对馈线电缆 1 号线、2 号线、3 号线进行双边冗余供电,再通过沿线的定子开关站向定子线圈输送电能。定子开关站中有馈电柜和星接柜,分别控制向两个相邻的定子线圈供电,馈电柜和馈电电缆相连接,星接柜和星接电缆相连接。轨旁变电站负责给定子开关站提供 400V 交流电。

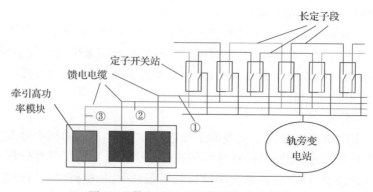

图 9-7　供电区间 1 的牵引供电示意图

以馈电电缆为界,可将系统分为两部分。

(1) 供电电源部分:包括主变电站和牵引变电站等。

(2) 供电区间部分:1、2、3 号馈电电缆组,定子开关站,轨道定子线圈,星接电缆,轨旁变电站,UPS 系统等。

由此,以牵引供电系统 1 级故障树中"磁浮列车在区间 1 上不能正常运行"为顶事件可建立故障树,如图 9-8 所示,中间事件"供电电源部分不能向区间 1 正常供电"对应供电电源部分发生故障,中间事件"供电区间 1 向轨道供电发生故障"对应供电区间部分发生故障,下面以区间 1 供电电源部分为例进行可靠性分析。

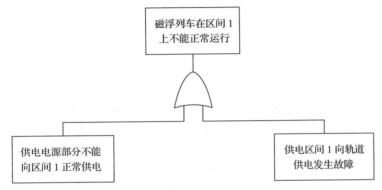

图 9-8　牵引供电系统 2 级故障树(区间 1)

正常情况下,供电电源部分起点站变电站和维修基地变电站同时对馈线电缆 1 号线、2 号线、3 号线进行双边冗余供电(双端供电);特殊情况下,其中一个变电站对一个牵引供电区间供电(单端供电)。由于双端供电条件下需要两个变电站分摊的功率在单端供电条件下全部由一个变电站承担。为了避免变流器过载,需要降低列车的加速度,因此对系统的加速与爬坡能力会产生一些不利影响,而对恒速行驶中的列车影响很小。同时,当列车距离对其供电的变电站较远时,线路损耗较双端供电条件下略有增大,但基本不会影响列车按行车安排运行,应属于 1 级故障。

当任一组馈电电缆断电时,由另外两组馈电电缆组供电,造成牵引力的脉动和下降,将直接导致区间 1 内的列车速度降低、运行时间增加、机车不能按计划到达或离开车站、10min 的发车间隔将会受到影响,应属于 3 级故障。因此,建立故障树如图 9-9 所示。

根据表 9-2,再对中间事件"起点站牵引变电站向 1 号馈电电缆供电发生故障"可建立故障树,其中包含一 3 取 2 表决系统,如图 9-10 所示。

同理可得中间事件"维修基地牵引变电站向 1 号馈电电缆供电发生故障"、"起点站牵引变电站向 2 号馈电电缆供电发生故障"、"维修基地牵引变电站向 2 号馈

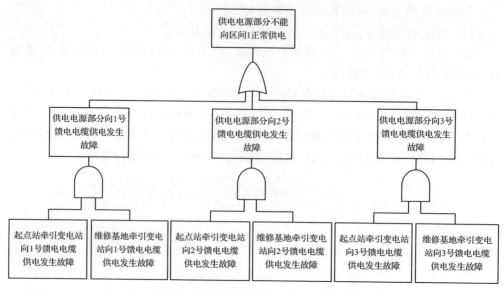

图 9-9 牵引供电系统 3 级故障树(区间 1 牵引供电部分)

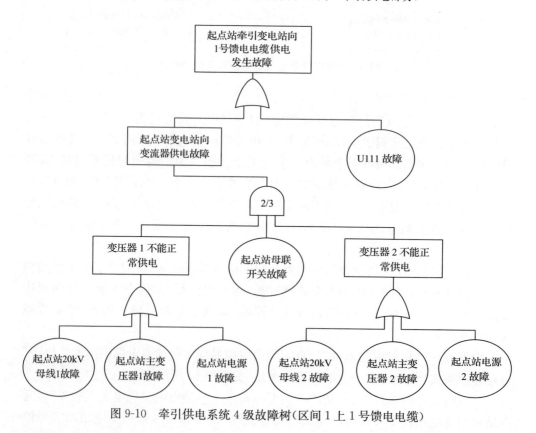

图 9-10 牵引供电系统 4 级故障树(区间 1 上 1 号馈电电缆)

电电缆供电发生故障"、"起点站牵引变电站向 3 号馈电电缆供电发生故障"、"维修基地牵引变电站向 3 号馈电电缆供电发生故障"的故障树。

2）故障树定性分析

将图 9-10"起点站牵引变电站向 1 号馈电电缆供电发生故障"和"维修基地牵引变电站向 1 号馈电电缆供电发生故障"、"起点站牵引变电站向 2 号馈电电缆供电发生故障"、"维修基地牵引变电站向 2 号馈电电缆供电发生故障"、"起点站牵引变电站向 3 号馈电电缆供电发生故障"、"维修基地牵引变电站向 3 号馈电电缆供电发生故障"的故障树代入图 9-9 牵引供电系统 3 级故障树（牵引供电部分）中，将基本事件用表 9-5 所示的符号来表示。

表 9-5　"牵引供电部分不能向区间 1 正常供电"故障树基本事件及符号

基本事件	符号	基本事件	符号	基本事件	符号
起点站 20kV 母线 1 故障	X1	U212 故障	X19	起点站牵引变电站向 3 号馈电电缆供电发生故障	M8
起点站主变压器 1 故障	X2	U213 故障	X20		
起点站电源 1 故障	X3	供电电源部分不能向区间 1 正常供电	T1	维修基地牵引变电站向 3 号馈电电缆供电发生故障	M9
起点站母联开关故障	X4				
起点站 20kV 母线 2 故障	X5	供电电源部分向 1 号馈电电缆供电发生故障	M1	起点站变电站向变流器供电故障	M10
起点站主变压器 2 故障	X6				
起点站电源 2 故障	X7	供电电源部分向 2 号馈电电缆供电发生故障	M2	起点站变压器 1 不能正常供电	M11
U111 故障	X8				
U112 故障	X9	供电电源部分向 3 号馈电电缆供电发生故障	M3	起点站变压器 2 不能正常供电	M12
U113 故障	X10				
终点站 20kV 母线 1 故障	X11	起点站牵引变电站向 1 号馈电电缆供电发生故障	M4	维修基地变电站向变流器供电故障	M13
终点站主变压器 1 故障	X12				
终点站电源 1 故障	X13	维修基地牵引变电站向 1 号馈电电缆供电发生故障	M5	维修基地站变压器 1 不能正常供电	M14
终点站母联开关故障	X14				
终点站 20kV 母线 2 故障	X15	起点站牵引变电站向 2 号馈电电缆供电发生故障	M6	维修基地变电站变压器 2 不能正常供电	M15
终点站主变压器 2 故障	X16				
终点站电源 2 故障	X17	维修基地牵引变电站向 2 号馈电电缆供电发生故障	M7		
U211 故障	X18				

根据故障树的结构，可以写出其结构函数如下。

T1＝M1＋M2＋M3；

M1＝M4 · M5；

M2＝M6 · M7；

M3＝M8 · M9；

M4＝M10＋X8；

M5＝M13＋X18；

M6＝M10＋X9；

M7＝M13＋X19；

M8＝M10＋X10；

M9＝M13＋X20；

M10＝X4·M11＋X4·M12＋M11·M12；

M11＝X1＋X2＋X3；

M12＝X5＋X6＋X7；

M13＝X14·M14＋X14·M15＋M14·M15；

M14＝X11＋X12＋X13；

M15＝X15＋X16＋X17；

将以上式子代入 T1，按布尔代数运算规则化简可得 T1 的结构函数。

根据结构函数，可以得出故障树的最小割集，如表 9-6 所示。

表 9-6　"供电电源部分不能向区间 1 正常供电"故障树的最小割集

阶数	个数	最小割集
二阶	3	[X20、X10]；[X19、X9]；[X8、X18]；
三阶	90	[X13、X17、X10]；[X13、X17、X9]；[X13、X16、X10]；[X13、X16、X9]；[X13、X15、X10]；[X13、X15、X9]；[X12、X17、X10]；[X12、X17、X9]；[X12、X16、X10]；[X12、X16、X9]；[X12、X15、X10]；[X12、X15、X9]；[X11、X17、X10]；[X11、X17、X9]；[X11、X16、X10]；[X11、X16、X9]；[X11、X15、X10]；[X11、X15、X9]；[X14、X17、X10]；[X14、X17、X9]；[X14、X16、X10]；[X14、X16、X9]；[X14、X15、X10]；[X14、X15、X9]；[X14、X13、X10]；[X14、X13、X9]；[X14、X12、X10]；[X14、X12、X9]；[X14、X11、X10]；[X14、X11、X9]；[X20、X3、X7]；[X19、X3、X7]；[X18、X3、X7]；[X20、X3、X6]；[X19、X3、X6]；[X18、X3、X6]；[X20、X3、X5]；[X19、X3、X5]；[X18、X3、X5]；[X20、X2、X7]；[X19、X2、X7]；[X18、X2、X7]；[X20、X2、X6]；[X19、X2、X6]；[X18、X2、X6]；[X20、X2、X5]；[X19、X2、X5]；[X18、X2、X5]；[X1、X20、X7]；[X1、X19、X7]；[X1、X18、X7]；[X1、X20、X6]；[X1、X19、X6]；[X1、X18、X6]；[X1、X20、X5]；[X1、X19、X5]；[X1、X18、X5]；[X4、X20、X7]；[X4、X19、X7]；[X4、X18、X7]；[X4、X20、X6]；[X4、X19、X6]；[X4、X18、X6]；[X4、X20、X5]；[X4、X19、X5]；[X4、X18、X5]；[X4、X20、X3]；[X4、X19、X3]；[X4、X18、X3]；[X4、X20、X2]；[X4、X19、X2]；[X4、X18、X2]；[X4、X1、X20]；[X4、X1、X19]；[X4、X1、X18]；[X8、X13、X17]；[X8、X13、X16]；[X8、X13、X15]；[X8、X12、X17]；[X8、X12、X16]；[X8、X12、X15]；[X8、X11、X17]；[X8、X11、X16]；[X8、X11、X15]；[X8、X14、X17]；[X8、X14、X16]；[X8、X14、X15]；[X8、X14、X13]；[X8、X14、X12]；[X8、X14、X11]；

续表

阶数	个数	最小割集
四阶	225	[X13、X17、X3、X7]；[X13、X16、X3、X7]；[X13、X15、X3、X7]；[X12、X17、X3、X7]；[X12、X16、X3、X7]；[X12、X15、X3、X7]；[X11、X17、X3、X7]；[X11、X16、X3、X7]；[X11、X15、X3、X7]；[X14、X17、X3、X7]；[X14、X16、X3、X7]；[X14、X15、X3、X7]；[X14、X13、X3、X7]；[X14、X12、X3、X7]；[X14、X11、X3、X7]；[X13、X17、X3、X6]；[X13、X16、X3、X6]；[X13、X15、X3、X6]；[X12、X17、X3、X6]；[X12、X16、X3、X6]；[X12、X15、X3、X6]；[X11、X17、X3、X6]；[X11、X16、X3、X6]；[X11、X15、X3、X6]；[X14、X17、X3、X6]；[X14、X16、X3、X6]；[X14、X15、X3、X6]；[X14、X13、X3、X6]；[X14、X12、X3、X6]；[X14、X11、X3、X6]；[X13、X17、X3、X5]；[X13、X16、X3、X5]；[X13、X15、X3、X5]；[X12、X17、X3、X5]；[X12、X16、X3、X5]；[X12、X15、X3、X5]；[X11、X17、X3、X5]；[X11、X16、X3、X5]；[X11、X15、X3、X5]；[X14、X17、X3、X5]；[X14、X16、X3、X5]；[X14、X15、X3、X5]；[X14、X13、X3、X5]；[X14、X12、X3、X5]；[X14、X11、X3、X5]；[X13、X17、X2、X7]；[X13、X16、X2、X7]；[X13、X15、X2、X7]；[X12、X17、X2、X7]；[X12、X16、X2、X7]；[X12、X15、X2、X7]；[X11、X17、X2、X7]；[X11、X16、X2、X7]；[X11、X15、X2、X7]；[X14、X17、X2、X7]；[X14、X16、X2、X7]；[X14、X15、X2、X7]；[X14、X13、X2、X7]；[X14、X12、X2、X7]；[X14、X11、X2、X7]；[X13、X17、X2、X6]；[X13、X16、X2、X6]；[X13、X15、X2、X6]；[X12、X17、X2、X6]；[X12、X16、X2、X6]；[X12、X15、X2、X6]；[X11、X17、X2、X6]；[X11、X16、X2、X6]；[X11、X15、X2、X6]；[X14、X17、X2、X6]；[X14、X16、X2、X6]；[X14、X15、X2、X6]；[X14、X13、X2、X6]；[X14、X12、X2、X6]；[X14、X11、X2、X6]；[X13、X17、X2、X5]；[X13、X16、X2、X5]；[X13、X15、X2、X5]；[X12、X17、X2、X5]；[X12、X16、X2、X5]；[X12、X15、X2、X5]；[X11、X17、X2、X5]；[X11、X16、X2、X5]；[X11、X15、X2、X5]；[X14、X17、X2、X5]；[X14、X16、X2、X5]；[X14、X15、X2、X5]；[X14、X13、X2、X5]；[X14、X12、X2、X5]；[X14、X11、X2、X5]；[X1、X13、X17、X7]；[X1、X13、X16、X7]；[X1、X13、X15、X7]；[X1、X12、X17、X7]；X1、X12、X16、X7]；[X1、X12、X15、X7]；[X1、X11、X17、X7]；[X1、X11、X16、X7]；[X1、X11、X15、X7]；[X1、X14、X17、X7]；[X1、X14、X16、X7]；[X1、X14、X15、X7]；[X1、X14、X13、X7]；[X1、X14、X12、X7]；[X1、X14、X11、X7]；[X1、X13、X17、X6]；[X1、X13、X16、X6]；[X1、X13、X15、X6]；[X1、X12、X17、X6]；[X1、X12、X16、X6]；[X1、X12、X15、X6]；[X1、X11、X17、X6]；[X1、X11、X16、X6]；[X1、X11、X15、X6]；[X1、X14、X17、X6]；[X1、X14、X16、X6]；[X1、X14、X15、X6]；[X1、X14、X13、X6]；[X1、X14、X12、X6]；[X1、X14、X11、X6]；[X1、X13、X17、X5]；[X1、X13、X16、X5]；[X1、X13、X15、X5]；[X1、X12、X17、X5]；[X1、X12、X16、X5]；[X1、X12、X15、X5]；[X1、X11、X17、X5]；[X1、X11、X16、X5]；[X1、X11、X15、X5]；[X1、X14、X17、X5]；[X1、X14、X16、X5]；[X1、X14、X15、X5]；[X1、X14、X13、X5]；[X1、X14、X12、X5]；[X1、X14、X11、X5]；[X4、X13、X17、X7]；[X4、X13、X16、X7]；[X4、X13、X15、X7]；[X4、X12、X17、X7]；[X4、X12、X16、X7]；[X4、X12、X15、X7]；[X4、X11、X17、X7]；[X4、X11、X16、X7]；[X4、X11、X15、X7]；[X4、X14、X17、X7]；[X4、X14、X16、X7]；[X4、X14、X15、X7]；[X4、X14、X13、X7]；[X4、X14、X12、X7]；[X4、X14、X11、X7]；[X4、X13、X17、X6]；[X4、X13、X16、X6]；[X4、X13、X15、X6]；[X4、X12、X17、X6]；[X4、X12、X16、X6]；[X4、X12、X15、X6]；[X4、X11、X17、X6]；[X4、X11、X16、X6]；[X4、X11、X15、X6]；[X4、X14、X17、X6]；[X4、X14、X16、X6]；[X4、X14、X15、X6]；[X4、X14、X13、X6]；[X4、X14、X12、X6]；X4、X14、X11、X6]；[X4、X13、X17、X5]；

续表

阶数	个数	最小割集
四阶	225	[X4、X13、X16、X5]；[X4、X13、X15、X5]；[X4、X12、X17、X5]；[X4、X12、X16、X5]；[X4、X12、X15、X5]；[X4、X11、X17、X5]；[X4、X11、X16、X5]；[X4、X11、X15、X5]；[X4、X14、X17、X5]；[X4、X14、X16、X5]；[X4、X14、X15、X5]；[X4、X14、X13、X5]；[X4、X14、X12、X5]；[X4、X14、X11、X5]；[X4、X13、X17、X3]；[X4、X13、X16、X3]；[X4、X13、X15、X3]；[X4、X12、X17、X3]；[X4、X12、X16、X3]；[X4、X12、X15、X3]；[X4、X11、X17、X3]；[X4、X11、X16、X3]；[X4、X11、X15、X3]；[X4、X14、X17、X3]；[X4、X14、X16、X3]；[X4、X14、X15、X3]；[X4、X14、X13、X3]；[X4、X14、X12、X3]；[X4、X14、X11、X3]；[X4、X13、X17、X2]；[X4、X13、X16、X2]；[X4、X13、X15、X2]；[X4、X12、X17、X2]；[X4、X12、X16、X2]；[X4、X12、X15、X2]；[X4、X11、X17、X2]；[X4、X11、X16、X2]；[X4、X11、X15、X2]；[X4、X14、X17、X2]；[X4、X14、X16、X2]；[X4、X14、X15、X2]；[X4、X14、X13、X2]；[X4、X14、X12、X2]；[X4、X14、X11、X2]；[X4、X1、X13、X17]；[X4、X1、X13、X16]；[X4、X1、X13、X15]；[X4、X1、X12、X17]；[X4、X1、X12、X16]；[X4、X1、X12、X15]；[X4、X1、X11、X17]；[X4、X1、X11、X16]；[X4、X1、X11、X15]；[X4、X1、X14、X17]；[X4、X1、X14、X16]；[X4、X1、X14、X15]；[X4、X1、X14、X13]；[X4、X1、X14、X12]；[X4、X1、X14、X11]

由表 9-6 可见，此故障树的所有最小割集代表了系统故障的所有可能性，即给定了全部的系统故障模式，同时也是"供电电源部分向区间 1 正常供电"中最薄弱的环节，是应当着重加以关注和检查的对象。此外，它还可以在系统发生故障时，通过对比检查各故障模式的设备，用于快速找出并解决故障。

最小割集的阶数越小，表明割集中事件失效越容易导致系统失效，例如，对于一阶最小割集，其中任何一个基本事件失效都会导致系统失效，而对于二阶最小割集，则需要两个基本事件同时失效才会导致系统失效。在同一阶的所有最小割集中，某个基本事件出现的次数越多，也就表明这个事件越重要，它的失效会比其他基本事件更容易导致系统失效。从提高系统可靠性的角度考虑，应该尽量避免低阶的最小割集出现或者低阶最小割集中所含设备失效。

从表 9-6 中还可以看出，X8、X9、X10、X18、X19、X20 在二阶最小割集中各出现了 1 次，在三阶最小割集中各出现了 15 次，因此，X8、X9、X10、X18、X19、X20 的失效最容易导致系统失效，应重点关注其可靠性数据。

根据故障树的对偶树，可得最小路集，如表 9-7 所示。

表 9-7　"供电电源部分不能向区间 1 正常供电"故障树的最小路集

阶数	个数	最小路集
7 阶	4	[X8、X4、X9、X10、X5、X6、X7]；[X14、X11、X12、X13、X20、X19、X18]；[X14、X20、X19、X15、X16、X17、X18]；[X8、X4、X1、X2、X3、X9、X10]；
9 阶	2	[X8、X1、X2、X3、X9、X10、X5、X6、X7]；[X11、X12、X13、X20、X19、X15、X16、X17、X18]

阶数	个数	最小路集
11 阶	24	[X4、X14、X10、X19、X15、X16、X17、X5、X6、X7、X18]；[X4、X14、X9、X20、X15、X16、X17、X5、X6、X7、X18]；[X4、X14、X9、X10、X15、X16、X17、X5、X6、X7、X18]；[X4、X14、X11、X12、X13、X10、X19、X5、X6、X7、X18]；[X4、X14、X11、X12、X13、X9、X20、X5、X6、X7、X18]；[X4、X14、X11、X12、X13、X9、X10、X5、X6、X7、X18]；[X4、X1、X2、X3、X14、X10、X19、X15、X16、X17、X18]；[X4、X1、X2、X3、X14、X9、X20、X15、X16、X17、X18]；[X4、X1、X2、X3、X14、X9、X10、X15、X16、X17、X18]；[X4、X1、X2、X3、X14、X11、X12、X13、X10、X19、X18]；[X4、X1、X2、X3、X14、X11、X12、X13、X9、X20、X18]；[X4、X1、X2、X3、X14、X11、X12、X13、X9、X10、X18]；[X8、X4、X1、X2、X3、X14、X20、X19、X15、X16、X17]；[X8、X4、X1、X2、X3、X14、X10、X19、X15、X16、X17]；[X8、X4、X1、X2、X3、X14、X9、X20、X15、X16、X17]；[X8、X4、X1、X2、X3、X14、X11、X12、X13、X20、X19]；[X8、X4、X1、X2、X3、X14、X11、X12、X13、X10、X19]；[X8、X4、X1、X2、X3、X14、X11、X12、X13、X9、X20]；[X8、X4、X14、X20、X19、X15、X16、X17、X5、X6、X7]；[X8、X4、X14、X10、X19、X15、X16、X17、X5、X6、X7]；[X8、X4、X14、X9、X20、X15、X16、X17、X5、X6、X7]；[X8、X4、X14、X11、X12、X13、X20、X19、X5、X6、X7]；[X8、X4、X14、X11、X12、X13、X10、X19、X5、X6、X7]；[X8、X4、X14、X11、X12、X13、X9、X20、X5、X6、X7]；
13 阶	24	[X1、X2、X3、X14、X10、X19、X15、X16、X17、X5、X6、X7、X18]；[X1、X2、X3、X14、X9、X20、X15、X16、X17、X5、X6、X7、X18]；[X1、X2、X3、X14、X9、X10、X15、X16、X17、X5、X6、X7、X18]；[X1、X2、X3、X14、X11、X12、X13、X10、X19、X5、X6、X7、X18]；[X1、X2、X3、X14、X11、X12、X13、X9、X20、X5、X6、X7、X18]；[X1、X2、X3、X14、X11、X12、X13、X9、X10、X5、X6、X7、X18]；[X4、X11、X12、X13、X10、X19、X15、X16、X17、X5、X6、X7、X18]；[X4、X11、X12、X13、X9、X20、X15、X16、X17、X5、X6、X7、X18]；[X4、X11、X12、X13、X9、X10、X15、X16、X17、X5、X6、X7、X18]；[X4、X1、X2、X3、X11、X12、X13、X10、X19、X15、X16、X17、X18]；[X4、X1、X2、X3、X11、X12、X13、X9、X20、X15、X16、X17、X18]；[X4、X1、X2、X3、X11、X12、X13、X9、X10、X15、X16、X17、X18]；[X8、X1、X2、X3、X14、X20、X19、X15、X16、X17、X5、X6、X7]；[X8、X1、X2、X3、X14、X10、X19、X15、X16、X17、X5、X6、X7]；[X8、X1、X2、X3、X14、X9、X20、X15、X16、X17、X5、X6、X7]；[X8、X1、X2、X3、X14、X11、X12、X13、X20、X19、X5、X6、X7]；[X8、X1、X2、X3、X14、X11、X12、X13、X10、X19、X5、X6、X7]；[X8、X1、X2、X3、X14、X11、X12、X13、X9、X20、X5、X6、X7]；[X8、X4、X1、X2、X3、X11、X12、X13、X20、X19、X15、X16、X17]；[X8、X4、X1、X2、X3、X11、X12、X13、X10、X19、X15、X16、X17]；[X8、X4、X1、X2、X3、X11、X12、X13、X9、X20、X15、X16、X17]；[X8、X4、X11、X12、X13、X20、X19、X15、X16、X17、X5、X6、X7]；[X8、X4、X11、X12、X13、X10、X19、X15、X16、X17、X5、X6、X7]；[X8、X4、X11、X12、X13、X9、X20、X15、X16、X17、X5、X6、X7]；
15 阶	6	[X1、X2、X3、X11、X12、X13、X10、X19、X15、X16、X17、X5、X6、X7、X18]；[X1、X2、X3、X11、X12、X13、X9、X20、X15、X16、X17、X5、X6、X7、X18]；[X1、X2、X3、X11、X12、X13、X9、X10、X15、X16、X17、X5、X6、X7、X18]；[X8、X1、X2、X3、X11、X12、X13、X20、X19、X15、X16、X17、X5、X6、X7]；[X8、X1、X2、X3、X11、X12、X13、X10、X19、X15、X16、X17、X5、X6、X7]；[X8、X1、X2、X3、X11、X12、X13、X9、X20、X15、X16、X17、X5、X6、X7]；

　　由表 9-7 可见,"供电电源部分不能向区间 1 正常供电"故障树的 60 个最小路集代表了保证系统能够工作的所有途径,只要任何一个最小路集的设备能够正常工作,那么系统就能保证工作正常,可见提高任何一个最小路集的可靠性都可以极大地提高"供电电源部分向区间 1 正常供电"的概率。有时对于某些系统,如果在没有足够的人力物力来维持所有或大部分设备高可靠性的情况下,能够保证其中的一条或少量最小路集设备可靠工作,那么这个系统也不失为一个可靠的系统。

　　3) 故障树定量分析

　　根据上面所得的最小割集和最小路集,将每个底事件的可靠性参数代入结构函数中就可得出"供电电源部分向区间 1 正常供电"的可用度:

$$g = \sum_{j=1}^{k} (-1)^{j-1} F_i = \sum_{r=1}^{k} P_r\{E_r\} - \sum_{1 < i < j < K} P_r\{E_i \bigcap E_j\} + \cdots + (-1)^{k-1} P_r\{\bigcap_{r=1}^{k} E_r\}$$

　　由于缺乏现场数据,无法得出"供电电源部分向区间 1 正常供电"可用度和底事件的概率重要度的具体值,但可以通过顶事件的结构函数和结构重要度的公式得出每个底事件的结构重要度,如表 9-8 所示。

表 9-8　"供电电源部分不能向区间 1 正常供电"故障树的底事件结构重要度

底事件	结构重要度	底事件	结构重要度
X1	0.018311	X11	0.018311
X2	0.018311	X12	0.018311
X3	0.018311	X13	0.018311
X4	0.032043	X14	0.032043
X5	0.018311	X15	0.018311
X6	0.018311	X16	0.018311
X7	0.018311	X17	0.018311
X8	0.031738	X18	0.031738
X9	0.031738	X19	0.031738
X10	0.031738	X20	0.031738

　　从结构重要度的结果来看,X8、X9、X10、X18、X19、X20 的结构重要度最大,与前面根据阶数和出现次数的分析是一致的,说明 U111 故障、U112 故障、U113 故障、U211 故障、U212 故障、U213 故障对"供电电源部分向区间 1 正常供电"影响最大,应该重点监控。

9.2.3　结论

　　本节介绍了磁浮运营线"磁浮牵引供电系统故障模型"的建立和分析。通过故障模式、后果及影响分析建立了表格,在此基础上分层分块地对系统建立故障树模型,并对其进行了定性和定量两种分析,找出了系统中的薄弱环节和关键设备。由于系统复杂性,按系统的供电区间逐个分析,可以简化问题。本节主要分析了供电区间 1 中供电电源部分的可靠性,其他区间类似处理。通过对磁浮运营线的可靠性分析,说明确立的可靠性模型和分析方法是有效并适合的。

9.3　地铁牵引供电系统可靠性建模分析

9.3.1　地铁牵引供电系统概述

1. 地铁牵引供电系统结构

地铁牵引供电系统负责提供车辆及供电设备的动力能源,一般包括两部分:一部分为高压供电系统(外部电源),即城市电网;另一部分为地铁内部供电系统。地铁作为城市电网的一个用户,一般都直接从其取得电能,无须单独建设电厂,城市电网对地铁进行供电,供电方式有集中供电、分散供电和混合供电[5,6]。

地铁内部供电系统由牵引供电系统和动力照明供电系统组成。牵引供电系统中的牵引变电所将三相高压交流电变成适合电动车辆应用的低压直流电。馈电线再将牵引变电所的直流电送到接触网上,电动车辆通过其受流器与接触网的直接接触而获得电能。动力照明供电系统提供车站和区间各类照明、扶梯、风机、水泵等动力机械设备电源和通信、信号、自动化等设备电源,它由降压变电所和动力照明配电线路组成。地铁牵引供电系统的组成如图 9-11 所示。

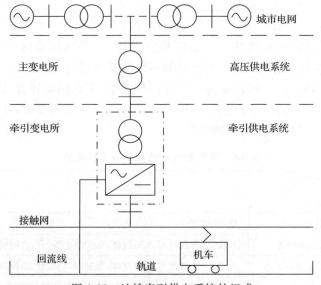

图 9-11　地铁牵引供电系统的组成

牵引供电系统由两部分构成:牵引变电所和牵引网,其中牵引变电所是牵引供电的核心。地铁牵引供电系统都采用的是直流供电制式,按照 IEC 和我国规程规定,目前我国地铁的牵引网普遍采用两种:一种是 DC750V 接触轨受电,标称额定电压为直流 750V,允许电压波动范围为 500~900V;另一种是 DC1500V 架空接触网受电,额定电压为直流 1500V,允许电压波动范围为 1000~1800V。牵引供电系统的构成组件如图 9-12 所示。本节以地铁牵引变电所的可靠性建模分析来具体说明。

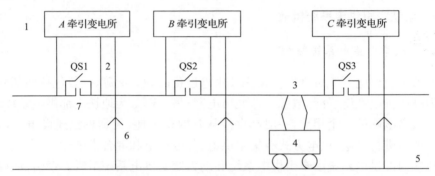

图 9-12　牵引供电系统的构成组件

1-牵引变电所;2-馈电线;3-接触网(轨);4-电动列车;5-钢轨;6-汇流线;7-电分段

2. 牵引变电所的特点

在分析牵引变电所的可靠性时,必须充分考虑它的一些特点。首先,牵引变电所是由许多元件组成的,如电缆线路、牵引变压器、断路器、隔离开关、互感器、母线及避雷器等,表 9-9 列出了牵引变电所的部件及元件组成。为了能够更好地分析其可靠性,除了必须具有这些元件的可靠性参数,还必须知道这些参数的分布函数。根据一些统计数据可知,不同设备的可靠性参数的分布函数是不同的,如果计及这些不同类型的分布,那么将使计算变得很复杂,考虑到统计方法求得的可靠性参数本身的误差可能很大,根据计算精度和计算复杂程度的要求,在计算中可将所有元件的可靠性参数看作呈指数分布。

表 9-9　牵引变电所的部件及元件组成

编号	部件级	元件级
1	牵引变电所	
0101	整流干式变压器	绕组,温度仪
0102	33kV 进线 GIS 柜	开关,三库所闸刀,SF6 气体,保护继电器,分、合闸机构
0103	33kV 整流变 GIS 柜	开关,三库所闸刀,SF6 气体,保护继电器,分、合闸机构
0104	整流柜	整流二极管,保护二极管,熔断器,电压衰减装置,继电器,温度元件

编号	部件级	元件级
0105	正负极闸刀	电动机,模块,变送器,避雷器,表计,分、合闸机构
0106	直流高速开关柜	开关小车,开关主触头,变送器,接触器,继电器,PLC 模块
0107	互感器	电流互感器,电压互感器
0108	交流屏	开关,切换电路,熔断器,主接触器
0109	直流屏	蓄电池,整流装置,充放电装置,绝缘监察装置,自动投切电路
0110	信号屏	继电器,发光二极管,警笛,PLC 模块
0111	车站短路器	开关,检测电路,整流装置,PLC 模块,继电器

3. 牵引变电所运行方式

首先,简要介绍牵引变电所的运行方式,主接线图如图 9-13 所示,其运行方式包括正常运行方式和故障运行方式。

1) 正常运行方式

正常运行时,牵引变电所的两回 AC35kV 进线电源分列运行,母线分段断路器 110 分闸,隔离开关 1101、1102 分闸。

两套牵引整流机组 Tr1、RT1 与 Tr2、RT2 并联运行,接触网越区隔离开关 2113、2124 分闸,正线接触网由相邻的两座牵引变电所构成双边供电。

2) 故障运行方式

当一回 AC35kV 进线电源失电时,在满足母线分段断路器合闸条件时,自动投切装置动作,母线分段断路器 110 合闸,由另一回 AC35kV 进线电源承担全所的牵引负荷和动力照明一、二级负荷。

当变电所中一套牵引整流机组解列时,另一套牵引整流机组具备运行条件时不宜退出运行,否则退出运行,即该牵引变电所解列。

当一座正线牵引变电所(终端牵引变电所除外)解列时,其相邻的两座牵引变电所通过闭合接触网越区隔离开关越区大双边供电,共同承担解列牵引变电所正常供电范围的牵引负荷。正线终端牵引变电所解列时,由相邻的牵引变电所单边供电,承担解列牵引变电所正常供电范围的牵引负荷。

9.3.2　地铁牵引变电所可靠性分析[4]

1. 牵引变电所的故障模式后果分析

在明确牵引变电所结构、组成和运行方式的基础上,建立牵引变电所的故障模式后果分析表,查清每个设备/元件的故障模式、失效后果、故障检验方法及补救措施,如表 9-10 所示。

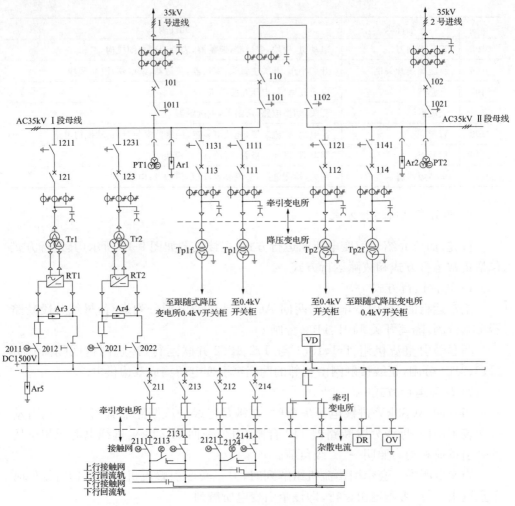

图 9-13　牵引变电所主接线图

表 9-10　牵引变电所故障模式后果分析表

元件/设备	故障模式	失效后果	故障检验方法	补救措施
35kV 1# 进线电缆	电缆头产生电晕，套管闪络破损；机械损伤	1号进线断电，通过母联由 2 号进线供电	电压测量/电流测量	通过母联由 2 号进线供电，35kV 进线采用环路供电，确保双路进线和双整流机组具备一定的互备能力
35kV 2# 进线电缆	电缆头产生电晕，套管闪络破损；机械损伤	2 号进线断电，供电可靠性降低	电压测量/电流测量	及时维修或更换电缆，35kV 进线采用环路供电

续表

元件/设备	故障模式	失效后果	故障检验方法	补救措施
断路器 101,隔离开关 1011	电气故障,设备停运	1 号进线断电	电压测量/电流测量	通过母联由 2 号进线供电,及时维修或更换
断路器 102,隔离开关 1021	电气故障,设备停运	2 号进线无电	电压测量/电流测量	及时维修或更换
Ⅰ段母线	母线断线	整流变压器无电	电压测量/电流测量	及时维修,通过母联由 2 号进线对整流变压器供电
母联柜	110 母联柜,1101,1102 提升柜电气断线/短路	2 号进线退出备用,供电可靠性降低	电位测量	及时维修
Ⅰ段母线	母线断线	2 号进线退出备用,供电可靠性降低	电压测量/电流测量	及时维修
断路器 121,隔离开关 1211	电气故障,设备停运	整流变压器 Tr1 退出运行,Tr2 单独运行,供电可靠性降低	电压测量/电流测量	及时维修或更换
整流变压器 Tr1	线圈匝间短路,铁心故障,分接开关接触不良,套管闪络	整流变压器 Tr1 退出运行,Tr2 单独运行,供电可靠性降低	外观检查,听声响,检查油位、油色、油温,电流电压测量	若油温升高,则应采取措施降低油温;油位过低应加油并采取堵漏、防渗措施;发出热信号时应投入备用变压器
整流器 RT1	温度过高、短路、熔断器熔断	不能正常整流	电压测量/波形测试	减少牵引列车对数;增加排风量;更换熔断器;检查控制电源和线路
断路器 2012,隔离开关 2011	电气故障,设备停运	整流机组 Tr2,RT2 单台运行,供电可靠性降低	电压测量	及时维修或更换设备
断路器 123,隔离开关 1231	电气故障,设备停运	整流变压器 Tr2 退出运行,Tr1 单独运行,供电可靠性降低	电压测量/电流测量	及时维修或更换设备
整流变压器 Tr2	线圈匝间短路,铁心故障,分接开关接触不良,套管闪络	整流变压器 Tr2 退出运行,Tr1 单独运行,供电可靠性降低	外观检查,听声响,检查油位、油色、油温,电流电压测量	若油温升高,则采取措施降低油温;油位过低应加油并采取堵漏、防渗措施;发出热信号时应投入备用变压器
整流器 RT2	温度过高、短路、熔断器熔断	不能正常整流	电压测量/波形测试	减少牵引列车对数;增加排风量;更换熔断器;检查控制电源和线路

续表

元件/设备	故障模式	失效后果	故障检验方法	补救措施
断路器 2022，隔离开关 2021	电气故障，设备停运	整流机组 Tr1，RT1 单台运行，供电可靠性降低	电压测量	及时维修
DC1500V 母线	母线断线	此牵引变电所失效，由邻近牵引变越区供电	电压测量/电流测量	及时维修

　　通过表 9-10，可以很清楚地知道牵引变电所各个元件或设备的故障模式、失效后果、故障检验方法与补救措施，为牵引变电所故障树的建立提供依据。

　　2. 牵引变电所的故障树分析

　　1) 故障树定性分析

　　将图 9-13 所示的牵引变电所分为 3 个区域，区域放大图分别如图 9-14～图 9-16 所示，各区域电气设备名称及编号如下。

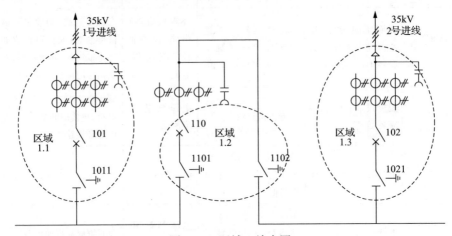

图 9-14　区域 1 放大图

区域 1

区域 1.1：断路器 101，隔离开关 1011。

区域 1.2：断路器 110，隔离开关 1101、1102。

区域 1.3：断路器 102，隔离开关 1021。

区域 2

区域 2.1：隔离开关 1211、2011、2012，断路器 121，整流变压器 Tr1，整流器 RT1。

区域 2.2：隔离开关 1231、2021、2022，断路器 123，整流变压器 Tr2，整流器 RT2。

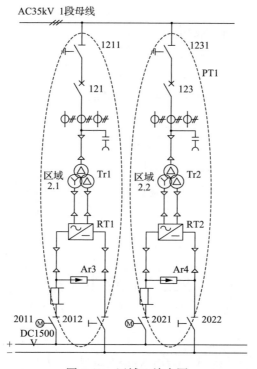

图 9-15　区域 2 放大图

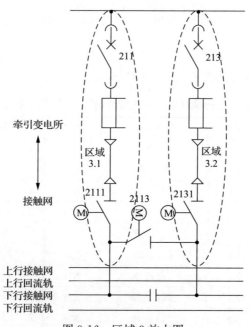

图 9-16　区域 3 放大图

区域3

区域 3.1:断路器 211,隔离开关 2111。

区域 3.2:断路器 213,隔离开关 2131。

对牵引变电所进行 FTA,首先根据分析的目的选择一个合适的顶事件。将"下行接触网无法正常供电"作为顶事件,建立故障树,如图 9-17 所示。

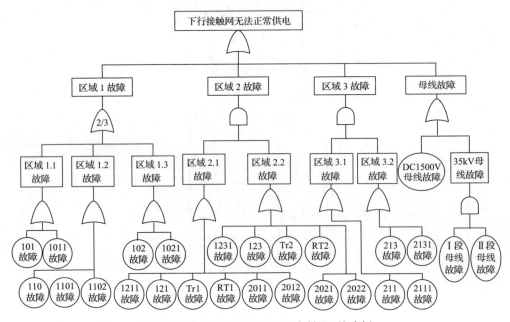

图 9-17 "下行接触网无法正常供电"故障树

将基本事件用符号来表示,如表 9-11 所示。

表 9-11 "下行接触网无法正常供电"故障树基本事件及符号

基本事件	符号	基本事件	符号	基本事件	符号
101 故障	X1	Tr1 故障	X10	2022 故障	X19
1011 故障	X2	RT1 故障	X11	211 故障	X20
110 故障	X3	2011 故障	X12	2111 故障	X21
1101 故障	X4	2012 故障	X13	213 故障	X22
1102 故障	X5	1231 故障	X14	2131 故障	X23
102 故障	X6	123 故障	X15	I 段母线故障	X24
1021 故障	X7	Tr2 故障	X16	II 段母线故障	X25
1211 故障	X8	RT2 故障	X17	DC1500V 母线故障	X26
121 故障	X9	2021 故障	X18		

利用 FTA 软件,得出故障树的最小割集。

[X1、X3];[X1、X4];[X1、X5];[X1、X6];[X1、X7];[X3、X2];[X4、X2];
[X5、X2];[X6、X2];[X7、X2];[X3、X6];[X3、X7];[X4、X6];[X4、X7];[X5、X6];[X5、X7];[X8、X14];[X8、X15];[X8、X16];[X8、X17];[X8、X18];[X8、X19];[X9、X14];[X9、X15];[X9、X16];[X9、X17];[X9、X18];[X9、X19];[X10、X14];[X10、X15];[X10、X16];[X10、X17];[X10、X18];[X10、X19];[X11、X14];[X11、X15];[X11、X16];[X11、X17];[X11、X18];[X11、X19];[X12、X14];[X12、X15];[X12、X16];[X12、X17];[X12、X18];[X12、X19];[X13、X14];[X13、X15];[X13、X16];[X13、X17];[X13、X18];[X13、X19];[X20、X22];[X20、X23];[X21、X22];[X21、X23];[X24、X25];[X26]。

最小割集的阶数越小,表明割集中事件失效越容易导致系统失效,例如,对于一阶最小割集,其中任何一个基本事件失效都会导致系统失效,而对于二阶最小割集,则需要两个基本事件同时失效才会导致系统失效。从提高系统可靠性的角度考虑,应该尽量避免低阶的最小割集出现或者低阶最小割集中所含设备失效。

从上面最小割集分析结果可以看出,一阶最小割集为 DC1500V 母线故障,它对下行接触网正常供电的可靠性影响最大。

从结构重要度来看,X26,X1,X2,X6,X7 的结构重要度较大,分别为 0.0011,0.0008,0.0008,0.0008,0.0008,说明 DC1500V 母线,断路器 101,102,隔离开关 1011,1021 对牵引变电所的可靠供电影响较大。

2)故障树定量分析

根据地铁运营部门及设备厂家提供的可靠性参数,一年按 365 天计,牵引变电所设备的失效率 $\lambda = \dfrac{U}{365 \times 24}$,其中,$U$ 为设备每年的失效时间,单位为 h/年,设备的失效率如表 9-12 所示。

表 9-12　牵引变电所设备可靠性参数

设备名称	失效时间 r/h	平均使用寿命/年	U/(h/年)	失效率 λ
断路器	3	10	0.3	3.42×10^{-5}
隔离开关	3	15	0.2	2.28×10^{-5}
整流变压器	40	25	1.6	1.83×10^{-4}
整流器	1.8	20	0.09	1.03×10^{-5}
35kV 电缆	0.5	10	0.05	5.7×10^{-6}
1500V 直流电缆	0.65	10	0.065	7.42×10^{-6}

利用 FTA 软件,对图 9-17 所示的故障树进行定量分析。得到"下行接触网无法正常供电"的故障概率为 1×10^{-5},即牵引变电所的故障概率为 1×10^{-5}。

　　通过对牵引变电所可靠性的定性与定量分析,可以得知整个牵引变电所的故障概率,也得到DC1500V母线对下行接触网正常供电的可靠性影响最大。

9.3.3　结论

　　本节将FMECA和FTA相结合,对地铁牵引供电系统进行可靠性分析,主要对牵引变电所建立较完整的故障模式后果分析表,在FMECA表的基础上,建立故障树模型,然后采用最小割集法与FTA进行定性和定量分析,以一个供电分区为例,得到了该供电分区的"向供电分区下行线路供电时发生故障"的故障概率。最后,总结得出处理供电事故的原则。

9.4　本章小结

　　本章着重介绍了城市轨道交通牵引供电系统可靠性建模分析方法的内容,以磁浮交通牵引供电系统和地铁牵引供电系统可靠性建模分析为例,分析了对城市轨道交通牵引供电系统的可靠性建模分析方法,并总结了提高牵引供电系统可靠性的措施。

参 考 文 献

[1] 何宗华,汪松滋,何其光. 城市轨道交通供电系统运行与维修[M]. 北京:中国建筑出版社,2005.

[2] 林飞. 牵引供电系统可靠性指标体系与可靠性分析[D]. 成都:西南交通大学,2006.

[3] 庞开阳,何江海. 广州地铁1号线供电系统[J]. 机车电传动,2002,7(4):36-38.

[4] 曾德容,何正友,于敏. 地铁牵引变电所可靠性分析[J]. 铁道学报,2008,4:22-27.

[5] 皇甫伟,容鹏,曾烈光. SDH自愈环生存性定量分析[J]. 电子学报,2001,29(11):1558-1560.

[6] Lai C D, Xie M, Poh K L, et al. A model for availability analysis of distributed software/hardware system[J]. Information and Software Technology, 2002,44:343-350.

第 10 章　地铁综合监控系统的可靠性分析应用

地下铁道简称地铁,为城市轨道交通运输系统的一种形式,以地下运行为主,是一种用电力牵引的、涵盖了城市地区各种地下与地上的路权专有、高密度、高运量的城市轨道交通系统。地铁的建设能更好地满足人口密集、道路相对匮乏的大中型城市的大众交通需求,其高效、快捷、安全、准时的特点能缓解日益严重的城市交通拥堵现象[1-3],地铁作为城市轨道交通的重要命脉,其安全稳定运营也就显得尤为重要。

地铁系统与其他轨道交通系统一样,是由大量互相联系、互相依存的硬件、软件构成的,系统的功能在复杂的硬件及软件共同支持下才能完成[4,5]。因此,对系统可靠性分析不但要考虑硬件、软件的区别[6-8],又要考虑两者之间的相互作用关系[9-12],故对硬/软件结合系统的可靠性分析是本书关注的内容之一。第 9 章中,有针对地铁的一次系统——牵引供电系统进行可靠性建模分析的介绍,本章将针对地铁的二次系统——综合监控系统(Integrated Supervison & Control System,ISCS)进行可靠性建模分析的应用介绍。

10.1　地铁综合监控系统概述

为提高地铁系统的安全性、可靠性及运营管理效率,建立高效的综合自动化系统是非常必要的。地铁综合监控系统的主要功能包括对机电设备的实时集中监控功能和各系统之间协调联动功能两大部分。一方面,通过综合监控系统,可实现对电力设备、火灾报警信息及其设备、车站环控设备、区间环控设备、环境参数、屏蔽门设备、防淹门设备、电扶梯设备、照明设备、门禁设备、自动售检票设备、广播和闭路电视设备、乘客信息显示系统的播出信息和时钟信息等进行实时集中监视和控制的基本功能;另一方面,通过综合监控系统,还可实现晚间非运营情况下、日间正常运营情况下、紧急突发情况下和重要设备故障情况下各相关系统设备之间协调互动等高级功能。

地铁综合监控系统在网络技术、计算机技术和存储技术的推动下诞生[13-17],并在地铁监控的工程实践中日益成熟,国内外在新建的地铁线路上已采用综合监控系统,即用一个多系统集成的、统一的自动化控制平台来替代原先相互孤立的子系统[13,14],且通过若干已实施的工程实例,证实了该系统的可行性及优越性,一个新建的地铁或轻轨工程选择综合监控系统已成为自动化设计的主流。

目前,国外地铁中已有许多线路采用了综合监控系统,如西班牙毕巴尔巴额地铁、韩国的仁川地铁、首尔地铁 7 号线和 8 号线、法国巴黎地铁 14 号线等,综合监控系统已成为国外诸多地铁中的主流系统[18,19]。近几年,国内地铁也开始采用了综合监控系统,如香港地铁的新机场快线、将军澳线。北京地铁 13 号线、八通线是北京较早使用综合监控系统的两条线路,仅采用了简单集成的模式,北京地铁的 5 号线、10 号线综合监控系统的集成范围进行了扩大,其相应的系统功能也得到了扩充[20]。目前开通的上海地铁 10 号线和计划于 2012 年 12 月底投入试运营的上海地铁 13 号线也设计了综合监控系统,广州地铁 3 号线和 4 号线实施了功能较为齐全的综合监控系统,称为广州地铁 3 号线、4 号线主控系统,广州地铁 5 号线、6 号线、广佛线等均设计综合监控系统。此后北京、深圳、上海等城市在后续新建的线路中都陆续设计了综合监控系统,国内其他新建地铁的城市,如成都、西安、杭州、南宁等新建地铁线路也纷纷设计了综合监控系统,综合监控系统已成为国内地铁综合监控系统的发展趋势。

由于地铁综合监控系统在地铁建设中的广泛应用,且地铁综合监控系统是围绕行车和行车指挥、防灾和安全、乘客服务等开展设计,用于提高运营行车管理水平,所以,地铁综合监控系统能否正常工作直接影响地铁的安全稳定运营,一旦发生故障,很可能导致地铁整条线路运营瘫痪,造成的损失不堪设想,从而决定了地铁综合监控系统的高可靠性要求,因此,对其进行系统性的可靠性研究已迫在眉睫。

10.1.1　地铁综合监控系统的系统结构

目前国内地铁监控和调度指挥多采用两级管理三级控制的分层分布式结构[15],两级管理为中央级与车站级管理,三级控制为中央级、车站级与现场级控制。其中,中央级管理与控制、车站级管理与控制都属于地铁综合监控系统的设计范围,由设置于控制中心的中央综合监控系统(Central ISCS, CISCS)、设置于各车站的车站综合监控系统(Station ISCS, SISCS)和置于车辆段的车辆段综合监控系统(Depot ISCS, DISCS)实现。现场级控制由各相关接入系统来完成,但应满足地铁综合监控系统总体结构、接口和协议的要求,地铁综合监控系统及其接入系统的整体层次划分示意图如图 10-1 所示。

图 10-1 给出了地铁综合监控系统及其接入系统按系统构成的划分,分为上位监控层、中间控制层和末端设备层三层[16]。控制层与设备层主要由各接入子系统的相关设备构成。其中,控制层主要由控制器等设备组成,设备层由传感器、智能及非智能现场设备等组成,控制层与设备层主要通过通用开放式的工业控制网络、现场总线和硬线等接口形式进行连接;上位监控层从设备构成上又可分为资源子系统和通信子系统两部分,其中,资源子系统负责数据处理,主要由服务器、工作站

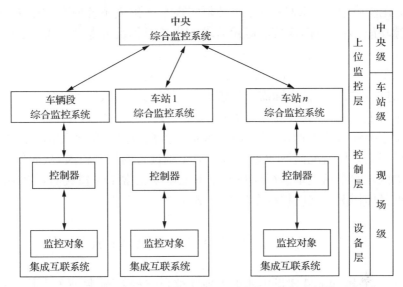

图 10-1　地铁综合监控系统及其接入系统的整体层次划分示意图

和前置处理器（Front End Processor，FEP）等构成，通信子系统主要用于数据通信，由交换机、光纤和网线等构成。

10.1.2　地铁综合监控系统的系统功能

　　地铁综合监控系统面向的对象主要包括控制中心的各中央调度员（行调、电调、环调、维调和值班调度）、车站控制室的值班人员和车辆段维修中心的系统维护人员等，地铁综合监控系统应满足以上这些岗位的功能要求。

　　地铁综合监控系统本质上是建立变电所综合自动化系统（Power Supervisory Control And Data Acquisition，PSCADA）、火灾自动报警系统（Fire Alarm System，FAS）、环境与设备监控系统（Building Automatic System，BAS）、自动售票检票系统（Automatic Fare Collection system，AFC）、屏蔽门系统（Platform Screen Door，PSD）、信号系统（Signaling，SIG）、闭路电视监控系统（Closed Circuit Television，CCTV）、广播系统（Public Address，PA）等集成或互联系统的信息共享平台，支持系统间的信息互通。一方面，现场设备信息由各相关接入系统负责采集并通过交换机和 FEP 传送到服务器，服务器负责处理和存储这些信息，在工作需要时，中央或车站工作人员可通过工作站调用所需的数据并以图形方式在工作站上显示；另一方面，当需要对现场设备下达控制命令的时候，中央或车站工作人员可通过工作站下达控制命令，控制信息将通过交换机和 FEP 下达到相关接入系统，然后再由相关接入系统驱动现场设备进行相关动作。CISCS 与 SISCS（DISCS）的具体功能如下。

（1）在监控中心，CISCS一方面必须实现车站集成系统原有的中央级上位计算机监控功能；另一方面可按照运营需求实现正常情况和紧急情况下的与互联系统的信息互通和协调互动等高级中央级联动功能[17]。

（2）在车站，SISCS一方面必须实现车站集成系统原有的上位计算机监控功能；另一方面可按照运营实际需求实现部分高级的车站级联动功能[21]。当SISCS工作在正常模式时，中央级监控所需的车站及各种状态信息上传至CISCS，控制命令主要由中央级直接下达，SISCS以设备状态监视为主。在紧急情况下，控制中心调度员可根据具体情况向SISCS部分下放个别设备的控制权限，从而使SISCS在授权范围内对本车站设备进行控制。当系统恢复正常工作模式后，控制中心调度员可根据具体情况收回已授权车站的控制权。

10.2　地铁综合监控系统可靠性分析概述

近几年，我国的地铁建设中才引入地铁综合监控系统，目前关于其可靠性研究的文献较少。文献[18]在不可维修的假设下利用可靠性框图法、故障树分析等方法建立了地铁综合监控系统系统关于设备构成的可靠性模型并进行了分析。文献[14]、[22]基于二元决策图BDD算法编制了用于地铁综合监控系统可靠性分析的故障树分析软件，利用软件分析地铁综合监控系统可靠性可使用户避免大量烦琐的计算，容易得到系统的定性与定量分析结果，但是地铁综合监控系统属于可维修系统，关于系统的不可维修假设存在局限。文献[23]考虑了地铁综合监控系统的维修性，利用动态故障树对其可靠性进行了初步研究，但对地铁综合监控系统的硬/软结合性、骨干网的特殊结构及系统的模糊性等没有考虑。虽然目前还没有针对地铁综合监控系统可靠性分析完整的框架，但目前国内外关于网络、硬/软件综合系统、冗余系统等的可靠性研究及当前的可靠性分析方法为地铁综合系统可靠性研究提供了一定的基础。

地铁综合监控系统可靠性的分析对象，主要是研究适合地铁综合监控系统结构与特点的可靠性建模与分析方法，并建立地铁综合监控系统可靠性分析的框架，为地铁综合监控系统可靠性分析提供有效的解决方案。地铁综合监控系统的可靠性研究主要以地铁综合监控系统的资源子系统、通信子系统与接入子系统等为主要研究对象，采用适合对象的可靠性分析方法作为可靠性分析的手段，搭建地铁综合监控系统可靠性分析框架如图10-2所示，首先针对地铁综合监控系统的通信子系统与资源子系统对地铁综合监控系统稳态可靠性分析，并研究地铁综合监控系统影响下的接入子系统的稳态可靠性；其次，以地铁综合监控系统中常用的双机热备系统与硬/软件综合系统为研究对象，分析系统的瞬时可靠性；最后，考虑地铁综合监控系统中存在的状态模糊性与参数模糊性，分析系统的模糊可靠性。

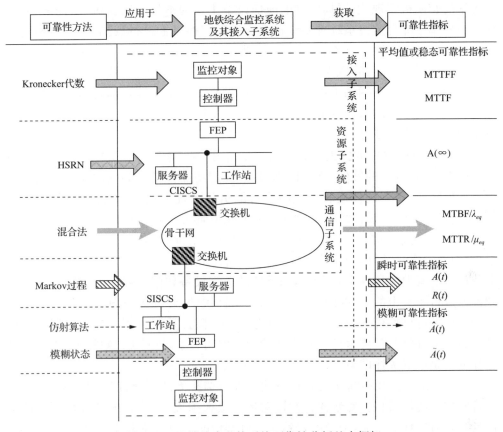

图 10-2　地铁综合监控系统可靠性分析基本框架

系统可靠性描述的是系统在规定时间内和规定条件下保持系统规定功能的能力,其中系统是指由一些基本部件(组件)组成的完成某种指定功能的整体。这里系统的概念是相对的,例如,CISCS 可以看成一个系统,其中的服务器可以看成它的一个组件,但是若单独地研究服务器,则可以把它看成一个系统,而它又是由硬件和软件组件构成的完成某种指定功能的整体。地铁综合监控系统由于功能的复杂化使可靠性分析难度较大,其中复杂化的目的在于使系统具有更高的性能,但是系统越复杂往往就越容易发生故障。因此,在地铁综合监控系统的可靠性分析中,需要针对地铁综合监控系统的体系结构、系统对其接入子系统可靠性的影响及其本身的模糊可靠性等几个方面搭建地铁综合监控系统可靠性分析的理论框架。其中,关注较多的问题如下。

(1) 对地铁综合监控系统的骨干网进行可靠性研究:地铁综合监控系统的网络由全线骨干网、监控中心局域网、车站局域网和车辆段局域网组成,层次上可看作骨干网与局域网上下两层[24,25];地铁综合监控系统网络的传输层和网络层功能由各站的交换机实现,下层局域网的通信设备主要为本站的交换机,监控中心、车辆段与各车站综合监控系统主要设备都连接到交换机上进行数据通信,再通过交换机的出口与骨干网相联系。上层骨干网通过交换机将下层局域网连成一个整体,骨干网中的故障将导致大量连接和数据丢失[26],对系统关键数据的影响是不可估量的。由于骨干网的重要性,且目前还没有对应用于地铁综合监控系统的双冗余光纤环网结构的可靠性进行分析的文献,所以需要针对地铁综合监控系统的骨干网进行可靠性研究。

(2) 考虑硬、软件的区别及其间的相互作用关系:地铁综合监控系统是由大量互相联系、互相依存的硬件、软件构成的,系统的功能在复杂的硬件及软件共同支持下才能完成[4,5]。硬件或软件故障都可能引起系统失效,但硬件与软件的失效原理又有所不同,如硬件故障是物理性能退化或环境干扰造成的[6,7],软件的故障源是与设计有关的软件缺陷[8]。同时,硬件与软件之间是相互影响的,软件方法通过"故障-容错"可以消除硬件故障对系统造成的影响[9,10],未预料到的硬件失效又会使运行于其上的软件失效[11,12],而系统的关键设备如服务器、工作站等,它们的硬件与运行于其上的软件往往是由不同厂家提供的,硬件失效对软件失效的影响将给系统的可靠性带来变数。因此,对地铁综合监控系统可靠性分析不但要考虑硬件、软件的区别,又要考虑两者之间的相互作用关系,故对硬/软件结合系统的可靠性分析是本书关注的重点。

(3) 考虑维修及不同冗余方式对地铁综合监控系统可靠性模型的影响:地铁综合监控系统停机将会对地铁正常运营造成极大损失,虽然系统的关键设备都采用具有高可靠性的产品,但故障仍然是不可避免的。为避免系统中存在单点故障,通常需要对关键设备建立冗余来加以解决[27-29]。然而,工作站、服务器等关键设备及骨干网等的冗余方式也有所不同,例如,工作站子系统为并联方式的冗余,服务器子系统为双机互备冗余,而骨干网采用的是超级冗余环网技术,这些不同的冗余技术在系统可靠性分析模型中将有所区别。同时,地铁综合监控系统属于可维修系统,硬件或软件故障都可以通过维修恢复正常。对于采用冗余配置的设备,尽管部分设备的故障可使系统处于降级工作状态,也必须及时维修才能维持系统容错的冗余结构。所以,在建立地铁综合监控系统可靠性模型时,应考虑维修及不同的冗余方式对地铁综合监控系统可靠性模型的影响。

(4) 考虑系统对接入子系统维修的影响:地铁综合监控系统通过集成和互联地铁各弱电系统及主要机电设备,一方面,可实现各相关系统之间的信息共享和协调互动功能;另一方面,地铁综合监控系统又可对本系统的设备状态进行监视,发现故障后采用故障诊断工具确定具体的故障位置,并将相关的故障信息传至车辆段维修显示终端,便于准确定位故障和提高排除故障的效率,从而方便维修人员进行系统设备的远程设备状态查询、远程故障在线诊断、系统远程维修和软件更新等维修工作[30,31]。地铁综合监控系统作为一种保证复杂系统正常工作并提高系统运行可靠性的重要手段被应用,故对地铁综合监控系统的可靠性分析应考虑其对接入子系统维修的影响。

（5）研究地铁综合监控系统状态模糊性及参数模糊性对系统可靠性的影响:由于地铁综合监控系统是具有多种功能的复杂系统,而复杂系统往往可以呈现出多种工作状态,具有多种失效模式[32,33]。系统可能在一部分功能下进行工作,并且系统中的各个零部件功能各异,其与系统之间的关系复杂,对整个系统可靠性的影响也各不相同。所以,尽管系统部件的"正常"与"失效"之间是可以界定的,但整个监控系统的"正常"与"失效"之间的界限却是模糊的。同时,将地铁综合监控系统中某些硬件、软件等组件的可靠性参数视为精确数时[30,31,34],这样的假定往往只强调相关参数的随机性,而忽视了工程系统的复杂性和人们认识客观世界的模糊性,这是由于影响事件发生的因素是复杂且变化的,所以难以得到事件发生概率的精确值,如何研究地铁综合监控系统状态的模糊性,以及参数的模糊性对系统可靠性的影响,从而实现对系统可靠性评估的更合理的模型是所关注的热点问题。

10.3　地铁综合监控系统可靠性建模分析实例

以下根据前述针对复杂系统的 HSRN、动态故障树、Kronecker 代数、模糊状态指标等可靠性研究方法,以某线地铁综合监控系统可靠性分析为例来对地铁综合监控系统可靠性进行建模分析。

10.3.1　基于 HSRN 模型的地铁综合监控系统可靠性分析实例

1）参数设定

该线地铁综合监控系统骨干网由 1 个控制中心、24 个车站及 1 个车辆段构成,共计 26 个站点,其简化模型如图 10-3 所示。

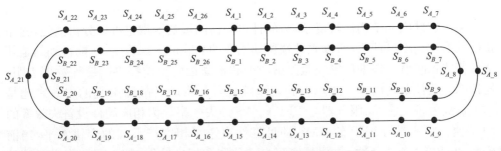

图 10-3　地铁综合监控系统骨干网结构示意图

利用 HSRN 对该线地铁综合监控系统进行可靠性建模并得到系统的可靠性

指标,根据系统设计要求并结合工程实际给出资源子系统中设备的硬件、软件组件的可靠性参数如表 10-1 所示。

表 10-1　地铁综合监控系统设备失效与维修参数

序号	名称		失效率/h	维修率/h
1	工作站	AS	2.0×10^{-4}	2
		硬件(含 OS)	2.0×10^{-5}	0.3333
2	服务器	AS	2.0×10^{-4}	2
		FMS	1.0×10^{-5}	2
		硬件(含 OS)	2.0×10^{-5}	0.3333
3	FEP	AS	4.0×10^{-5}	2
		FMS	1.0×10^{-5}	2
		硬件(含 OS)	4.0×10^{-6}	0.3333

　　地铁综合监控系统要求由厂家提供的关键设备的硬件(含 OS)的 MTBF 不低于 5×10^4 h,MTTR 不超过 3h,当不考虑测试与调试阶段时,可认为失效及维修时间都服从指数分布,此时,MTBF 和失效率之间,以及 MTTR 和维修率之间都将存在倒数关系。

　　中央级与车站级服务器均采用配置 UNIX OS 的某品牌服务器,工作站为配置 Windows OS 的某品牌工控机。根据集成商提供的信息将服务器与工作站的 MTBF 按照保守估计取值为 5×10^4 h,即它们的硬件(含 OS)的失效率为 2.0×10^{-5}/h。为了发挥 FEP 数据处理快的特点,FEP 采用专门用于地铁的工业级产品,配置的是 VxWorks 实时多任务 OS,其电磁兼容试验通过了最严酷的等级测试,MTBF 不低于 2.5×10^5 h,计算时仍按保守取值,即 FEP 的硬件(含 OS)失效率为 4.0×10^{-6}/h。服务器、工作站与 FEP 都设有本地的维护服务,故可不考虑工程师来现场的时间,MTTR 设为 3h 是可达到的合理取值,即维修率为 0.3333/h。

　　由于软件内部结构比较复杂,对软件可靠性的影响因素也难以分析清楚,程序正确性实际上不可证明,所以软件残留缺陷数的实际值无法确定,所能得到的是其估计值或预测值。根据厂家经验测试数据和地铁运营单位提供的统计数据表明,地铁综合监控系统由 AS 故障引起的系统失效与由硬件故障引起的失效之比是 10∶1,故可将工作站、服务器与 FEP 的 AS 的失效率取为相应硬件设备失效率的 10 倍值。服务器与 FEP 的 FMS 的可靠性决定了相应子系统的容错水平,当前 FMS 在功能上都差不多,主要是实现自动侦测和切换功能,其重要性决定了其软件本身的高可靠性。目前的 FMS 相对已经比较成熟,查阅相关文献取 FMS 的 MTBF 为 1.0×10^5 h,即 FMS 的失效率为 1.0×10^{-5}/h。

已经交付使用的 AS 和 FMS 由于内在和外在的原因仍不可避免存在故障,故必须对其进行维护。软件维护又可分为改正型、适应型、完善型及预防型维修 4 种类型,本书的软件维修时间主要指软件改正性维护中的紧急排错时间,即根据改正问题请求解决办法对出现故障紧急排错,使程序尽快恢复正常工作,并假设软件的这种紧急排错不改变软件的失效特性,即 MTBF 不变,根据工程设计人员提供资料,令 FMS 与 AS 的 MTTR 为 0.5h,即维修率为 2/h。

2) 可靠性建模

根据表 10-1 提供的失效与维修参数,计算相应的设备、子系统、系统的等效转移率,下面仅给出单个工作站等效转移率的计算过程,根据表中所示的工作站的失效与维修参数:$\lambda_a = 2.0 \times 10^{-4}/\text{h}$,$\mu_a = 2/\text{h}$,$\lambda_{ho} = 2.0 \times 10^{-5}/\text{h}$,$\mu_{ho} = 0.3333/\text{h}$,将文献[1]中式(2.21)结合式(2.8)可计算单个工作站可靠性模型的稳定状态概率向量为

$$\boldsymbol{\pi} = [9.9984 \times 10^{-1} \quad 9.9983 \times 10^{-5} \quad 6.0002 \times 10^{-5}] \tag{10-1}$$

式中,$\pi_i(i=0,1,2)$ 为单个工作站处于状态 S_i 的稳态概率,根据文献[1]中式(2.22)与式(2.23)计算单个工作站的等效失效率与等效维修率为

$$\lambda_{eq\_ws} = \frac{\pi_0 \cdot q_{0,1} + \pi_0 \cdot q_{0,2}}{\pi_0} = 2.2000 \times 10^{-4}/\text{h} \tag{10-2}$$

$$\mu_{eq\_ws} = \frac{\pi_1 \cdot q_{1,0} + \pi_2 \cdot q_{2,0}}{\pi_1 + \pi_2} = 1.3749/\text{h} \tag{10-3}$$

为验证本书提出的 HSRN 方法的可行性与准确性,可对单个工作站处于正常工作的稳态概率进行数值计算,首先通过等效模型计算单个工作站处于正常状态的稳态概率,令单个工作站稳态概率向量为

$$\boldsymbol{\pi} = [\pi_{Ueq\_ws} \quad \pi_{Deq\_ws}] \tag{10-4}$$

单个工作站等效模型的状态转移矩阵为

$$\boldsymbol{Q} = \begin{bmatrix} -\lambda_{eq\_ws} & \lambda_{eq\_ws} \\ \mu_{eq\_ws} & -\mu_{eq\_ws} \end{bmatrix} \tag{10-5}$$

根据[1]中式(2.8)可求解单个工作站处于正常状态的稳态概率为

$$\pi_{Ueq\_ws} = \frac{\mu_{eq\_ws}}{\lambda_{eq\_ws} + \mu_{eq\_ws}} = 9.9984 \times 10^{-1} \tag{10-6}$$

下面再给出未利用等效模型计算单个工作站处于正常状态的稳态概率,由于正常状态标识集合为 $\Omega_U = \{S_0\}$,故障状态标识集合为 $\Omega_D = \{S_1, S_2\}$,故可令回报率为 $r_0 = 1$、$r_1 = r_2 = 0$,则单个工作站处于正常状态的稳态概率为

$$\pi_{U_{ws}} = \sum_{i \in \Omega_T} r_i \pi_i = \pi_0 = 9.9984 \times 10^{-1} \tag{10-7}$$

式(10-6)与式(10-7)关于单个工作站处于正常工作状态的稳态概率的计算结果相同,从而验证了文书采用的关于下层模型的等效变换的可行性。

当建立上层工作站子系统可靠性模型时,若采用 HSRN 方法,则车站工作站与控制中心工作站子系统可靠性模型对应的实标识数目分别为 4 个与 512 个。若进一步建立单个车站或控制中心资源子系统可靠性模型,利用等效变换能使工作站子系统对应的可靠性模型实标识数目仅为 2 个。若采用传统的 SRN 建立工作站子系统可靠性模型,即对每一个工组站可靠性模型进行展开,则车站工作站子系统可靠性模型实标识数目为 9 个,控制中心工作站子系统可靠性模型实标识数目将达到 19683 个。此时,进一步建立的资源子系统或整个系统的可靠性模型的状态数目将引起求解及分析的困难,可见 HSRN 方法能为简化系统可靠性模型状态空间提供一个有效的方法。

对于其他设备、子系统及地铁综合监控系统的等效转移率的计算过程,这里将不再一一列出,表 10-2 给出它们等效转移率的计算结果。

表 10-2　等效转移率列表

序号	名称	等效失效率/h	等效维修率/h
1	单个工作站设备	2.2000×10^{-4}	1.3479
2	车站工作站子系统	7.0383×10^{-8}	2.7498
3	监控中心工作站子系统	8.4969×10^{-34}	12.3741
4	服务器子系统	7.2565×10^{-8}	0.7133
5	FEP 子系统	3.2558×10^{-9}	0.7817
6	单个车站资源子系统	1.4620×10^{-7}	1.1119
7	监控中心资源子系统	7.5821×10^{-8}	0.7160
8	骨干网	2.3211×10^{-6}	1.8275
9	地铁综合监控系统	6.0519×10^{-6}	1.2978

根据表 10-2 所示的地铁综合监控系统的等效转移率,可得系统的可用度为

$$A = \frac{\mu_{eq\_s}}{\lambda_{eq\_s} + \mu_{eq\_s}} = \frac{1.2978}{1.2978 + 6.0519 \times 10^{-6}} = 99.9995\% \qquad (10-8)$$

系统的其他可靠性指标为

$$\text{MTBF} = \frac{1}{\lambda_{eq\_s}} = \frac{1}{6.0519 \times 10^{-6}} = 1.6524 \times 10^{5}\text{h} \qquad (10-9)$$

$$\text{MTTR} = \frac{1}{\mu_{eq\_s}} = \frac{1}{1.2978} = 0.7705\text{h} \qquad (10-10)$$

经分析可知,该线地铁综合监控系统可靠性指标满足设计时提出的可靠性指标:$A \geqslant 99.95\%$、$\text{MTBF} \geqslant 45000\text{h}$、$\text{MTTR} < 3\text{h}$。然而,一个实际运行的地铁综合监控系统的可靠性不是单纯计算出来的,而是在可靠性原理指导下,进行精心设计、制造、管理与维护,工程实施成功后通过对时间统计结果进行可靠性分析才能获得的可靠性定量值。

同时，由表 10-2 也可以看出组件不同的冗余方式对系统可靠性的影响，其中，对于并联的冗余工作站子系统，并联后的工作站子系统的可靠性指标将高于单个工作站的可靠性指标，体现在降低了子系统的失效率并增加了其维修率，从而增大了子系统的可用度，并且有工作站子系统的可用度随着工作站并联数目的增加而增大。对于服务器子系统与 FEP 子系统，例如，当不考虑服务器的冗余工作方式时(由于不考虑冗余切换，此时服务器子系统的可靠性将不受 FMS 的影响)，即单台服务器的失效率与维修率分别为 $2.2000 \times 10^{-4}/\mathrm{h}$ 与 $1.3479/\mathrm{h}$，有单台服务器的可用度为 99.98368098%，而对于双机互备的服务器子系统，其失效率与维修率分别为 $7.2565 \times 10^{-8}/\mathrm{h}$ 与 $0.7133/\mathrm{h}$，相应的可用度值为 99.99998983%。但若不考虑双机互备工作模式，仅把其视为两台服务器的并联工作，则有此时的失效率与维修率分别为 $7.0383 \times 10^{-8}/\mathrm{h}$ 与 $2.7498/\mathrm{h}$，可用度值为 99.99999744%。因此，虽然两种冗余情形下关于服务器的可用度值都大于未考虑冗余时的情况，但两种情形下关于服务器子系统的可用度值将有较大差异。可见，当分析系统的可靠性时，要正确区分系统不同的冗余方式。

10.3.2　基于故障树混合法的地铁综合监控系统可靠性分析实例

以地铁综合监控系统双冗余环网的可靠性分析为目标，考虑到交换机设备的冗余结构，以及网络结构的多种冗余保护机制，利用动态故障树建立了系统的可靠性模型。对于可修的动态故障树常利用 Markov 过程求解，但由于复杂模型的状态空间问题，提出利用 Monte Carlo 仿真对模型求解，为地铁综合监控系统骨干网的可靠性评估提供了一种有效的办法。

1) 系统分析

利用图 10-3 所示的地铁综合监控系统骨干网为例进行分析。该线地铁综合监控系统骨干网为双冗余光纤环网，其传输层和网络层的功能皆由交换机完成，各站点均使用主备冗余的两套以太网交换机。双冗余环网通信的设计，以及双冗余环网间采用的网络耦合技术最大可能地保证了地铁综合监控系统网络链路级和网络层的可靠性，可使网络承受链路、设备、端口等和其他类型的故障，网络围绕这些故障在毫秒的时间内自愈、切换、自动完成网络冗余，而不干扰网络运行并使网络业务的中断最小化。为了保证其高可靠性，具体采用的技术如下。

(1) 超级冗余环网技术：超级冗余环网技术可使交换机连接成封闭的"总线"结构，使建立简单的冗余环成为可能，当发生连接故障时，环形结构可在最多 50ms 时间内切换成具有全部传输能力的总线结构。冗余环网技术在网络上任意选择一台交换机(通常为监控中心的交换机)将它设置为冗余管理器，该管理器会将自身的两个环网端口中的一个进行逻辑断开以保证网络中不会产生回路，同时，冗余管理器会在两个方向上发送诊断帧，当诊断帧没有发现网络断点时，逻辑断点处于开断状态,当诊断帧发现网络断点时,逻辑断点迅速闭合并恢复通信。

(2) 网络耦合技术:两个冗余环网间采用网络耦合技术通过 2 条独立链路分别连接,2 条冗余链路中,一条正常工作,另一条冗余热备份,冗余管理交换机发出诊断帧,通过控制线将主线一侧交换机的运行状态传输到备用线一侧交换机上,一旦主线发生故障,系统将自动启用备用线,当主线恢复时,系统也将自动恢复到主线工作方式,此时故障检测和恢复时间小于 0.5s,同时,由于主备线分别连接在不同的交换机上,避免了由于单台交换机故障而造成的网段间通信中断,进一步提升了系统冗余度。

(3) 端口状态监测技术:采用监测工作端口状态,当工作端口出现故障和工作端口连接的链路出现故障时,自动切换到备份链路,切换时间小于 0.5s,同时网络上的数据传输可在两个网络上同时进行,避免了因为某个终端设备的故障导致整个网络的切换,保证了传输网络系统的最大可靠性和冗余性。

为了进一步阐明骨干网的冗余保护机制,对骨干网中出现的网络故障及故障时系统采取的措施进行分析,为了便于直观描述,其接入对象仅给出了服务器,而工作站、FEP 等其他设备与服务器的接入方式也是相同的。下面给出该骨干网由交换机、光纤及接入对象所构成的网络结构允许故障示意图,如图 10-4 所示。

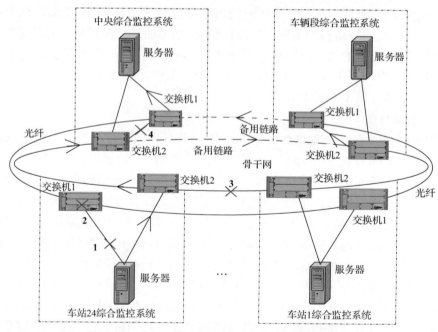

图 10-4　地铁综合监控系统骨干网可能故障示意图

图 10-4 所示的"×"标注点为系统允许的故障点,对于网络的重要部分或设备应在设计上考虑冗余和备份,减少单点故障对整个网络的影响,下面首先对系统可

能出现的单点故障的容错进行分析。

（1）当交换机或接入线路出现故障时，数据将切换到另外的光纤环网，例如，当标记为 1 处或 2 处的地方出现故障时，由外环网传输的数据将由内环网传输。

（2）当光纤链路或耦合线缆出现故障时，光纤环冗余保护生效，将打开之前关闭的交换机光口，数据仍旧在同一条光纤链路上传输，例如，当 3 处出现故障时，监控中心的交换机 1 的管理口侦测到 3 处出现故障，将自动闭合备份端口，使环网自愈；而当 4 处出现故障时，数据可以通过车辆段处的交换机传输数据，反之亦然。

若图 10-4 中的 1~4 处都出现故障，即出现多点故障时，则车站 24 处的服务器发送给监控中心的数据可按图 10-4 中箭头的方向传送，此时，记外环网为地铁综合监控系骨干网的主网络，可将外环网上的交换机 1 称为主交换机，而内环网上的交换机 2 称为备用交换机（事实上，主网络与备网络在实际应用中并没有严格的区分，这里只是为了便于描述，定义外环网为主网络而已），对其按图示传输数据作简单分析如下。

（1）当标注点 1 与标注点 2 故障时，车站 24 综合监控系统服务器发送的数据无法继续通过该站的交换机 1 进行传输，而改为由备用网络中的交换机 2 传送。

（2）由于内环网中标注点 3 处的光纤出现故障，则内环网中监控中心的交换机 2 与车辆段的交换机 2 之间的备用链路将闭合，数据由车站 24 的交换机 2 传送到监控中心的交换机 2。

（3）由于监控中心的交换机 1（主交换机）可以正常工作，监控中心的服务器的数据应为来自于交换机 1 的数据，又由于图中的标注点存在故障，监控中心的交换机 2 中的数据不能通过此主耦合线缆传统到监控中心的交换机 1，而是继续传送到备网络车辆段交换机 2，然后通过备用耦合线缆传送，最终到达主网络的监控中心交换机 1 并传送到监控中心服务器。

2）可靠性建模分析

当分析网络的可靠性时可分为两种情况：①从网管角度来考虑，应保证环上所有的网络终端都可以相互通信，即任意两点之间都可进行数据传输；②从用户角度来考虑，即只需要保证交换数据的两个网络终端间能够正常通信，而不必关心网络中其他部分的工作情况。关于地铁综合监控系统骨干网的可靠性分析，主要是各车站、车辆段监控系统的资源子系统的设备与中央监控系统中资源子系统中设备的数据交换，而各车站、车辆段相互之间的通信在可靠性分析时不作考虑，故地铁综合监控系统骨干网的可靠性模型主要是考虑监控中心与各站交换机之间通信的可靠性。

为了描述方便，图 10-3 中将地铁综合监控系统的骨干网的外环网与内环网分别记为网 A 与网 B，将网 A 监控中心、车辆段及 24 个车站的交换机分别记为 S_{A_1}、S_{A_2} 与 S_{A_3}~S_{A_26}，而将网 B 监控中心、车辆段及 24 个车站的交换机分别记

为 S_{B_1}、S_{B_2} 与 $S_{B\_3}\sim S_{B\_26}$，正常情况下，网 A 为工作的网络，网 B 为热备的网络，此时，有交换机 $S_{A\_1}\sim S_{A\_26}$ 为主交换机，交换机 $S_{B\_1}\sim S_{B\_26}$ 为热备用的交换机，S_{A_1} 与 S_{B_1} 之间的链路为正常工作时冗余环网间的耦合线缆，交换机 S_{A_2} 与 S_{B_2} 之间的链路为热备的冗余环网间的耦合线缆。

由于建立关于地铁综合监控系统骨干网的可靠性模型是分析各车站与车辆段的交换机与监控中心交换机之间能否正常通信，下面不考虑交换机的数据实际上如何传送，而是考虑车站交换机与监控中心交换机之间是否存在通路能够保证其数据传送，并以车站 1 的交换机向监控中心交换机发送数据为例，分析车站 1 的交换机 S_{A_3}、S_{B_3} 与监控中心的交换机 S_{A_1} 与 S_{B_1} 之间是否存在可用于数据传输的链路，其数据传送的示意图如图 10-5 所示。

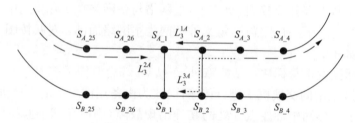

(a) 车站1的交换机 A 到监控中心交换机的数据传送

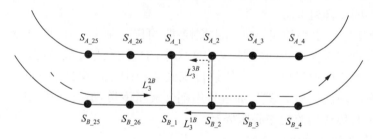

(b) 车站1的交换机 B 到监控中心交换机的数据传送

图 10-5　车站 1 的交换机与监控中心交换机的数据传送示意图

由图 10-5(a)可知，主交换机 S_{A_3} 与监控中心交换机交换数据时可有 3 条链路（这里的链路仅是能够保证交换机之间可以进行数据通信，正如上面关于网络中出现多点故障时数据的传送过程，实际的传送过程可能并不是控照图中箭头所示的方向进行传送），分别记为 L_3^{1A}、L_3^{2A} 与 L_3^{3A}，其中，L_3^{1A} 为交换机 S_{A_3} 的数据可经过交换机 S_{A_2} 直接到达监控中心的主交换机 S_{A_1}；L_3^{2A} 为交换机 S_{A_3} 的数据需要经过交换机 $S_{A\_4}\sim S_{A\_26}$ 到达监控中心的主交换机 S_{A_1}。L_3^{3A} 为交换机 S_{A_3} 的数据经过交换机 S_{A_2}、S_{B_2} 到达监控中心的备交换机 S_{B_1}（事实上，还会有一条通路，即交换机 S_{A_3} 的数据经过交换机 S_{A_2}，然后再经过 $S_{B\_3}\sim S_{B\_26}$ 到达监控中心的备交换机 S_{B_1}。但这条通路经过了交换机 S_{B_3} 的 L_3^{2B} 通路，所以，当分析交换机 S_{A_3} 与监控中心交换机之间传送数据的可靠性时没有考虑这条路径,即图 10-5 中并没有给出关于这条通路的示意图)。同理,由图 10-5(b)可知,交换机 S_{B_3} 与监控中心交换机交换数据也可以有 3 条链路,分别记为 L_3^{1B}、L_3^{2B} 与 L_3^{3B},这里不再赘述。

　　这里仅分析地铁综合监控系统骨干网的可靠性,故不考虑接入设备与交换机相联的链路的故障,又由于各站交换机之间的区间光缆由通信系统提供,同时,光纤传输特性应是长期稳定的,也不考虑光缆的故障,即此时的可靠性模型仅考虑各站点交换机之间是否能够进行数据传送,而不考虑骨干网具体是用主网、备网传送数据,或是主交换机或备交换机传送数据,即只要车站的交换机与监控中心的交换机之间能传送数据,利用动态故障树建立在上述条件下关于地铁综合监控系统骨干网的可靠性模型,如图 10-6 所示。

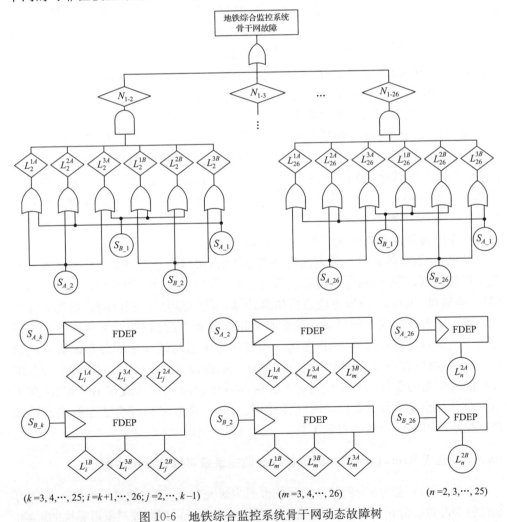

图 10-6　地铁综合监控系统骨干网动态故障树

图 10-6 为利用动态故障树建立的该线地铁综合监控系统骨干网可靠性模型。其中,中间事件 N_{1-2} 为 DISCS 与 CISCS 之间的网络故障,中间事件 N_{1-i}($i=3,\cdots,26$)为第 $i-2$ 个车站的 SISCS 与 CISCS 之间的网络故障。以中间事件 N_{1-2} 为例简单分析,事件 N_{1-2} 发生,仅当与门下的 6 个中间事件 $L_2^{1A} \sim L_2^{3B}$ 都发生时才会发生,而事件 $L_2^{1A} \sim L_2^{3B}$ 为关于车辆段的交换机 S_{A_2}、S_{B_2} 与监控中心的交换机 S_{A_1}、S_{B_1} 之间的 6 条可能的链路,在故障树主树中仅给出了车辆段或监控中心交换机的故障与链路故障之间的关系,而其他站的交换机故障对其链路故障的影响事件由下面的功能触发门描述。

这里仍假设地铁综合监控系统骨干网中交换机的硬件与软件都服从指数分布,而且监控中心、车辆段与各车站的交换机的可靠性参数相同,由于解析法具有比模拟法更高的精度,又由于交换机的硬、软件之间是相互独立的,仍根据第 5 章的 HSRN 方法来计算考虑硬件与软件的交换机的等效失效率与等效维修率。其中,根据该线交换机厂家提供的关于交换机的可靠性参数并结合实际情况,假定交换机硬件设备(含 OS)的失效率与维修率分别为 $\lambda_h=1.0\times10^{-5}$/h、$\mu_h=0.3333$/h,对于交换机的应用软件的失效率与维修率分别为 $\lambda_s=2.0\times10^{-4}$/h、$\mu_s=1.0$/h,则交换机的等效失效率与等效维修率分别为 $\lambda=2.1\times10^{-4}$/h、$\mu=0.9130$/h。

根据交换机的可靠性参数,令仿真运行时间 $T_{\max}=2.0\times10^7$ h,仿真次数 $N=10000$ 次,对图 10-6 所示的可靠性模型进行仿真,得该线地铁综合监控系统骨干网的失效率与维修率分别为 $\lambda_{\text{net}}=2.3211\times10^{-6}$/h,$\mu_{\text{net}}=1.8275$/h,即地铁综合监控系统骨干网的 MTBF 约为 430823h(约为 49.18 年,是失效率的倒数),MTTR 为 0.5472h(是维修率的倒数),上述关于骨干网的可靠性指标为第 5 章对地铁综合监控系统可靠性分析中关于网络的可靠性参数。

可见,动态故障树具有强大的模型表达能力,可以描述设备的顺序失效及动态冗余管理机制,是系统可靠性分析的良好工具,利用动态故障树对监控系统可靠性建模,再通过 Monte Carlo 方法进行仿真计算,可以得到系统相应的定量可靠性指标。本章中假设交换机的可靠性参数服从指数分布,在此种假设下对地铁监控系统骨干网进行可靠性仿真,当设备的工作时间与维修时间变量的分布函数反函数存在时,就可以在仿真过程中利用直接抽样法抽样设备的工作时间与维修时间,即提出的模型与仿真算法对于设备的工作时间或维修时间服从威布尔分布、标准正态分布等其他非指数分布的情况同样适用。因此,该故障树混合法是解决地铁综合监控系统可靠性分析的有效工具。

10.3.3　基于 Kronecker 代数的地铁综合监控系统可靠性分析实例

本节以某线地铁综合监控系统简化模型为研究对象,建立地铁综合监控系统可靠性模型并进行分析,研究地铁综合监控系统对接入子系统监控对象可靠性的影响。

1）系统描述

地铁综合监控系统负责对本系统的设备状态进行监视、发现故障后采用故障诊断工具确定具体的故障位置，并将这些相关的故障信息传至车辆段维修显示终端，便于准确定位故障和提高排除故障的效率，从而方便维修人员进行系统设备的维修工作，地铁综合监控系统作为一种保证复杂系统正常工作并提高系统运行可靠性的重要手段被广泛应用。由于互联系统独立设置，其设备的维护、维修功能也应由各系统自行完成，故本章仅考虑地铁综合监控系统集成子系统中受控对象的可靠性分析。同时，对地铁综合监控系统进行可靠性分析时，考虑到若以整个系统为研究对象，只要任一监控对象故障，则认为系统故障。然而，当实际系统某一监控对象故障时仍将继续工作，只不过此时系统完成的功能与初始状态下系统能完成功能的比率有所变化，所以关于整个系统的可靠性指标，对于实际工程意义并不是很大。因此本章对地铁综合监控系统进行可靠性分析以监控对象为研究对象，分析地铁综合监控系统对监控对象可靠性的影响，并考虑当控制器故障时，监控对象状态的不同假设对可靠性指标的影响，此时系统的可靠性框图如图 10-7 所示。

图 10-7　地铁综合监控系统的可靠性框图

地铁综合监控系统各集成子系统的受控对象的控制过程是相同的，即监控对象由控制器执行指令动作，为了保证系统的可靠性，各集成系统的控制器多为主、备冗余结构，这里将其记为控制器 1 与控制器 2，控制器通过冗余通信接口与地铁综合监控系统连接，将信息集中上传至地铁综合监控系统，实现子系统与地铁综合监控系统的集成，监控对象、控制器的故障情况由地铁综合监控系统监视。

当监控对象或控制器故障时，若地铁综合监控系统正常工作，则可通知相应的维修人员对故障组件进行维修。由于地铁弱电系统的安全联锁控制功能主要在中间控制层实现，地铁弱电系统的控制层设备具备相对独立的工作能力，即控制层设备脱离中央或车站信息管理层时仍能独立运行，即控制器脱离地铁综合监控系统时仍能满足紧急情况下系统独立运行的应急需求，故监控对象在控制器正常工作时即可发挥其功能，即当监控对象正常工作时，若控制器故障可使监控对象停止工作，当监控对象为故障状态时，由于控制器还要执行其他监控对象的相关指令，所以障监控对象的状态并不能影响控制器的工作情况。

2）地铁综合监控系统接入子系统可靠性模型

将监控对象、控制器 1、控制器 2 与地铁综合监控系统分别记为组件 1、组件 2、组件 3 与组件 4，定义正常状态、故障状态与停用状态分别为状态 0、状态 1 与状态 2。其中，组件 2～4 都只有状态 0 与状态 1 两个状态，即状态数目 $\nu_2 = \nu_3 =$

$\nu_4 = 2$，组件 1 有状态 0～状态 2 共三个状态，即 $\nu_1 = 3$，故系统的状态数目为 $\nu = 24$。组件 $i(i=1,2,3,4)$ 的失效率与维修率分别记为 λ_i 与 μ_i，组件 i 独立时的失效与维修的状态转移矩阵分别记为 $\boldsymbol{L}_0^{(i)}$ 与 $\boldsymbol{U}_0^{(i)}$，有

$$\boldsymbol{L}_0^{(1)} = \begin{bmatrix} \times & 0 & 0 \\ \lambda_1 & \times & 0 \\ 0 & 0 & \times \end{bmatrix}, \quad \boldsymbol{U}_0^{(1)} = \begin{bmatrix} \times & \mu_1 & 0 \\ 0 & \times & 0 \\ 0 & 0 & \times \end{bmatrix};$$

$$\boldsymbol{L}_0^{(i)} = \begin{bmatrix} \times & 0 \\ \lambda_i & \times \end{bmatrix}, \quad \boldsymbol{U}_0^{(i)} = \begin{bmatrix} \times & \mu_i \\ 0 & \times \end{bmatrix}, i = 2,3,4 \tag{10-11}$$

为了对不同情形下，系统的可靠性指标作比较，将系统的工作情形分为以下 4 种。

(1) 情形 1：各组件的失效与维修都独立时。

(2) 情形 2：组件 4 的状态影响其他组件的维修。

(3) 情形 3：组件 4 的状态影响其他组件的维修，同时考虑组件 1 失效相依于组件 2 与组件 3 构成的子系统。

(4) 情形 4：不可维修时。

下面将给出不同情形下的系统状态转移矩阵，其中，根据 Kronecker 和可直接计算情形 1 时系统状态转移矩阵（为了更加直观地表达，后面的状态转移矩阵都不再列出值为 0 的元素），有

$$\boldsymbol{Q}_{sys;1} = \boldsymbol{L}_0^{(4)} \oplus \boldsymbol{L}_0^{(3)} \oplus \boldsymbol{L}_0^{(2)} \oplus \boldsymbol{L}_0^{(1)} + \boldsymbol{U}_0^{(4)} \oplus \boldsymbol{U}_0^{(3)} \oplus \boldsymbol{U}_0^{(2)} \oplus \boldsymbol{U}_0^{(1)} =$$

$$\tag{10-12}$$

　　情形 2 下系统状态转移矩阵的建立仍需要考虑状态相依,当组件 1～3 故障时,仅当组件 4 正常工作时才可对故障组件进行维修,其他组件之间不存在状态相依,即

$$
\boldsymbol{G}_{sys;2}^{(k;r)} = \begin{cases} \begin{bmatrix} 1 & 0 \\ 0 & 0 \end{bmatrix}, r = 4 \text{ 且 } k < r \\ \boldsymbol{I}_{v_r}, r = 1,2,3 \text{ 且 } k \neq r \end{cases} \tag{10-13}
$$

式中,上标 $(k;r)$ 的含义同 7.1.2 节;下标 sys 表示系统;下标中的数字表示情形,如 2 表示情形 2。

　　同样根据 Kronecker 积的可分解属性,得系统在情形 2 下的状态转移矩阵为

$$
\begin{aligned}
\boldsymbol{Q}_{sys;2} =\ & \boldsymbol{L}_0^{(4)} \oplus \boldsymbol{L}_0^{(3)} \oplus \boldsymbol{L}_0^{(2)} \oplus \boldsymbol{L}_0^{(1)} + \boldsymbol{U}_0^{(4)} \otimes \boldsymbol{G}_{sys;2}^{(4;3)} \otimes \boldsymbol{G}_{sys;2}^{(4;2)} \otimes \boldsymbol{G}_{sys;2}^{(4;1)} \\
& + \boldsymbol{G}_{sys;2}^{(3;4)} \otimes \boldsymbol{U}_0^{(3)} \otimes \boldsymbol{G}_{sys;2}^{(3;2)} \otimes \boldsymbol{G}_{sys;2}^{(3;1)} + \boldsymbol{G}_{sys;2}^{(2;4)} \otimes \boldsymbol{G}_{sys;2}^{(2;3)} \otimes \boldsymbol{U}_0^{(2)} \otimes \boldsymbol{G}_{sys;2}^{(2;1)} \\
& + \boldsymbol{G}_{sys;2}^{(1;4)} \otimes \boldsymbol{G}_{sys;2}^{(1;3)} \otimes \boldsymbol{G}_{sys;2}^{(1;2)} \otimes \boldsymbol{U}_0^{(1)} =
\end{aligned}
$$

$$\tag{10-14}$$

　　当利用操作规则建立情形 3 的系统状态转移矩阵时,需要考虑同时发生的状态转移如下。

　　(1) 组件 2 与组件 3 的故障使组件 1 停用。

　　(2) 当组件 2 与组件 3 故障时,组件 1 维修完成的同时又使组件 1 停用。

（3）组件 2 或组件 3 维修完成使组件 1 继续正常工作。

构建情形 3 时系统的状态转移矩阵的规则实施按照组件 2 与组件 3 的故障（规则 1）、组件 2 与组件 3 的故障期间组件 1 的维修（规则 2）、组件 2 或组件 3 维修（规则 3）这 3 条规则实施的顺序，运用前面介绍的方法构建考虑功能相依的系统状态转移矩阵，这里仅给出在规则 1～规则 3 实施后系统状态转移矩阵的具体值，并将情形 3 下的系统状态转移矩阵记为 $\boldsymbol{Q}_{sys;3}$，有

$$\boldsymbol{Q}_{sys;3} =$$

$$
\begin{bmatrix}
\times & \mu_1 & & \mu_2 & & & \mu_3 & & & & & \mu_4 & & & & & & \\
\lambda_1 & \times & & & \mu_2 & & & \mu_3 & & & & & \mu_4 & & & & & \\
 & & \times & & & \mu_2 & & & \mu_3 & & & & & \mu_4 & & & & \\
\lambda_2 & & & \times & \mu_1 & & & & \mu_3 & \mu_3 & & & & & \mu_4 & & & \\
 & \lambda_2 & & \lambda_1 & \times & & & & & \mu_3 & & & & & & \mu_4 & & \\
 & & \lambda_2 & & & \times & & & & & & & & & & & \mu_4 & \\
\lambda_3 & & & & & & \times & \mu_1 & & \mu_2 & & \mu_2 & & & & & & \mu_4 \\
 & \lambda_3 & & & & & \lambda_1 & \times & & & \mu_2 & & & & & & & \mu_4 \\
 & & \lambda_3 & & & & & & \times & & & & & & & & & \mu_4 \\
 & & & \lambda_3 & & & \lambda_2 & & \lambda_1 & \times & & & & & & & & \mu_4 \\
 & & & & \lambda_3 & & \lambda_3 & \lambda_2 & & \lambda_2 & \mu_1 & \times & & & & & & \mu_4 \\
\lambda_4 & & & & & & & & & & \lambda_1 & \times & & & & & & \\
 & \lambda_4 & & & & & & & & & \lambda_1 & & \times & & & & & \\
 & & \lambda_4 & & & & & & & & \lambda_2 & & \lambda_1 & \times & & & & \\
 & & & \lambda_4 & & & & & & & \lambda_2 & & & & \times & & & \\
 & & & & \lambda_4 & & & & & & \lambda_3 & & & \lambda_1 & & \times & & \\
 & & & & & \lambda_4 & & & & & \lambda_3 & & & & & & \times & \\
 & & & & & & \lambda_4 & & & & \lambda_4 & & \lambda_3 & & \lambda_3 & \lambda_2 & \lambda_1 & \times \\
\end{bmatrix}
$$

$$\tag{10-15}$$

故以监控对象为研究对象的地铁综合监控系统不可修时系统的可靠度函数为

$$R_{sys}(t) = e^{-\lambda_1 t}\left(e^{-\lambda_2 t} + e^{-\lambda_3 t} - e^{-(\lambda_2+\lambda_3)t}\right) \tag{10-16}$$

此时，情形 4 时系统的可靠性指标为

$$\mathrm{MTTF}_{sys;4} = \mathrm{MTTFF}_{sys;4} = \int_0^\infty R_s(t)\,\mathrm{d}t = \frac{1}{\lambda_1+\lambda_2} + \frac{1}{\lambda_1+\lambda_3} - \frac{1}{\lambda_1+\lambda_2+\lambda_3}$$

$$\tag{10-17}$$

3）地铁综合监控系统接入子系统可靠性分析

仅当组件 1、组件 2 与组件 3 构成的子系统可正常工作时系统可正常工作，即状态 0、状态 3、状态 6、状态 12、状态 15 与状态 18 为系统正常工作状态，当给定各

组件的可靠性参数时,可解得系统的稳态状态概率向量,并继而求得其他的可靠性指标。

　　根据该线地铁提供的关于地铁综合监控系统、控制器与监控对象的可靠性参数,并作为数值举例,这里给出关于各组件失效的典型参数为 $\lambda_1 = 1.0 \times 10^{-4}$/h、$\lambda_2 = \lambda_3 = 5.0 \times 10^{-5}$/h 与 $\lambda_4 = 6.0519 \times 10^{-6}$/h,组件关于维修的典型参数为 $\mu_1 = \mu_2 = \mu_3 = 0.5$/h,$\mu_4 = 1.2978$/h。为了考虑地铁综合监控系统对监控对象可靠性的影响,与该城市未采用地铁综合监控系统的监控对象的可靠性指标作比较,当未引入地铁综合监控系统时,系统将只有组件 1、组件 2 与组件 3,其工作情形可分为:组件的失效与维修都为独立时的情形(记为情形 a)、组件 1 失效相依于组件 2 与组件 3 的并联子系统的情形(记为情形 b)及不可维修时的情形(记为情形 c),建立不同情形下系统的可靠性模型,当未引入地铁综合监控系统时,组件的失效率与该线相同,但各组件的 MTTR 值为 3h,即维修率为 $\mu_1 = \mu_2 = \mu_3 = 0.3333$/h。

　　计算采用地铁综合监控系统的线路(为了便于描述,不妨记为线Ⅰ)与未采用地铁综合监控系统的该地铁线(记为线Ⅱ)的以同样设备作为研究对象的系统可靠性指标如表 10-3 所示。

表 10-3　监控对象可靠性指标

监控对象	情形	可靠性指标			
		MTTFF/h	MTBF/MTTF/h	MTTR/h	A/%
线Ⅰ	情形 2	9999.000593189	9999.000293455	1.999912966885	99.98000287046
	情形 3	9999.000593189	9999.000293452	1.999912953553	99.98000287059
	情形 4	8333.333333333	8333.333333333	—	—
线Ⅱ	情形 a	9998.501199041	9998.500524816	3.000075153722	99.97000374970
	情形 b	9998.501199041	9998.500524805	3.000075108726	99.97000375015
	情形 c	8333.333333333	8333.333333333	—	—

　　通过对表 10-3 中给出的关于采用综合监控系统的线Ⅰ中监控对象的可靠性与未采用综合监控系统的线Ⅱ中监控对象可靠性指标对比分析,可得出如下结论。

　　(1) 将线Ⅰ的情形 2(情形 3)与线Ⅱ的情形 a(情形 b)时的系统可靠性指标作对比,可知地铁综合监控系统的存在确实改善了系统以监控对象为研究对象的系统可靠性指标,体现在增加了系统的 MTBF 与 MTTFF 值,并减少了系统的 MTTR 值,同时,增加了系统的 A 值。

　　(2) 将线Ⅰ的情形 4 与线Ⅱ情形 c 时的可靠性指标对比可知:不可维修时,是否有地铁综合监控系统及是否考虑失效相依对系统的 MTTFF 值与 MTTF 值是没有影响的,这是由于地铁综合监控系统只影响其他组件的维修,若系统为不可维修,则综合监控系统对系统的其他组件将没有影响,同时,考虑失效相依也是在组件 2 与组件 3 构成的子系统故障时对组件 1 的影响,而对于不可维修系统,当组件 2 与组件 3 构成的子系统故障时,系统也故障了,所以不可维修时,是否有综合监控系统及是否考虑失效相依对系统的可靠性没有影响。

(3) 将线 Ⅰ 的情形 2 与情形 3 时的 MTTFF 值作对比,并将线 Ⅱ 的情形 a 与情形 b 的 MTTFF 值作对比,可知组件的失效相依并不影响系统的 MTTFF 值,这是由于失效相依仅在组件 2 与组件 3 构成的子系统故障后才失效相依,但此时系统也出现了首次故障,故失效相依不会影响系统的 MTTFF 值。

(4) 将线 Ⅰ 的情形 2 与情形 3 时的除 MTTFF 外的其他可靠性指标作对比,并将线 Ⅱ 的情形 a 与情形 b 时的除 MTTFF 外的其他可靠性指标作对比,可知由于组件 2 与组件 3 并联结构的存在,计算系统的 MTBF 值时,由于维修将使系统以某一概率处于所有的正常状态(正常状态不是唯一的),经计算并比较可知当考虑失效相依时的 MTBF 值略有减少,但考虑失效相依时的 MTTR 值将明显减少,此时考虑失效相依时的 A 值大于不考虑失效相依时的 A 值,故对于实际系统进行分析,当可靠性建模时,没有对实际工作情形作出正确的假设,将导致可靠性估计值偏离实际值,甚至可能造成误差。

(5) 将线 Ⅰ 情形 2 与情形 3、线 Ⅱ 的情形 a 与情形 b 的各自情形下的 MTTFF 值与 MTBF 值进行比较,可知,系统的 MTTFF 值大于系统的 MTBF 值,这是由于串联系统的 MTTFF 值等于其 MTBF 值,而并联系统的 MTTFF 值大于其 MTBF 值,对于混联系统,总会有 MTTFF 值大于或等于其 MTBF 值(仅当系统为完全的串联结构时,才会出现相等的情况)。

下面根据本书 7.2.1 节给出该线地铁综合监控系统的可靠性参数变化对系统 A 值的影响,表 10-4 与表 10-5 分别为在标准参数情况下,地铁综合监控系统的失效率与维修率变化时系统的 A 值。

表 10-4　λ_4 变化时系统 A 值

λ_4 系数	$A/\%$		
	情形 1	情形 2	情形 3
10^{-2}	99.9800029996	99.9800029983	99.9800029984
10^{-1}	99.9800029996	99.9800029867	99.9800029868
1	99.9800029996	99.9800028705	99.9800028706
10	99.9800029996	99.9800017080	99.9800017082
10^2	99.9800029996	99.9799900856	99.9799900857
10^3	99.9800029996	99.9798740092	99.9798740094
10^4	99.9800029996	99.9787274424	99.9787274426
10^5	99.9800029996	99.9682305841	99.9682305846
10^6	99.9800029996	99.8804966350	99.8804966633

表 10-5　μ_4 变化时系统 A 值

μ_4系数	A/%		
	情形 1	情形 2	情形 3
10^{-5}	99.9800029996	71.3096193976	71.3096924728
10^{-4}	99.9800029996	97.9044341630	97.9044527744
10^{-3}	99.9800029996	99.9457193222	99.9457194559
10^{-2}	99.9800029996	99.9796360437	99.9796360514
10^{-1}	99.9800029996	99.9799984765	99.9799984767
1	99.9800029996	99.9800028705	99.9800028706
10	99.9800029996	99.9800029900	99.9800029901

由表 10-4 与表 10-5 可以看出,无论 λ_4 与 μ_4 如何变化,情形 1 时的 A 值是不变的,验证了当情形 1 时各组件都是独立的,即组件独立时组件 4 对其他组件是没有影响的。同时,通过对情形 2 与情形 3 的 A 值的比较,进一步验证了不考虑失效相依时的 A 值要小于考虑失效相依时的 A 值。

表 10-4 中随着组件 4 失效率的增加,情形 2 与情形 3 时系统的 A 值都将增大,当失效率增加到一定程度时,例如,当 $\lambda_4 = 105 \times 6.0519 \times 10^{-6} = 0.60519$/h 时,此时线 I 的情形 2 与情形 3 下的 A 值分别小于线 II 时系统的 A 值,故出现了即使综合监控系统能增大组件的 A 值,但由于综合监控系统容易失效,反而使系统的 A 值减小的情形。同样地,表 10-5 说明了随着组件 4 维修率的降低,情形 2 与情形 3 时系统的 A 值减小,且当维修率降低到一定程度时,例如,当 $\mu_4 = 10^{-3} \times 1.2978 = 1.2978 \times 10^{-3}$/h 时,此时线 I 的情形 2 与情形 3 下的 A 值也分别小于线 II 时系统的 A 值。可见,地铁综合监控系统的存在,虽然可以增加控制器或受控对象本身的可靠性(主要体现在减少其 MTTR 值),但是若综合监控系统本身的可靠性指标太差,则仍然可能会降低系统的可靠性。

10.3.4　基于模糊可靠性法的地铁综合监控系统可靠性分析实例

以某线地铁综合监控系统的资源子系统为例,建立其关于资源子系统的模糊可靠性模型。该线为某线地铁的延长线,共设 11 个车站。但其中的某站未开通,仅作过站处理,故本次分析时不考虑该站,即此时该线仅有 10 个车站。同时该线设有 1 个车辆段,其监控中心仍为原线的监控中心,若将车辆段看作特殊的车站,则该线有 1 个监控中心及 11 个车站。为了便于描述,将监控中心记为站 1,车辆段记为站 2,其他 10 个车站分别记为站 3~站 12。参照第 2 章关于资源子系统的 SRN 模型,利用 SRN 建立地铁综合监控系统的资源子系统的可靠性模型如图 10-8 示。

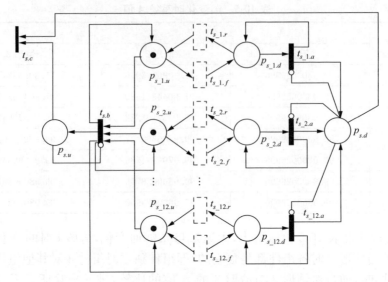

图 10-8　地铁综合监控系统资源子系统的可靠性模型

图 10-8 中库所 $p_{s\_i.u}(i=1,2,\cdots,12,$ 下同)、库所 $p_{s\_i.d}$ 及库所之间的变迁 $t_{s\_i.f}$、$t_{s\_i.r}$ 构成的子网为各站的等效可靠性模型,其中,$t_{s\_i.f}$、$t_{s\_i.r}$ 的点火率为各站资源子系统的等效失效率与等效维修率,分别记为 $\lambda_{s\_i.f}$、$\mu_{s\_i.r}$,这里关于它们的取值仍采用第 2 章的关于监控中心资源子系统与单个车站资源子系统的等效失效率与等效维修率,即监控中心资源子系统的点火率为 $\lambda_{s\_1.f}=7.5821\times10^{-8}/\mathrm{h}$、$\mu_{s\_1.f}=0.7160/\mathrm{h}$,车辆段与各车站的资源子系统的点火率为 $\lambda_{s\_i.f}=1.4620\times10^{-7}/\mathrm{h}$ 与 $\mu_{s\_i.f}=1.1119/\mathrm{h}(i=2,3,\cdots,12)$。库所 $p_{s.u}$ 与 $p_{s.d}$ 分别表示地铁综合监控系统的资源子系统处于非模糊正常工作状态与非模糊故障状态,此时仍有系统仅在控制中心、车辆段及所有车站的资源子系统都可正常工作时处于非模糊工作状态,否则系统处于非模糊故障状态。

1) 传统可靠性指标

对图 10-8 所示的某线地铁综合监控系统的资源子系统可靠性模型进行分析。该系统可靠性模型同构的 CTMC 中共有 4096 个状态,即有非模糊状态时的论域为 $U=\{S_0,S_1,\cdots,S_{4095}\}$,对模型进行求解,可以获得该线地铁综合监控系统资源子系统的稳定状态概率向量 $\boldsymbol{\pi}=\{\pi_0,\pi_1,\cdots,\pi_{4095}\}$。

为了把模糊状态的模糊可靠性指标与传统可靠性指标对比,这里首先给出关于该线地铁综合监控系统资源子系统的传统可靠性指标,仅给出其常用的稳态可用度值,根据传统可靠性定义,地铁综合监控系统的资源子系统仅在控制中心、车辆段及所有车站的资源子系统都可正常工作时处于工作状态,系统即可完成规定的任务,即库所 $p_{s.u}$ 中有托肯时表明系统可正常工作,故仅令满足 $\sharp(P_{s.u})=1$ 的

标识(仅有 1 个)的回报率等于 1,有系统的稳态可用度为

$$A(t) = \pi_0 = 99.999844775\%\tag{10-18}$$

2) 模糊可靠性指标

下面从基于模糊状态的角度分析系统的模糊稳态可用度,由于控制中心、车辆段及所有车站的资源子系统都可能会出现故障,而出现故障的地方不同,对于系统实现功能的影响程度也将有所不同。所以,下面将在分析各站资源子系统功能的基础上,给出地铁综合监控系统的资源子系统可以出现故障的类别。

当 CISCS 工作在正常模式时,所需的车站级各种状态信息上传至 CISCS,控制命令主要由中央级直接下达,CISCS 以设备状态监视为主。在紧急情况下,控制中心调度员可根据具体情况向 SISCS 下放个别设备的控制权限,从而使 SISCS 在授权范围内对本车站设备进行控制。当系统恢复正常工作模式后,控制中心调度员可根据具体情况收回已授权车站的控制权,即 CISCS 在其本身故障的时候也可以部分实现其原有的功能,事实上,CISCS 故障说明车站与车站之间不能相互协调,但车站内部基本运营功能仍然是可以实现的。

根据 CISCS 与 SISCS 的功能,并与地铁综合监控系统工程人员沟通,下面在论域 $U = \{S_0, S_1, \cdots, S_{4095}\}$ 上定义关于模糊成功状态 $\widetilde{W}$ 和模糊故障状态 $\widetilde{F}$ 的隶属度如下:

$$\mu_{\widetilde{W}}(S_i) = \sum_{j=1}^{12} \alpha_j$$

$$\mu_{\widetilde{F}}(S_i) = 1 - \sum_{j=1}^{12} \alpha_j\tag{10-19}$$

式中, $\alpha_j(j = 1, 2, \cdots, 12)$ 表明在相应的非模糊状态 S_i 时站 j 的功能完成度,根据 CISCS 需要完成的功能,当 CISCS 故障时,不能监控全线的集成与互联系统的状态,将有地铁综合监控系统一半的任务不能完成,而其中的某一站故障时,仅不能完成本站设备的设备状态监控,故当其故障时仅有其他功能的 1/11 不能完成,有

$$\alpha_1 = \begin{cases} \dfrac{1}{2}, & \text{状态 } S_i(i = 0, 1, \cdots, 4095) \text{ 时站 1 能够完成其规定工作} \\ 0, & \text{其他} \end{cases}\tag{10-20}$$

$$\alpha_j = \begin{cases} \dfrac{1}{22}, & \text{状态 } S_i(i = 0, 1, \cdots, 4095) \text{ 时站 } j \text{ 能够完成其规定工作} \\ 0, & \text{其他}(j = 2, 3, \cdots, 12) \end{cases}\tag{10-21}$$

对于图 10-8 所示的可靠性模型,可通过实标识中所对应的库所是否有托肯来判断状态 $S_i(i = 0, 1, \cdots, 4095)$ 时站 j 的工作情况,若 $\# p_{(s_{j,u})} = 1 \; (j = 1, 2, \cdots,$

12) 表示状态 S_i 时站 j 可正常工作,否则,站 j 不能完成其功能的任务。对于状态 S_i 相应的实标识对应的库所托肯情况,可得出该非模糊状态关于模糊成功状态的隶属度及关于模糊故障状态的隶属度,下面给出状态的隶属度值。

状态 S_0:有 $\# p(_{s\_j.u})=1$ $(j=1,2,\cdots,12)$,即 $\mu_{\widetilde{W}}(S_0)=1,\mu_{\widetilde{F}}(S_0)=0$。

状态 S_1:有 $\# p(_{s\_j.u})=1$ $(j=1,2,\cdots,12)$,即 $\mu_{\widetilde{W}}(S_1)=0.5,\mu_{\widetilde{F}}(S_1)=0.5$。

状态 S_2:有 $\# p(_{s\_j.u})=1$ $(j=1;3,4,\cdots,12)$,即 $\mu_{\widetilde{W}}(S_2)=21/22,\mu_{\widetilde{F}}(S_2)=1/22$。

　　　　　$\cdots$

状态 S_{4094}:仅有 $\# p(_{s\_1.u})=1$,即 $\mu_{\widetilde{W}}(S_{4094})=0.5,\mu_{\widetilde{F}}(S_{4094})=0.5$。

状态 S_{4095}:有 $\# p(_{s\_j.u})=0$ $(j=1,2,\cdots,12)$,即 $\mu_{\widetilde{W}}(S_{4095})=0,\mu_{\widetilde{F}}(S_{4095})=1$。

故地铁综合监控系统资源子系统的模糊成功状态为

$$\widetilde{W}=\{(\widetilde{W}_i,\mu_{\widetilde{W}}(S_i)),i=0,1,\cdots,4095\} \tag{10-22}$$

上面定义了资源子系统的模糊状态为 $\widetilde{W}$,随着 $\mu_{\widetilde{W}}(S_i)$ 的取值不同,$\widetilde{W}$ 表示的物理概念有“完成全部任务”、“完成部分任务”及“不能完成任务”之分。

同样,系统的模糊故障状态 $\widetilde{F}$ 为

$$\widetilde{F}=\{\widetilde{F}_i,\mu_{\widetilde{F}}(S_i),\ 0,1,\cdots,4095\} \tag{10-23}$$

地铁综合监控系统资源子系统的模糊状态 $\widetilde{F}$ 同样说明了随着 $\mu_{\widetilde{F}}(S_i)$ 的取值不同,$\widetilde{F}$ 表示的物理概念有“没有不能完成的任务”、“有部分不能完成的任务”及“全部任务都不能完成”之分,上面这些模糊概念是无法以精确的故障概念加以反映的。

此时,根据文献[1]中式(6.8)计算系统的模糊稳态可用度为

$$\begin{aligned}\widetilde{A}(t)&=P\{t\text{ 时刻处于模糊成功状态}\}\\&=\sum_{i=0}^{4095}\mu_{\widetilde{W}}(S_i)\pi_i=99.9999881309\%\end{aligned} \tag{10-24}$$

由式(10-24)与式(10-18)比较可以看出 $\widetilde{A}(t)>A(t)$,故在本节模糊状态的定义下,系统的模糊稳态可用度的估计比传统模糊可用度的估计要大一些,这时由于传统的可靠性认为仅当所有的任务都满足时才认为系统是正常的,而模糊系统可用度认为仅当所有站都不能正常时,系统才完全故障。传统的任务可靠度不能反映故障等级对系统的影响程度,系统模糊可用度可综合反映地铁综合监控系统资源子系统的状态,不仅可以考虑故障的出现概率,而且可以考虑各类故障对系统工作的影响程度,这更接近实际情况,这是传统任务可靠度所不及的。

同时,从以上分析可以看出,系统的模糊可靠性指标有很强的针对性,离开具体的隶属函数而抽象地谈论模糊可靠性指标是毫无意义的,显然,当传统可靠性指

标一定时,由于隶属函数的不同,模糊可靠性指标也将有所不同。

10.4　本 章 小 结

本章以地铁综合监控系统为分析对象,利用前面章节介绍的多种方法,对地铁综合监控系统可靠性建模分析,为地铁综合监控系统设计提供指导。

参 考 文 献

[1] 于敏. 地铁综合监控系统可靠性分析方法研究[D]. 成都:西南交通大学,2011.

[2] 杨秋娟. 关于我国城市大力发展轨道交通必要性的研究[J]. 长沙铁道学院学报,2001,19(3):104-108.

[3] 程斌. 轨道交通与城市交通可持续发展[J]. 中国铁道科学,2001,22(1):108-112.

[4] Maier P,Sachenbacher M. Factory monitoring and control with mixed hardware/software,discrete/continuous models[C]. Proceedings of the 14th International Conference on Emerging Technologies&Factory Automation,2009:1-4.

[5] Tosun S,Mansouri N,Arvas E, et al. Reliability-centric hardware/software co-design[C]. Proceedings of the 6th International Symposium on Quality of Electronic Design,2005:375-380.

[6] Teng X,Pham H,Jeske D R. Reliability modeling of hardware and software interactions,and its applications[J]. IEEE Transactions on Reliability, 2006, 55(4): 571-577.

[7] Metra C, Ferrari A, Omana M, et al. Hardware reconfiguration scheme for high availability systems [C]. Proceedings of the 10th IEEE International Conference on On-line Testing, 2004: 161-166.

[8] 何国伟. 软件可靠性[M]. 北京:国防工业出版社,1998.

[9] Shye A, Blomstedt J, Moseley T, et al. PLR:a software approach to transient fault tolerance for multicore architectures[J]. IEEE Transactions on Dependable and Secure Computing, 2009, 6(2): 135-148.

[10] Gaiswinkler G, Gerstinger A. Automated software diversity for hardware fault detection[C]. Proceedings of the 14th International Conference on Emerging Technologies & Factory Automation, 2009: 1-7.

[11] Salewski F, Kowalewski S. Hardware/software design considerations for automotive embedded systems [J]. IEEE Transactions on Industrial Informatics, 2008, 4(3):156-163.

[12] 谢瑞生. 软件失效原因分析[J]. 电子产品可靠性与环境试验,2009,27(3).13-19.

[13] 罗利平. 城市轨道交通综合监控系统集成方案[J]. 城市轨道交通研究,2008,11: 7-9.

[14] 魏晓东. 地铁综合监控系统建设关键问题分析[J]. 现代城市轨道交通,2009,6: 34-37.

[15] 王开满,王军,张慎明. 城市轨道交通自动化综合监控系统的集成模式[J]. 城市轨道交通研究, 2007, 3: 57-62.

[16] 田径. 城市轨道交通自动化综合监控系统的构成及施工方法[J]. 四川建材, 2009, 35(3): 262-264.

[17] 戴琳. 轨道交通综合监控系统运行模式研究[J]. 铁道工程学报, 2008,2:73-76.

[18] 吴超. 地铁综合监控系统可靠性评估方法研究[D]. 成都:西南交通大学,2006.

[19] 张森. 基于故障树的地铁综合监控系统可靠性分析方法研究与软件研制[D]. 成都:西南交通大学, 2007.

[20] 黄旭虹,陈林. 北京地铁综合监控系统运行和维护模式探讨[J]. 现代城市轨道交通,2009,6: 30-33.

[21] 田胜利. 轨道交通综合监控系统车站级功能设备配置思考闭现代城市轨道交通[J]. 2005,5: 30-32.

[22] Sieteng S, Rai S. An efficient cutset approach for evaluating communication-network reliability with

heterogeneous link-capacities[J]. IEEE Transactions on Reliability, 2005, 54(1): 133-144.

[23] 杨晶. 基于动态故障树的地铁综合监控系统可靠性分析方法[D]. 成都: 西南交通大学, 2009.

[24] 王芳, 季军. 城市轨道交通综合监控系统组网及集成[J]. 上海电机学院学报, 2009, 12(2): 111-114.

[25] 张宏福. 现场总线与工业以太网应用于煤矿综合监控系统的探讨[J]. 煤矿安全, 2006, 6: 55-57.

[26] Sempere V, Albero T, Silvestre J. Analysis of communication alternatives in a heterogeneous network for a supervision and control system[J]. Computer Communications, 2006, 29(8): 1133-1145.

[27] Luo W, Qin X, Tan X C, et al. Exploiting redundancies to enhance schedulability in fault-tolerant and real-time distributed system[J]. IEEE Transactions on Systems, Man and Cybernetics, Part A: Systems and Humans, 2009, 39(3): 626-639.

[28] Constantinescu C. Dependability evaluation of a fault-tolerant processor by GSPN modeling[J]. IEEE Transactions on Reliability, 2005, 54(3): 468-474.

[29] Reed D A, Lu C D, Mendes C L. Reliability challenges in large systems[J]. Future Generation Computer Systems, 2006, 22(3): 293-302.

[30] Cai K Y. System failure and fuzzy methodology: an introductory overview[J]. Fuzzy Sets System, 1996, 83: 113-133.

[31] Dunyak J, Saad I W, Wunsch D. A theory of independent fuzzy probability for system reliability[J]. IEEE Transactions on Fuzzy Systems, 1999, 7(3): 286-294.

[32] Adduri P R, Penmetsa R C. System reliability analysis for mixed uncertain variables[J]. Structural Safety, 2009, 31(5): 375-382.

[33] 徐勇, 侯朝祯, 罗莉. 基于模糊状态的可修表决系统可靠性分析[J]. 北京理工大学学报, 2000, 20(6): 698-702.

[34] Nachtmann H, Chimka J R. Fuzzy reliability in conceptual design[C]. Proceedings of the Annual Reliability and Maintainability Symposium, 2003: 360-364.

第11章　高速铁路"四电系统"可靠性分析应用

轨道交通中的高速铁路客运系统简称高铁,是指通过改造原有线路(直线化、轨距标准化),使最高运营速率达到不小于每小时 200km,或者专门修建新的"高速新线",使营运速率达到每小时至少 250km 的铁路系统。高速铁路除了在列车营运上要达到一定速度标准,在车辆、路轨、操作等方面都需要配合提升。

在我国,截至 2013 年底,随着宁杭、杭甬、津秦、厦深、西宝等一批新建高速铁路投入运营,中国高速铁路总营业里程达到 11028km,在建高铁规模 12000km,已成为世界上高速铁路发展最快、系统技术最全、集成能力最强、运营里程最长、运营速度最高、在建规模最大的国家[1]。但飞速发展的高铁在带来便捷的同时,其安全可靠性也受到越来越多的重视。高速铁路运营中,其电力、通信、信号等子系统在全寿命服役过程中的安全可靠性是保障高速铁路安全、可靠、高效运行的关键,对整个高速铁路的可靠运行具有非常重要的意义。大部分高铁列车的非正常运行及延误都与供电、通信和信号等子系统的故障有关,一旦子系统发生故障,将会影响列车的运行,甚至会打乱全区段运输秩序和计划,影响旅客的正常出行,给安全生产带来严重损失,对铁路部门的声誉带来不良的社会影响。

然而,对于高速铁路系统,系统的理论研究相对缺乏,全面的标准体系尚需完善,运行的安全可靠问题还很突出。目前高速铁路中的供电、通信和信号等子系统普遍采取故障后处理方式,故障恢复速度慢,容易造成巨大的经济损失和不良的社会影响。当前的故障处理方法存在以下问题:①故障发生后才能进行处理;②大多数情况下难以明确或追踪故障的真正原因;③故障之后的查找和恢复速度慢;④故障后抢修模式给现场抢修人员带来巨大工作压力,容易导致人身伤害事故的发生,同时难以满足高铁对接触网状态高精确度的要求。以上问题严重制约了高速铁路运行安全性和可靠性的提高。

可见,供电、通信、信号等子系统必须尽量降低设备及系统的失效故障风险,一旦系统可靠性降低甚至发生故障,将影响高速铁路的正常运行,造成巨大损失和不良影响。对这些子系统进行可靠性分析、找出系统薄弱环节、给出提高高速铁路系统可靠性的措施与方法、降低系统故障率,是保证高速动车组正常运行的十分重要且必备的手段。

11.1 "四电系统"的体系概述

11.1.1 "四电系统"的构成

"四电系统"[1]是指通过系统集成技术,有效地将高速铁路中电力供电系统、电力牵引供电系统、通信系统及信号系统这四个与电密切相关的子系统,整合成一个集中管理平台,以克服系统安全中的短板效应,实现整体最优,成为既自成体系又相互关联、既有硬件接口又有软件联系的集成系统。四个子系统的基本构成如下。

(1) 电力供电系统:该子系统是"四电系统"的核心,任何部门的正常工作均离不开电能。"四电系统"的用电负荷主要包括沿线车站通信、信号、综合调度系统、动车设备、排给水、空调通风及照明等。区间用电负荷主要有通信、信号中继站、变电所备用电源。负荷可以分为三级,其中一级负荷主要包括通信、信号、调度中心、电力调度中心、应急照明及防灾系统,二级负荷主要包括动车设备、维修、给水、车站建筑照明及站场照明,其余为三级负荷。客运专线的铁路电力系统的主要设备特点为模糊化、标准化、免维护、少维修。当铁路电力系统的一级负荷发生两路供电电源同时停电时,系统内部恢复其供电的时间不大于 3min。系统由沿线配置的变配电所及全线铺设的两回 10kV 电力贯通线构成,所有新设变配电所均按照免维护、无人值班进行设计,依靠 SCADA 系统完成远动操作、监视。

(2) 电力牵引供电系统:该子系统主要包含牵引变电所、接触网、SCADA 系统三个部分,涉及牵引供电和牵引变电两方面。其中牵引变电所作为电力牵引供电系统的核心,又涉及外部电源、变压器接线形式、供电方式、保护配置等方面。接触网是与高速动车组运行速度及运输安全直接相关的系统,其运行环境恶劣且无备用,一旦出现故障将直接影响铁路的正常运输秩序及行车安全。它与悬挂类型、导线材质、技术参数、设备选择有关。SCADA 系统是人们在不断寻求对生产过程,特别是对处于分散状态的生产过程的集中监视、控制和统一管理的过程中发展起来的一门远动技术,它的发展建立在近代自控理论、计算机技术及现代通信技术快速发展的基础上。高速铁路远动系统采用牵引供电、电力调度结合的方式。工业以太网技术、光纤技术、标准开放的通信协议为 SCADA 系统的正常运行提供了保障。

(3) 通信系统:该子系统是现代高速铁路运输必不可少的一部分,是实现高速铁路集中调度和统一指挥的重要工具,是推动高速铁路信息化建设的重要手段。行车安全的保障、运输效率的提高,以及管理水平的改进都离不开可靠的通信系统。它包含了传输系统、数据通信系统、调度通信系统、专用移动通信系统、应急通信系统、综合视频监控系统及通信线路等子系统。GSM-R 数字移动通信制式为铁路专用移动通信系统提供语音和数据的传输。

（4）信号系统：该子系统作为高速铁路运营的神经系统，负责组织指挥列车运行，包括车站联锁子系统、运输调度子系统、信号集中监控子系统、列控子系统在内的四个子系统，其可靠性不言而喻。如何提高信号设备的可靠性，如何制定维修排查计划，如何准确地、及时地判断故障部位，是我们关注的重点。

在"四电系统"的四个子系统中，电力供电是其他三个子系统正常工作的保障，牵引供电是全系统的动力保障，信号系统是全系统安全控制的保障，通信系统是全系统信息的保障，各系统相辅相成、协同运行、缺一不可。

11.1.2　"四电系统"的接口

"四电系统"中电力供电系统、电力牵引供电系统、通信系统及信号系统各子系统的接口关系如下。

（1）电力供电系统接口关系：由地方变电站接引电源，通过 10kV 配电所馈出贯通线、地区线路，采用 10/0.4kV 变压器，输出低压电源，通过低压配电系统，为各个用电设备、照明灯具供电。10kV 配电所的高压电源均由地方变电站接引，其与地方供电管理部门的接口是配电系统最重要的接口。牵引供电系统的主要作用是对 SCADA 子系统及牵引变电子系统低压供电。接口分别是：①与外部电源接口。在工程实施时积极配合落实外部电源实施方案，及时向电网运营商、设计单位提供外部供电线路与变电所的衔接所需资料，配合外部电源施工单位完成衔接工作。②与既有 25kV 交流系统接口，又有下列各项需要确认：分相、分段在内的供电分段设置要求，支柱、腕臂支持装置等和接触网系统有关的要求、供电要求、控制和保护要求等。

（2）牵引供电系统接口关系：牵引供电子系统从沿线电力系统获取外部电源，具备高压电源与变电系统之间的端口，同时具备供电系统与接触网系统、配电系统之间的接口及与 SCADA 系统之间的通信接口。接触网子系统是向车辆驱动装置提供充足稳定的变压后的电力的系统，具备变电系统与受电弓间的接口，也具备与 SCADA 网络的通信接口。SCADA 系统通过 SCADA 网络，与上述系统的设备进行监视信息及管理信息的数据交换，从而实现对各设备的远程监视、远程控制及远程测试功能。

（3）通信系统接口关系：通信系统可以通过电话交换及接入网系统、GSM-R 系统为牵引供电系统和信号系统提供有线、无线方式的公务语音通信。通信线路、传输系统为牵引供电系统远动 SCADA 提供所需的光纤资源、2M 专线传输通道。具体接口方案为：通信系统利用牵引供电低压供电系统为通信设备提供可靠的交流供电。

　　（4）信号系统接口关系：为列车自动过分相提供控制条件，CPW 线的安装。与通信专业的接口：通信线路、传输系统、专用移动通信 GSM-R 系统为信号系统提供所需的光纤资源、专线传输通道及无线传输通道；CTC 专用数据网系统为信号 CTC 提供物理独立的专用数据平台，提供路由、交换等功能，供其安全可靠地传输数据；为集中监测系统提供传输通道。

　　"四电系统"中各子系统间的接口关系示意图如图 11-1 所示。

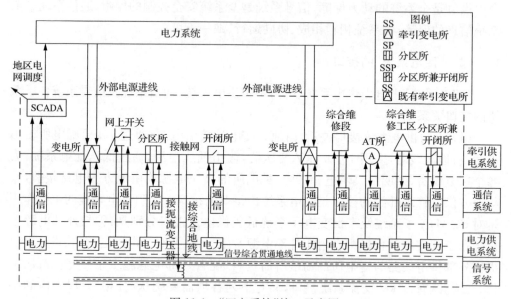

图 11-1　"四电系统"接口示意图

11.1.3　"四电系统"子系统作用关系

　　在上述整体结构和相互接口介绍的基础上，电力供电系统、牵引供电系统、通信系统、信号系统之间相互作用的关系示意图如图 11-2 所示。

　　图 11-2 中，电力系统沿线电力箱式变压器中低压配电盒为牵引变电所和 SCADA 系统中的控制电源、通信系统 GSM-R 子系统中的 UPS、信号集中监控系统中的 UPS 供电。但电力供电系统中车站配电所、沿线电力箱式变压器及信号系统中运输调度系统均受到远动 SCADA 系统的控制。通信系统中传输及接入系统又与信号系统中车站联锁系统和集中监控系统相互作用，同时会议电视子系统也会影响信号系统中车站联锁系统的正常运行。可见，各个子系统之间和子系统内部相互影响、错综复杂，又协同运行、缺一不可。

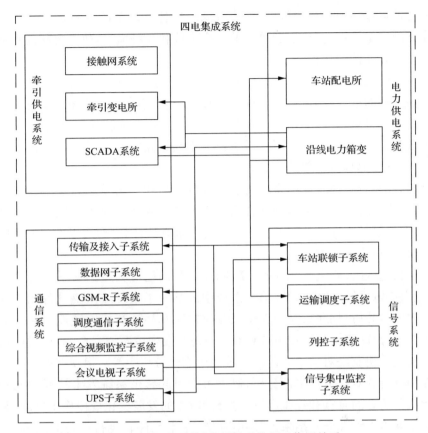

图 11-2 "四电系统"内部子系统相互作用关系

11.2 "四电系统"可靠性分析

世界上铁路可靠性评估最早以欧洲电气化标准委员会(European Committee for Electrotechnical Standardization, CENELEC)制定发布的《EN50126 铁路应用——可靠性、可用性、可维护性和安全性(Reliability Availability Maintainability Safety, RAMS)的规范和验证》标准为基础,后上升为 IEC 62278—2002。在我国,随着京津城际、石太、合宁、武广高速客运专线相继投入运营,中国铁路正式跨入了"高速"的时代。我国首条 350km/h 高速客运专线京津线开通以来,铁道部和北京铁路局高度重视其运行可靠性和安全维修管理。运营管理单位为保证其安全可靠运行采取了精细化维修等措施,使其可靠性始终保持在较高水平,但同时却消耗了大量人力物力和高额维修费用。

由于"四电系统"是保证高速铁路正常运行的重要技术环节,也是实现高速铁路的速度及运载能力目标值的关键,集成系统中任一环节的故障都可能直接影响高速铁路的安全可靠运行,引起重大的安全事故和经济损失,故其可靠性水平直接影响了整个高速铁路运行的安全可靠性。

结合我国高速铁路建设现状,针对长大干线铁路的特点,研究适合我国高速铁路"四电系统"的可靠性分析方法,确保高速铁路在高时速、大规模、大功率等运行条件下的安全可靠,是高速铁路快速建设发展急迫需要解决的重要问题,对于高速铁路建设和运行维修计划的优化,对于长大干线铁路"四电系统"的设计、施工、运营、维护等方面都具有重要的意义。

目前我国高速铁路"四电系统"技术标准高,采用了大量的新技术、新工艺,但在设计、施工、接口管理、运营管理方面还需要消化吸收。对可靠性的认识是非常清晰的,但主要是定性的分析而缺乏定量的评价方法,同时对边界作用的理解较含糊,缺乏系统理论和标准的指导。

对于高速铁路"四电系统"的可靠性分析,目前已有大量的文献针对牵引供电系统、电力供电系统、通信系统、信号系统中的某一子系统或重要设备元件进行可靠性等方面的分析,如北京交通大学张萍对铁路车站计算机联锁控制系统的可靠性分析[1],成都铁路运输学校史殿毅对 CTCS-2 级列控系统安全的可靠性分析[2],华中科技大学胡友民对集中式监控系统的可靠性分析[3]等。但现有的文献主要是对研究和分析的对象进行定性分析,对于可能引起整个系统发生故障的元件和设备只能从分析者的直觉和经验出发,对分析对象的发展变化规律作出判断,最终从概率的角度给出定性分析结果。"四电系统"基本元件和运行设备的故障率、故障修复时间等运行数据不足是目前难以进行定量分析的主要原因,西南交通大学魏新平对铁路列车调度子系统设备元件故障数据进行了统计[4],铁道第一勘探设计院王炳对高速铁路电力系统基本元件运行数据进行了统计分析[5]。目前已有文献通过建立高速铁路"四电系统"的完整数学模型,对其可靠性各项指标进行定性和定量分析[4]。

11.2.1 "四电系统"可靠性分析评定准则

高速铁路"四电系统"是一个庞大而复杂的系统,包括电力供电系统、牵引供电系统、通信系统、信号系统四个子系统,各子系统又包含了各自的设备元件系统。由上述对系统的介绍可知,"四电系统"各子系统间对整体性和系统性的要求很高,同时其子系统间相互影响、相互制约,没有单纯的串并联关系。在系统可靠性分析中,不能简单地单独计算四个子系统的可靠性,必须考虑各子系统间的相互作用,而且随着科学技术的不断发展,"四电系统"内部一体化、相互整合的进程不断加快,各子系统间的专业界线在淡化、模糊,即专业间结合与融合度提高,如通过信号系统的列控、联锁一体化整合,以及信号系统与通信系统的有机结合来实现对动车组的控制。因此,在系统可靠性分析中,对"四电系统"内部子系统、关键设备元件层次结构、内部接口关系的识别和预测分析是对其可靠性分析的关键。"四电系统"的可靠性分析评定准则应包括系统目标和评价指标,如表 11-1 所示。

表 11-1　"四电系统"评定准则

四电系统	系统目标	评定准则
牵引供电系统	牵引变电所 接触网 远动 SCADA	牵引变压器进线方式可靠率 馈线断路器供电可靠率 自耦变压器运行可靠度 电分束、电分段设置合理性 接触网零部件产品材质和结构的可用性 接触网腕臂、吊弦等结构的可靠性 远动 SCADA 系统运行可靠性
电力供电系统	配电所 贯通线 沿线电力箱变	配电所进线方式对于供电的可靠性 贯通线路接线方式及其可靠性 越区供电可靠性 故障切除功能及故障恢复时间 基本元件和设备维修性 综合接地系统
通信系统	传输接入系统 数据网系统 GSM-R 系统 调度通信系统 综合视频监控系统 会议电视系统 UPS 系统	传输通信、调度通信、专用移动通信系统可靠性 视频监控系统失效率 关键子系统冗余配置 设备模块化和标准化,设计标准 电路板故障率及环境适应性 硬件集成度和电磁兼容性
信号系统	车站联锁系统 运输调度系统 信号集中监控系统 列车运行控制系统	供电线路及工控机箱主要器件的可靠性 中心服务器冗余配置 采集机、外围网络基础设施的可靠性 车载设备、地面设备、接口设备的可靠性及冗余配置

11.2.2　"四电系统"可靠性分析方法

对于高速铁路"四电系统",目前主要采用系统可靠性的分析方法。例如,第 1 章提及,系统可靠性是指部件、元件、产品或系统在规定的环境下、规定的时间内、规定的条件下无故障地完成其规定功能的概率,也可以表示为系统在一段时间内的失效次数。目前"四电系统"可靠性的分析方法[5]主要包括以下内容。

(1) 失效(故障)模式、后果及危害性分析。

(2) 可靠性框图。

(3) 贝叶斯网络。

(4) Markov 过程。

(5) 故障树分析。

由本书前面介绍可知,各类可靠性分析方法各有优劣。高速铁路"四电系统"包含了众多子系统和大量的基本设备元件。对于该系统的可靠性评估,不应仅局限于选择某一种单一的可靠性分析方法,而应充分考虑可靠性分析对象,选择合适的可靠性分析方法,并应充分考虑子系统之间,以及设备元件级之间的串并联关系,基于对研究对象的基本运行数据的统计,进行定性和定量两方面的分析。

11.3　海南东环线"四电系统"可靠性分析实例

海南东环线是我国现有高速铁路干线中"四电系统"运行效果较好的线路,因此以海东线为例,对牵引供电系统、电力供电系统、通信系统及信号系统的可靠性进行分析。

11.3.1　海南东环线概述

海南东环铁路线,北起海口市,南至三亚市,途经文昌、琼海、万宁和陵水等四市县,线路全长约 308.11km。全线设置海口东、美兰机场、文昌、琼海、博鳌、和乐、万宁、神州、陵水等 13 个车站,采用单相工频 25kV 交流供电制式、带回流线的直接供电方式。新建海口、东寨港、冯家湾、博鳌等 7 座牵引变电所,新海口、文昌、琼海等 6 座分区所。外部电源方案为 220kV 进线,牵引变电所外部电源接引 2 路 220kV 电源,牵引变压器采用 220/27.5kV V/V 接线,220kV 电源侧采用线路变压器组接线,27.5kV 侧采用单母线分段接线。在运用框图法进行可靠性分析时,可作区域划分如图 11-3 所示。

为了保证给自动闭塞设备等一级负荷安全可靠地供电,海东线电力供电系统多采用双回路供电方案,专设了互为备用的一级负荷贯通线输电线路和综合负荷贯通输电线路。为简化考查情形,将区间负荷简化为一个负荷的情况,如图 11-4 所示。

另外,海南东环线的通信系统是实现高速铁路集中调度和统一指挥的重要工具,为各子系统提供传送各类语音、数据、视频等信号的服务。信号系统是"四电系统"的核心,负责组织指挥列车运行。海东线通信与信号系统共同保障了行车的安全,提高了运输效率。

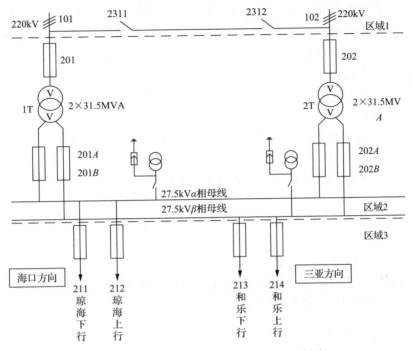

图 11-3　博鳌牵引变电所主接线及区域划分

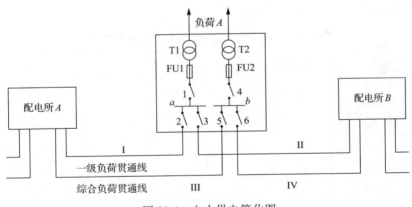

图 11-4　电力供电简化图

11.3.2　基于动态故障树的海南东环线"四电系统"可靠性分析

利用动态故障树分析方法对海南东环线"四电系统"进行可靠性分析。可靠性分析中的一些基本假设如下。

(1) 高速铁路"四电系统"过于庞大且复杂,分析中并没完全建立各个子系统的故障树。

（2）故障树分析中所有基本元件失效率均是采用随机概率，并且各元件独立。

（3）元件的连续工作时间、修复时间、操作运行时间均认为服从指数分布。

（4）在进行动态故障树分析时只分析系统主要元件的稳态行为。

（5）系统为可修复系统，一旦出现故障都将视为被迫停运，应停止电源立即修复故障，但一旦检修完毕，应立即投入运行，恢复工作状态。

（6）铁路运行相关工作人员均对铁路电气化领域有足够的专业知识和培训，地铁维护相关的工作人员应在电力装置及设备领域具有丰富的经验，并按照标准维修手册进行操作，以确保能维护并排除系统的故障。

（7）工作条件和负荷特性都在规定限制的时间内进行，并忽略各个操作环节中的过渡时间。

（8）分析中的数据主要由文献资料和第三方报告提供，其中没有考虑蓄意人为破坏的行为、操作和维护超限制的情况，以及特殊工作条件和自然灾害等的影响。

（9）未考虑电网故障带来的影响。

本节在以上假设基础上，首先对基本事件进行描述，然后再对"四电系统"全系统及各子系统分别进行可靠性分析。

1. 基本事件描述

（1）首先对电力供电系统、牵引变电所、接触网、SCADA 系统等基本事件进行描述，分别如表 11-2～表 11-5 所示。

表 11-2　电力供电系统故障树基本事件描述

具体描述	平均无故障时间/h	平均修复时间/h	失效率
10kV 电缆线路	4000	4	1.83×10^{-2}
0.4kV 电缆线路	4000	4	1.83×10^{-2}
10kV 架空线路	1325	4	5.49×10^{-2}
0.4kV 架空线路	1325	4	5.49×10^{-2}
10/0.4kV 变压器	4800	24	9.16×10^{-2}
10kV 变电所母线	8000	24	5.49×10^{-2}
配电所	2400000	48	3.66×10^{-2}

表 11-3　牵引变电所故障树基本事件描述

具体描述	平均无故障时间/年	平均修复时间/h	失效率
断路器	10	3	2.30×10^{-2}
隔离开关	15	3	1.54×10^{-2}
整流变压器	25	40	3.35×10^{-2}

续表

具体描述	平均无故障时间/年	平均修复时间/h	失效率
整流器	20	1.8	6.94×10^{-3}
10kV 电缆	10	0.5	1.41×10^{-2}
1500V 直流电缆	10	0.65	1.84×10^{-2}

表 11-4 接触网故障树基本事件描述

具体描述	平均无故障时间/h	平均修复时间/h	失效率
吊弦	13790	8	1.06×10^{-1}
定位装置	32250	10	5.68×10^{-2}
腕臂	31810	8	4.61×10^{-2}
绝缘子	12600	8	1.16×10^{-1}
承力索	40000	8	3.66×10^{-2}
接触线	438000	10	1.54×10^{-2}

表 11-5 SCADA 系统故障树基本事件描述

具体描述	平均无故障时间/h	平均修复时间/h	失效率
网管主板	2920	2.2	1.38×10^{-1}
数据库	4380	1.7	7.11×10^{-2}
监控系统软件	2920	2.2	1.38×10^{-1}
监控板卡	4380	1.7	7.11×10^{-2}
网络配置软件	4380	1.7	7.11×10^{-2}
界面属性	4380	1.7	7.11×10^{-2}
网络数据包	2190	1.8	1.51×10^{-1}
网络连接	2190	1.8	1.51×10^{-1}
主电源	2920	2.2	1.38×10^{-1}
备用电源	2920	2.2	1.38×10^{-1}

（2）对通信系统、信号系统及基本事件等的失效率的描述，分别如表 11-6～表 11-8 所示。

表 11-6 通信系统基本设备失效率

名称	平均故障间隔时间/年	平均停机时间/h			失效率
		MTTR	响应时间	合计	
各办公室、工作站操作机	3	3	1	4	1.52×10^{-4}
FEP	5	3	1	4	9.13×10^{-5}
核心交换机	2	3	1	4	2.28×10^{-4}

名称	平均故障间隔时间/年	平均停机时间/h			失效率
		MTTR	响应时间	合计	
主干交换机	2	3	1	4	2.28×10^{-4}
光纤交换机	2	3	1	4	2.28×10^{-4}
局域网交换式高速以太网	2.5	3	1	4	1.83×10^{-4}
骨干网以太网	5	3	1	4	0.91×10^{-4}
每台系统服务器	3	3	1	4	1.52×10^{-5}
每台历史服务器	3	3	1	4	1.52×10^{-5}
时间服务器	3	3	1	4	1.52×10^{-5}
磁盘阵列	6	3	1	4	0.76×10^{-5}

表 11-7　信号系统基本设备失效率

具体描述	平均无故障时间/年	平均修复时间/h	失效率
轨道电路	7.44	24	6.74×10^{-2}
应答器	20	0.5	7.06×10^{-3}
地面电子单元	22	4	1.40×10^{-2}
三取二计算机系统	220	2	≈0
工控机	12	0.5	1.18×10^{-2}
显示器	12	0.5	1.18×10^{-2}
网络设备	5	0.1	5.65×10^{-3}

表 11-8　基本事件失效率

事件	失效率	事件	失效率
应急通信指挥中心不可用	2.28×10^{-4}	应急通信指挥中心不能进行工作操作	≈0
服务器系统故障	2.27×10^{-4}	前置机 FEP 失效	2.31×10^{-8}
外围设备网络失效	1.46×10^{-7}	AOS 总主任室不能使用	2.31×10^{-8}
交通协调不能使用	2.31×10^{-8}	系统设备协调不能使用	2.31×10^{-8}
系统服务器失效	2.31×10^{-8}	历史服务器失效	2.31×10^{-8}
服务器不能从磁盘阵列读取数据	7.60×10^{-5}	应急通信指挥中心与外部 AOS 骨干网中断	1.27×10^{-7}
应急通信指挥中心区域内部故障	8.54×10^{-5}	服务器与磁盘阵列之间光纤交换机失效	5.20×10^{-8}
主干交换机失效	5.20×10^{-8}	AOS 骨干网中断	8.28×10^{-8}
核心交换机失效	5.20×10^{-8}	局域网中断	3.34×10^{-8}

2."四电系统"全系统可靠性分析

（1）"四电系统"故障树。

"四电系统"故障树如图 11-5 所示。

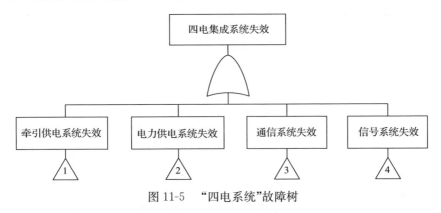

图 11-5　"四电系统"故障树

（2）可靠性定性分析。

图 11-5 所示为"四电系统"的故障树，该系统由以下子系统组成：牵引供电系统、电力供电系统、通信系统、信号系统。

通过分析故障树基本割集可知，系统的一阶最小割集为转移事件 1～4，即引起"四电系统"失效的主要原因表现为牵引供电系统、电力供电系统、通信系统和信号系统中某一系统的失效。

（3）可靠性定量分析。

"四电系统"的可靠性定量分析结果如表 11-9 所示。

表 11-9　"四电系统"的可靠性定量分析结果

系统可用性	$A=99.52\%$	长大干线高速铁路
系统失效率	$UA=0.0048$	四电集成项目
系统平均修复时间	$MDT=14.68h$	四电系统
系统平均无故障工作时间	$MTBF=3058.4h$	FTA 结果
平均每年故障时间	$DPY=42.048h$	20/4/2012
失效度	$\lambda=5.99\times10^{-2}1/h$	

由表 11-9 所示数据可以看出，"四电系统"的可靠性达到 99.52％，大于 99％，平均无故障时间为 3058.4h。

"四电系统"平台使用后，各系统之间不再是独立运作而是相互作用、相互联系的共同体，任何一个系统的故障都可能会导致其他系统的失效。对于这样一个规模大、接口多、技术新的复杂系统，如何使各子系统更好地融合是提高"四电系统"

可靠性的关键。

　　3. 牵引供电系统可靠性分析

　　（1）牵引供电系统故障树。

　　牵引供电系统故障树如图 11-6 所示。

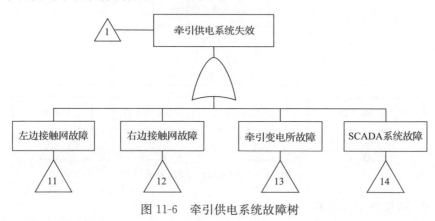

图 11-6　牵引供电系统故障树

　　（2）可靠性定性分析。

　　图 11-6 所示为牵引供电系统的故障树分析，该系统由以下子系统组成：左边接触网、右边接触网、牵引变电所、SCADA 系统。

　　通过分析故障树基本割集可知，系统的一阶最小割集为转移事件 11～14，即引起牵引供电系统失效的主要原因表现为左边接触网、右边接触网、牵引变电所和SCADA 系统中某一系统的失效。

　　（3）可靠性定量分析。

　　牵引供电系统的可靠性定量分析结果如表 11-10 所示。

表 11-10　牵引供电系统的可靠性定量分析结果

系统可用性	$A=99.87\%$	长大干线高速铁路
系统失效率	$UA=0.0013$	四电集成项目
系统平均修复时间	$MDT=7.61h$	牵引供电系统
系统平均无故障工作时间	$MTBF=5.854\times10^3h$	FTA 结果
平均每年故障时间	$DPY=11.388h$	20/4/2012
失效度	$\lambda=3.13\times10^{-2}\ 1/h$	

　　由表 11-10 中数据可以看出，牵引供电系统的可靠性达到 99.87%，大于99%，但平均无故障时间仅为 5854h。这与牵引供电系统自身的特点有关，特别是无备用的接触网系统，是整个供电系统的薄弱环节。牵引供电系统的可靠性与动

车行车的安全直接相关,一旦故障将导致不可估量的损失,提高各子系统及和电力供电系统的接口可靠性是提高"四电系统"乃至整个高速铁路系统可靠性的关键。

1) 接触网系统可靠性分析

(1) 接触网系统故障树。

接触网系统故障树如图 11-7 所示。

(2) 可靠性定性分析。

图 11-7 所示为接触网系统的故障树分析,通过分析故障树基本割集可知,系统的最小割集为底事件 1～18。其中,腐蚀、磨损、疲劳、强电流、接触线张力等是引起接触网系统各部件失效的主要原因。

(3) 可靠性定量分析。

接触网系统的可靠性定量分析结果如表 11-11 所示。

表 11-11   接触网系统的可靠性定量分析结果

系统可用性	$A=99.7\%$	长大干线高速铁路
系统失效率	$UA=5.49\times10^{-2}$	四电集成项目
系统平均修复时间	$MDT=5h$	接触网系统
系统平均无故障工作时间	$MTBF=16667h$	FTA 结果
平均每年故障时间	$DPY=2.628h$	20/4/2012
失效度	$\lambda=4.04\times10^{-2}\ 1/h$	

从表 11-11 中数据可以看出,接触网系统的可靠性达到 99.7%,大于 99%,但系统的平均无故障时间仅为 16667h,可靠度略低,影响这一结果的主要因素为:接触网系统中一阶割集过多,以及接触网基本设备和元件没有备用。

2) 牵引变电所系统可靠性分析

(1) 牵引变电所系统故障树。

牵引变电所系统故障树如图 11-8 所示。

(2) 可靠性定性分析。

图 11-8 所示为牵引变电所系统的故障树分析,该系统包括了以下子系统:牵引供电系统右半部分、电力供电失效。

通过分析故障树基本割集可知,母线、高压断路器、中压断路器、低压断路器及变压器的失效是引起牵引变电所不能正常供电的主要原因。其中 α 和 β 母线故障对系统正常供电影响最大,且电力供电系统中电力箱变的故障也会导致牵引变电所不能正常供电。

(3) 可靠性定量分析。

牵引变电所系统的可靠性定量分析结果如表 11-12 所示。

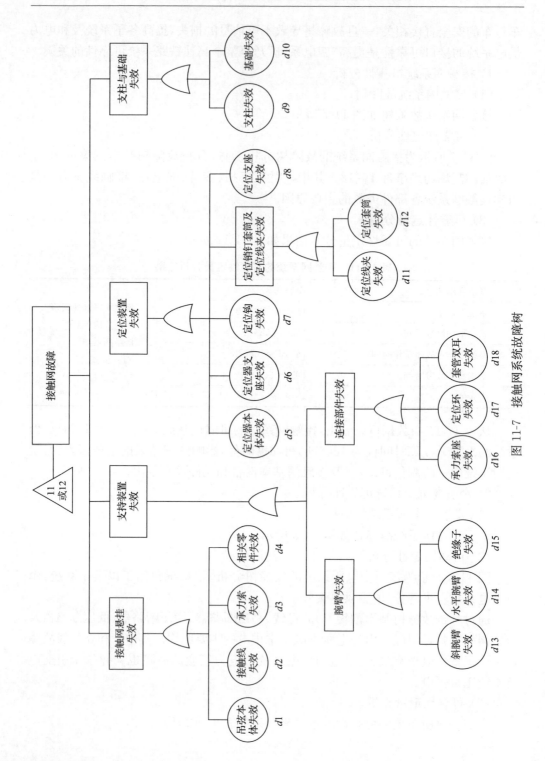

图 11-7　接触网系统故障树

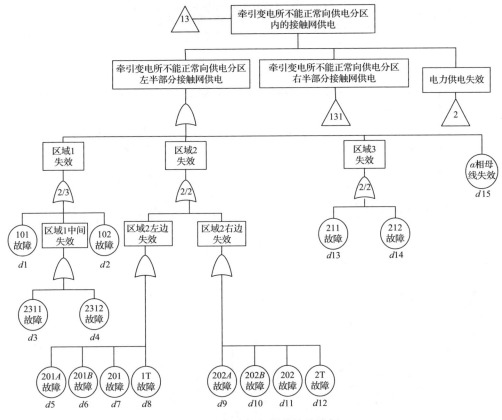

图 11-8 牵引变电所系统故障树

表 11-12 牵引变电所系统的可靠性定量分析结果

系统可用性	$A=99.98\%$	长大干线高速铁路
系统失效率	$UA=4.03\times10^{-2}$	四电集成项目
系统平均修复时间	$MDT=23.99h$	牵引变电所
系统平均无故障工作时间	$MTBF=1.62\times10^2h$	FTA 结果
平均每年故障时间	$DPY=1.927h$	20/4/2012
失效度	$\lambda=2.27\times10^{-2}/h$	

从表 11-12 中数据可以看出,牵引变电所的可靠性为 99.98%,大于 99%,平均无故障时间大于 50000h,牵引变电所是基本可靠的。

3) 牵引变电所右半部分系统可靠性分析

(1) 牵引变电所右边半部分系统故障树。

牵引变电所右半部分系统故障树如图 11-9 所示。

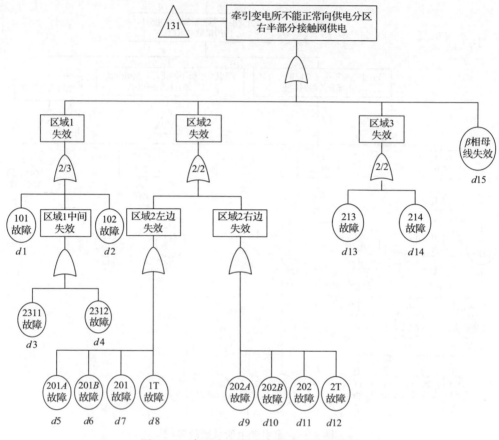

图 11-9　牵引变电所右半部分系统故障树

（2）可靠性定性分析。

图 11-9 所示为牵引变电所右半部分的故障树分析，通过分析故障树基本割集可知，β 母线、高压断路器、中压断路器、低压断路器及变压器的失效是引起牵引变电所不能正常供电的主要原因，其中 β 母线故障对系统正常供电影响最大。

（3）可靠性定量分析。

牵引变电所右半部分系统的可靠性定量分析结果如表 11-13 所示。

表 11-13　牵引变电所右半部分系统的可靠性定量分析结果

系统可用性	$A=99.99\%$	长大干线高速铁路
系统失效率	$UA=6.74\times10^{-3}$	四电集成项目
系统平均修复时间	$MDT=24\text{h}$	牵引变电所（右）
系统平均无故障工作时间	$MTBF=9.68\times10^{2}\text{h}$	FTA 结果
平均每年故障时间	$DPY=1.19\text{h}$	20/4/2012
失效度	$\lambda=3.80\times10^{-3}\ 1/\text{h}$	

　　由表 11-13 中数据可以看出,牵引变电所的可靠性接近 100%,大于 99%,平均无故障时间大于 50000h,系统是可靠的。

　　4) SCADA 系统可靠性分析

　　(1) SCADA 系统故障树。

　　SCADA 系统故障树如图 11-10 所示。

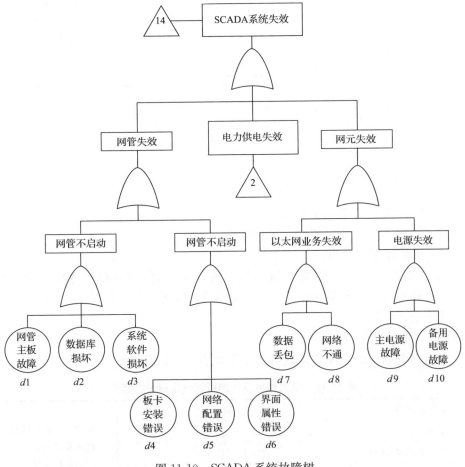

图 11-10　SCADA 系统故障树

　　(2) 可靠性定性分析。

　　图 11-10 所示为牵引供电 SCADA 系统的故障树分析,该系统包括了以下子系统:电力供电失效系统。

　　通过分析故障树基本割集可知,系统的最小割集为底事件 1～10。电源、网络数据库及软件等的失效是引起 SCADA 系统失效的主要原因。同时,电力供电系统中电力箱式变压器的故障也会导致牵引变电所不能正常供电。

（3）可靠性定量分析。

SCADA 系统的可靠性定量分析结果如表 11-14 所示。

表 11-14　SCADA 系统的可靠性定量分析结果

系统可用性	$A=99.95\%$	长大干线高速铁路
系统失效率	$UA=9.16\times10^{-2}$	四电集成项目
系统平均修复时间	$MDT=12h$	SCADA 系统
系统平均无故障工作时间	$MTBF=1.31\times10^{2}h$	FTA 结果
平均每年故障时间	$DPY=4.38h$	20/4/2012
失效度	$\lambda=2.81\times10^{-2}\ 1/h$	

由表 11-14 中数据可以看出，SCADA 系统的可靠性达到 99.95%，大于 99%，平均无故障时间为 24000h，若 SCADA 系统主要设备采用冗余配置，则可以进一步提高系统的可靠性。

4. 电力供电系统可靠性分析

（1）电力供电系统故障树。

电力供电系统故障树如图 11-11 所示。

（2）可靠性定性分析。

图 11-11 所示为电力供电系统的故障树分析，以负荷进线失电作为顶事件。通过分析故障树基本割集可知，变压器、熔断器、母线及隔离开关的失效是引起电力系统不能正常供电的主要原因。

（3）可靠性定量分析。

电力供电系统的可靠性定量分析结果如表 11-15 所示。

表 11-15　电力供电系统的可靠性定量分析结果

系统可用性	$A=99.98\%$	长大干线高速铁路
系统失效率	$UA=3.66\times10^{-2}$	四电集成项目
系统平均修复时间	$MDT=24h$	电力供电系统
系统平均无故障工作时间	$MTBF=1.78\times10^{2}h$	FTA 结果
平均每年故障时间	$DPY=1.72h$	20/4/2012
失效度	$\lambda=2.06\times10^{-2}\ 1/h$	

由表 11-15 中数据可以看出，电力供电系统的可靠性达到 99.98%，大于 99%，平均无故障时间大于 50000h，电力供电系统可靠性较高。这与目前 10kV 电力供电系统采用的双贯通线（综合贯通线和一级贯通线）供电的方案有关。

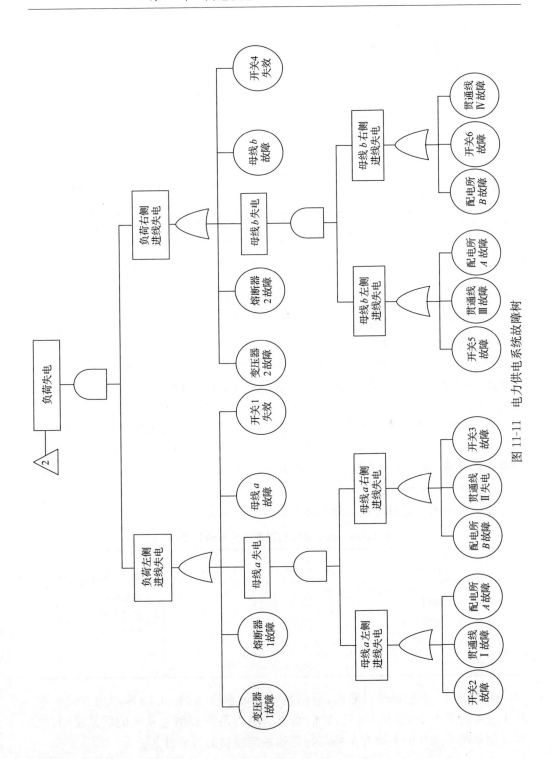

图 11-11　电力供电系统故障树

1) 通信系统可靠性分析

（1）通信系统故障树。

通信系统故障树如图 11-12 所示。

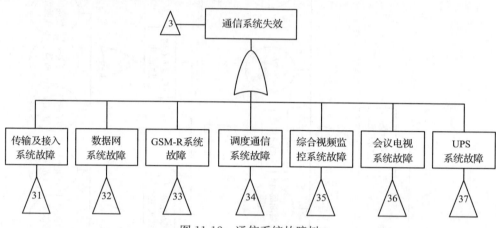

图 11-12　通信系统故障树

（2）可靠性定性分析。

图 11-12 所示为通信系统的故障树分析，该系统由以下子系统组成：传输及接入系统、数据网系统、GSM-R 系统、调度通信系统、综合视频监控系统、会议电视系统、UPS 系统。

通过分析故障树基本割集可知，系统的一阶最小割集为转移事件 31～37，即引起通信系统失效的主要原因表现为传输及接入系统、数据网系统、GSM-R 系统、调度通信系统、综合视频监控系统、会议电视系统和 UPS 系统中某一系统的失效。

（3）可靠性定量分析。

通信系统的可靠性定量分析结果如表 11-16 所示。

表 11-16　通信系统的可靠性定量分析结果

系统可用性	$A=99.79\%$	长大干线高速铁路
系统失效率	$UA=1.06\times10^{-1}$	四电集成项目
系统平均修复时间	$MDT=21.9h$	通信系统
系统平均无故障工作时间	$MTBF=5.59\times10^{1}h$	FTA 结果
平均每年故障时间	$DPY=18.729h$	20/4/2012
失效度	$\lambda=6.59\times10^{-2}\ 1/h$	

由表 11-16 中数据可以看出，通信系统的可靠性达到 99.79%，大于 99%，平均无故障时间为 10230h。可见，通信系统与电力系统和信号系统的联系密切，提高通信系统可靠性的关键在于提高与其他系统接口的可靠性。

2）传输及接入系统可靠性分析

（1）传输及接入系统故障树。

传输及接入系统故障树如图 11-13 所示。

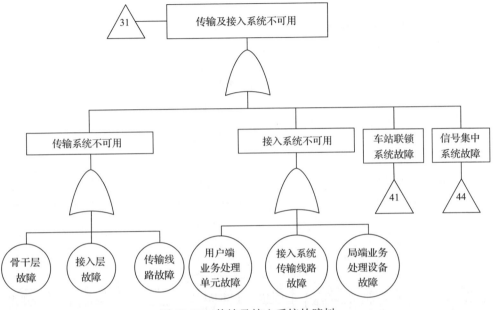

图 11-13　传输及接入系统故障树

（2）可靠性定性分析。

图 11-13 所示为传输及接入系统的故障树分析，该系统由以下子系统组成：车站联锁系统、信号集中监控系统。

通过分析故障树基本割集可知，传输系统或接入系统故障都会引起传输及接入系统的失效。同时信号系统中车站联锁系统或集中监控系统的失效也会导致传输及接入系统不可用。

（3）可靠性定量分析。

传输及接入系统的可靠性定量分析结果如表 11-17 所示。

表 11-17　传输及接入系统的可靠性定量分析结果

系统可用性	$A=99.94\%$	长大干线高速铁路
系统失效率	$UA=1.10\times10^{-1}$	四电集成项目
系统平均修复时间	$MDT=24h$	传输及接入系统
系统平均无故障工作时间	$MTBF=2.18\times10^{2}h$	FTA 结果
平均每年故障时间	$DPY=5.3h$	20/4/2012
失效度	$\lambda=1.68\times10^{-2}1/h$	

由表 11-17 中数据可以看出,传输及接入系统的可靠性达到 99.94%,大于 99%,平均无故障时间为 40000h,小于 50000h,这是因为系统的正常运行还受到车站联锁系统和集中监控系统的影响。

3) 数据库系统可靠性分析

(1) 数据库系统故障树。

数据库系统故障树如图 11-14 所示。

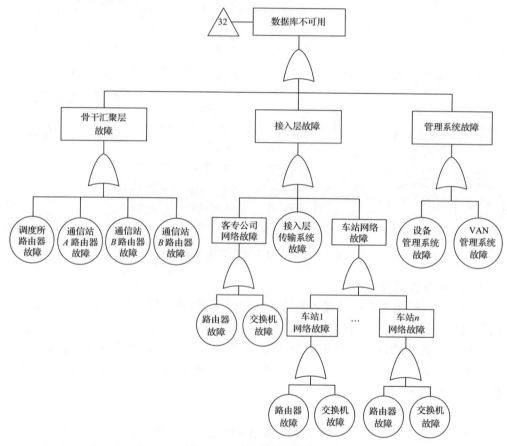

图 11-14　数据库系统故障树

(2) 可靠性定性分析。

图 11-14 所示为通信系统中数据库故障树的分析,通过分析该故障树可知,骨干汇聚层、接入层及管理系统的故障会导致数据库的失效,其中路由器、交换机及网络的故障是引起各子系统失效的主要原因。

(3) 可靠性定量分析。

数据库系统的可靠性定量分析结果如表 11-18 所示。

表 11-18 数据库系统的可靠性定量分析结果

系统可用性	$A=99.99\%$	
系统失效率	$UA=2.48\times10^{-3}$	长大干线高速铁路
系统平均修复时间	$MDT=4h$	四电集成项目
系统平均无故障工作时间	$MTBF=1.61\times10^3 h$	数据库系统 FTA 结果
平均每年故障时间	$DPY=4.38\times10^{-1} h$	20/4/2012
失效度	$\lambda=2.28\times10^{-3}\ 1/h$	

由表 11-18 中数据可以看出,通信系统的数据库可靠性接近 100%,大于 99%,平均无故障时间远大于 50000h,系统是可靠的,这与数据库系统基本设备均进行冗余配置有关。

4)GSM-R 系统可靠性分析

(1)GSM-R 系统故障树。

GSM-R 系统故障树如图 11-15 所示。

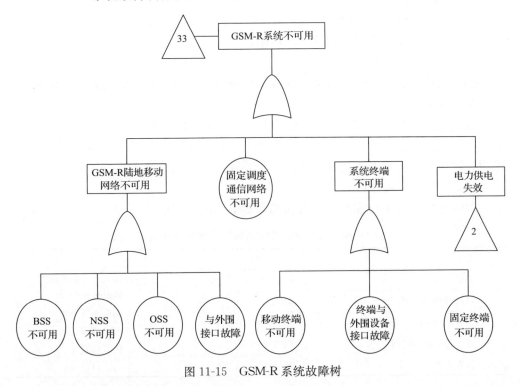

图 11-15 GSM-R 系统故障树

(2)可靠性定性分析。

图 11-15 所示为 GSM-R 系统的故障树分析,通过分析故障树基本割集可知,陆地移动网络、通信网络、终端设备的失效都会引起 GSM-R 系统的失效。同时电

力供电系统中沿线电力箱变的失效也会导致 GSM-R 系统的不可用。

（3）可靠性定量分析。

GSM-R 系统的可靠性定量分析结果如表 11-19 所示。

表 11-19　GSM-R 系统的可靠性定量分析结果

系统可用性	$A=99.96\%$	长大干线高速铁路
系统失效率	$UA=7.33\times10^{-2}$	四电集成项目
系统平均修复时间	$MDT=24h$	GSM-R 系统
系统平均无故障工作时间	$MTBF=3.28\times10^2h$	FTA 结果
平均每年故障时间	$DPY=3.5h$	20/4/2012
失效度	$\lambda=1.13\times10^{-2}\ 1/h$	

由表 11-19 中数据可以看出,GSM-R 系统的可靠性达到 99.96%,大于 99%,平均无故障时间大于 50000h,系统是可靠的。

5）调度通信系统可靠性分析

（1）调度通信系统故障树。

调度通信系统故障树如图 11-16 所示。

（2）可靠性定性分析。

图 11-16 所示为调度通信系统的故障树分析,该系统由包括了以下子系统:电力 SCADA 系统。

通过分析故障树可知,主系统或任意一个分系统的失效都会引起调度通信系统的失效。其中操作台、调度机、数据终端的故障是引起调度通信系统失效的主要原因。同时传输网络和电力运动 SCADA 系统的故障也会导致系统不可用。

（3）可靠性定量分析。

调度通信系统的可靠性定量分析结果如表 11-20 所示。

表 11-20　调度通信系统的可靠性定量分析结果

系统可用性	$A=99.92\%$	长大干线高速铁路
系统失效率	$UA=1.47\times10^{-1}$	四电集成项目
系统平均修复时间	$MDT=24h$	调度通信系统
系统平均无故障工作时间	$MTBF=1.64\times10^2h$	FTA 结果
平均每年故障时间	$DPY=7h$	20/4/2012
失效度	$\lambda=2.22\times10^{-2}\ 1/h$	

由表 11-20 中数据可以看出,调度通信系统的可靠性达到 99.92%,大于 99%,平均无故障时间为 30000h,小于 50000h,系统基本可靠。

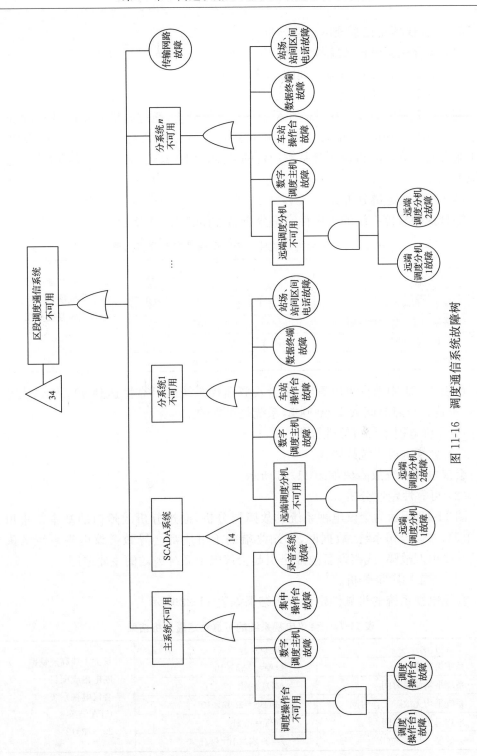

图 11-16　调度通信系统故障树

6）综合视频监控系统可靠性分析

（1）综合视频监控系统故障树。

综合视频监控系统故障树如图 11-17 所示。

（2）可靠性定性分析。

图 11-17 所示为综合视频监控系统的故障树分析，通过分析故障树可知，管理中心、监控中心、视频终端、数据网的不可用都会导致综合视频监控系统的失效。其中服务器、编码器、摄像头等基本设备的故障是引起综合视频监控系统失效的主要原因。

（3）可靠性定量分析。

综合视频监控系统的可靠性定量分析结果如表 11-21 所示。

表 11-21　综合视频监控系统的可靠性定量分析结果

系统可用性	$A=99.99\%$	长大干线高速铁路
系统失效率	$UA=1.35\times10^{-2}$	四电集成项目
系统平均修复时间	$MDT=4h$	综合视频监控系统
系统平均无故障工作时间	$MTBF=2.97\times10^{2}$	FTA 结果
平均每年故障时间	$DPY=0.2h$	20/4/2012
失效度	$\lambda=1.24\times10^{-2}\ 1/h$	

由表 11-21 中数据可以看出，综合视频监控系统的可靠性达到 99.99%，大于99%，平均无故障时间大于 50000h，系统是可靠的。

7）会议电视系统可靠性分析

（1）会议电视系统故障树。

会议电视系统故障树如图 11-18 所示。

（2）可靠性定性分析。

图 11-18 所示为会议电视系统的故障树分析，通过分析故障树的基本割集可知，电源、客运公司系统、数据网、车站终端的不可用都会导致会议电视系统的失效。其中电源故障、线路设备故障是引起会议电视系统失效的主要原因。

（3）可靠性定量分析。

会议电视系统的可靠性定量分析结果如表 11-22 所示。

表 11-22　会议电视系统的可靠性定量分析结果

系统可用性	$A=99.99\%$	长大干线高速铁路
系统失效率	$UA=1.35\times10^{-2}$	四电集成项目
系统平均修复时间	$MDT=4h$	会议电视系统
系统平均无故障工作时间	$MTBF=2.97\times10^{2}$	FTA 结果
平均每年故障时间	$DPY=0.2h$	20/4/2012
失效度	$\lambda=1.24\times10^{-2}1/h$	

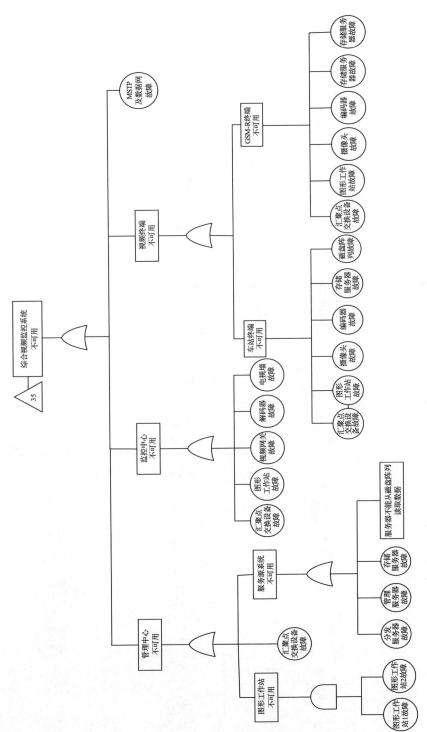

图 11-17　综合视频监控系统故障树

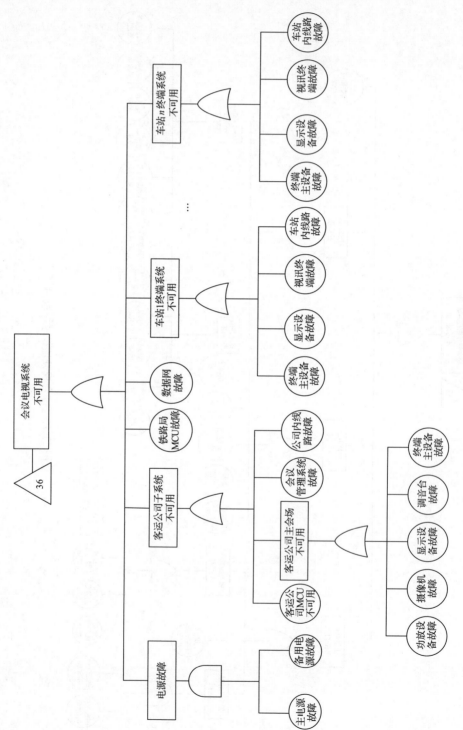

图 11-18　会议电视系统故障树

由表 11-22 中数据可以看出,会议电视系统的可靠性达到 99.99%,大于 99%,平均无故障时间大于 50000h,系统是可靠的。

5. 通信系统 UPS 系统可靠性分析

(1) 通信系统 UPS 系统故障树。

通信系统 UPS 系统故障树如图 11-19 所示。

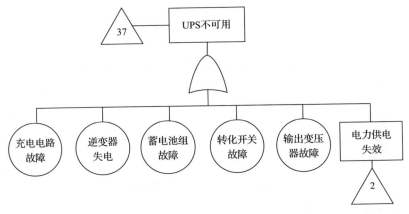

图 11-19　通信系统 UPS 系统故障树

(2) 可靠性定性分析。

图 11-19 所示为通信系统 UPS 的故障树分析,该系统包括了以下子系统:电力供电失效系统。

通过分析故障树的一阶割集可知,充电电路、逆变器、蓄电池组、转化开关、输出变压器的故障是导致 UPS 失效的主要原因。同时,电力系统沿线电力箱变的故障也会引起 UPS 的失效。

(3) 可靠性定量分析。

通信系统 UPS 系统的可靠性定量分析结果如表 11-23 所示。

表 11-23　通信系统 UPS 系统的可靠性定量分析结果

系统可用性	$A=99.97\%$	长大干线高速铁路
系统失效率	$UA=5.49\times10^{-2}$	四电集成项目
系统平均修复时间	$MDT=24h$	UPS 系统
系统平均无故障工作时间	$MTBF=4.37\times10^{2}h$	FTA 结果
平均每年故障时间	$DPY=2.63h$	20/4/2012
失效度	$\lambda=8.42\times10^{-3}\ 1/h$	

由表 11-23 中可以看出,通信系统 UPS 的可靠性达到 99.97%,大于 99%,平

均无故障时间大于 50000h，UPS 系统是可靠的。

6. 信号系统可靠性分析

（1）信号系统故障树。

信号系统故障树如图 11-20 所示。

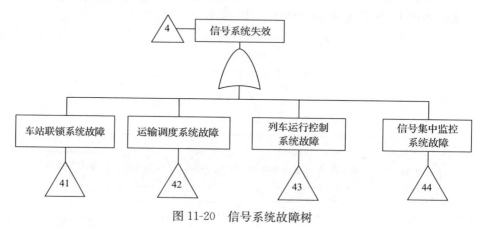

图 11-20　信号系统故障树

（2）可靠性定性分析。

图 11-20 所示为信号系统的故障树分析，该系统由以下子系统组成：车站联锁系统、运输调度系统、列车运行控制系统、信号集中监控系统。

通过分析故障树基本割集可知，系统的一阶最小割集为转移事件 41～44，即引起通信系统失效的主要原因表现为车站联锁系统、运输调度系统、列车运行控制系统、信号集中监控系统中某一系统的失效。

（3）可靠性定量分析。

信号系统的可靠性定量分析结果如表 11-24 所示。

表 11-24　信号系统的可靠性定量分析结果

系统可用性	$A=99.88\%$	
系统失效率	$UA=5.68\times10^{-2}$	长大干线高速铁路
系统平均修复时间	$MDT=22.76\text{h}$	四电集成项目
系统平均无故障工作时间	$MTBF=19974.4\text{h}$	信号系统 FTA 结果
平均每年故障时间	$DPY=9.983\text{h}$	20/4/2012
失效度	$\lambda=3.37\times10^{-2}\ 1/\text{h}$	

由表 11-24 中数据可以看出，信号系统的可靠性达到 99.88%，大于 99%，平均无故障时间为 19974.4h，小于 50000h，通过提高各子系统的运行可靠性，可以进一步提升信号系统的可靠性。

1）车站联锁系统可靠性分析

（1）车站联锁系统故障树。

车站联锁系统故障树如图 11-21 所示。

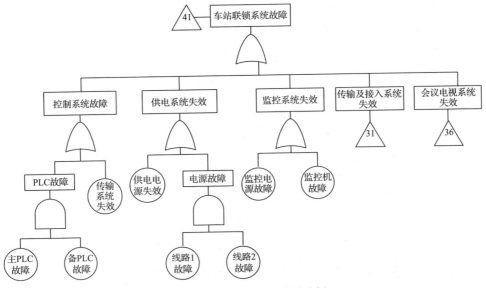

图 11-21　车站联锁系统故障树

（2）可靠性定性分析。

图 11-21 所示为车站联锁系统的故障树分析,该系统由以下子系统组成:传输及接入系统、会议电视系统。

通过分析故障树的基本割集可知,控制系统、供电系统、监控系统的失效都会导致车站联锁系统的故障,其中 PLC、电源、监控机的失效是引起车站联锁系统故障的主要原因。同时,通信系统中传输及接入系统和会议电视系统的故障也会引起车站联锁系统的失效。

（3）可靠性定量分析。

车站联锁系统的可靠性定量分析结果如表 11-25 所示。

表 11-25　车站联锁系统的可靠性定量分析结果

系统可用性	$A = 99.94\%$	长大干线高速铁路
系统失效率	$UA = 1.10 \times 10^{-1}$	四电集成项目
系统平均修复时间	$MDT = 24h$	车站联锁系统
系统平均无故障工作时间	$MTBF = 2.18 \times 10^{2}h$	FTA 结果
平均每年故障时间	$DPY = 5.3h$	20/4/2012
失效度	$\lambda = 1.68 \times 10^{-2} \ 1/h$	

由表 11-25 中数据可以看出,车站联锁系统的可靠性达到 99.94%,大于 99%,平均无故障时间为 40000h,小于 50000h,系统基本可靠。改进与传输及接入系统的接口可以提高系统的可靠性。

2) 运输调度系统可靠性分析

(1) 运输调度系统故障树。

运输调度系统故障树如图 11-22 所示。

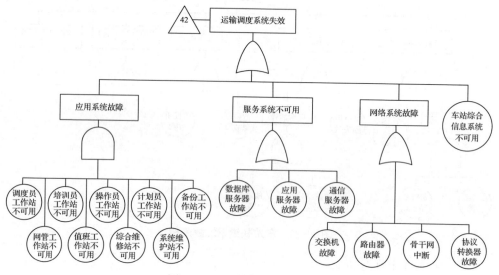

图 11-22　运输调度系统故障树

(2) 可靠性定性分析。

图 11-22 所示为运输调度系统的故障树分析,通过分析故障树的基本割集可知,应用系统、服用系统、网络系统,以及车站综合信息系统的故障都会导致运输调度系统的失效。其中工作站、服务器、路由器、交换机等基本设备的故障是引起运输调度系统失效的主要原因。

(3) 可靠性定量分析。

运输调度系统的可靠性定量分析结果如表 11-26 所示。

表 11-26　运输调度系统的可靠性定量分析结果

系统可用性	$A=99.99\%$	长大干线高速铁路
系统失效率	$UA=1.35\times10^{-2}$	四电集成项目
系统平均修复时间	$MDT=4h$	运输调度系统
系统平均无故障工作时间	$MTBF=2.97\times10^{2}h$	FTA 结果
平均每年故障时间	$DPY=0.17h$	20/4/2012
失效度	$\lambda=1.24\times10^{-2}1/h$	

由表 11-26 中数据可以看出,运输调度系统的可靠性接近 100%,大于 99%,平均无故障时间大于 50000h,系统是可靠的。

3) 列车运行控制系统可靠性分析

(1) 列车运行控制系统故障树。

列车运行控制系统故障树如图 11-23 所示。

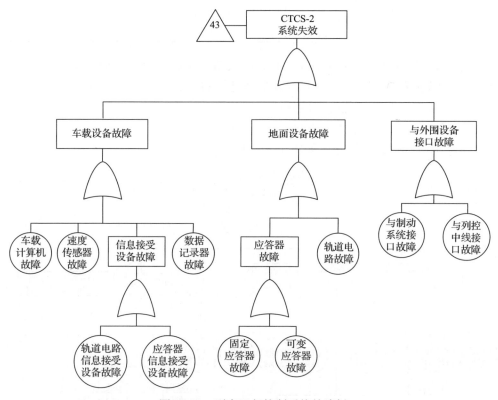

图 11-23　列车运行控制系统故障树

(2) 可靠性定性分析。

图 11-23 所示为列车运行控制系统(CTCS-2)的故障树分析,通过分析故障树的基本割集可知,车载设备、地面设备,以及与外围设备接口的故障都会导致列控系统的失效。其中计算机、传感器、应答器等基本设备的故障是引起列控系统中各子系统故障的主要原因。

(3) 可靠性定量分析。

列车运行控制系统的可靠性定量分析结果如表 11-27 所示。

表 11-27　列车运行控制系统的可靠性定量分析结果

系统可用性	$A=99.99\%$	
系统失效率	$UA=1.35\times10^{-2}$	长大干线高速铁路
系统平均修复时间	$MDT=24h$	四电集成项目
系统平均无故障工作时间	$MTBF=4.84\times10^{2}h$	列车运行控制系统
平均每年故障时间	$DPY=0.17h$	FTA 结果
失效度	$\lambda=7.60\times10^{-3}\ 1/h$	20/4/2012

由表 11-27 中数据可以看出，列车运行控制系统的可靠性达到 99.99%，大于 99%，平均无故障时间大于 50000h，系统是可靠的。

4）信号集中监控系统可靠性分析

（1）信号集中监控系统故障树。

信号集中监控系统故障树如图 11-24 所示。

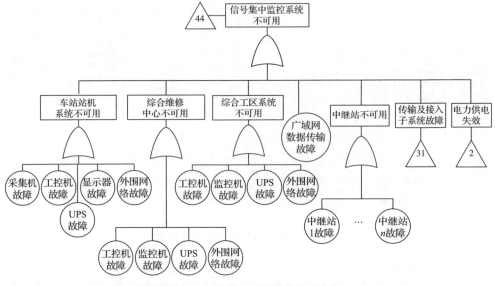

图 11-24　信号集中监控系统故障树

（2）可靠性定性分析。

图 11-24 所示为信号集中监控系统的故障树，该系统包括了以下子系统：电力供电失效 、传输及接入子系统。

通过分析故障树基本割集可知，车站站机、综合维修中心、综合工区、广域网数据传输，以及中继站的故障都会导致信号集中监控系统的失效，其中采集机、工控机、网络的故障是引起各子系统不可用的主要原因。同时通信系统中传输及接入子系统和电力系统中沿线电力箱变的故障也会导致信号集中监控系统的不可用。

（3）可靠性定量分析。

信号集中监控系统的可靠性定量分析结果如表 11-28 所示。

表 11-28　信号集中监控系统的可靠性定量分析结果

系统可用性	$A=99.95\%$	
系统失效率	$UA=9.16\times10^{-2}$	长大干线高速铁路
系统平均修复时间	$MDT=26h$	四电集成项目
系统平均无故障工作时间	$MTBF=2.84\times10^{2}h$	信号集中监控系统
平均每年故障时间	$DPY=4.38h$	FTA 结果
失效度	$\lambda=1.29\times10^{-2}\ 1/h$	$20/4/2012$

由表 11-28 中数据可以看出，信号集中监控系统的可靠性达到 99.95%，大于 99%，平均无故障时间大于 $50000h$，因此系统是可靠的。

11.4　本 章 小 结

"四电系统"是保证高速铁路正常运行的重要技术环节，也是实现高速铁路的速度及运载能力目标值的关键，集成系统中任一环节的故障都可能直接影响高速铁路的安全可靠运行，引起重大的安全事故和经济损失，故其可靠性水平直接影响了整个高速铁路运行的安全可靠性。同时，"四电系统"是一个庞大而复杂的系统，系统间对整体性和系统性的要求很高，同时其子系统间相互影响、相互制约，并非单纯的串并联关系，其可靠性研究必须考虑各子系统间的相互作用影响。

参 考 文 献

[1] 张萍.铁路车站计算机连锁控制系统的可靠性和安全性分析[J].中国安全科学学报,2003,13(4):48-50.
[2] 史殿毅,李清.CTCS-2 级列控系统可靠性影响因素分析[J].黑龙江科技信息,2010,27:26.
[3] 胡友民,杜润生,杨叔子.集中式监控系统的可靠性分析[J].振动、测试与诊断,2003,23(1):6-9.
[4] 魏新平.铁路列车调度系统可靠性研究[D].成都:西南交通大学,2010.
[5] 王炳.高速铁路电力系统可靠性浅析[C].中国铁道学会电气化委员会 2006 年学术会议论文集,2006:3.

第 12 章　高速铁路牵引供电系统健康状态评估及应用

可靠性分析往往是在长时间尺度上(如年、月、周等)进行的,对于刚投入使用的设备和系统,其可靠性是一定的。但是随着运行时间的增加,设备将不可避免地发生老化、磨损,因而设备或系统的可靠性将随时间逐渐下降。因此,需要定义一种在中短时间尺度上(如分、小时、天)描述系统性能与设备服役状况的量,这就是健康状态。与长时间尺度的可靠性分析类似,在中短时间尺度上需要进行健康状态的评价分析。本章以高速铁路牵引供电系统为例,介绍了健康状态评估的理论方法与实际应用。

目前,我国高速铁路已开始逐步由建设期步入运营维护期,对高铁的关注也将逐步由建设数量的增多转向服务质量的提升。未来,随着运行时间的积累,高铁牵引供电设备的性能将呈下降趋势,如何保障上万公里路网条件下上千列高速列车的安全可靠运行,对保证高速铁路的正常运营具有重要的意义。

目前高速铁路牵引供电系统普遍采取故障后处理方式,故障恢复速度慢,容易造成巨大的经济损失和不良的社会影响。目前的故障处理方法存在以下问题。

(1) 故障发生后才能进行处理,无法对故障进行提前预防。

(2) 故障处理多以直接更换设备为主,大多数情况下难以明确或追踪故障的真正原因。

(3) 故障之后的查找和恢复速度慢。

(4) 故障后抢修模式给现场抢修人员带来巨大的工作压力,容易导致人身伤害事故的发生,同时难以满足高铁对接触网状态高精确度的要求。

目前,牵引供电系统中还没有健康状态评估及应用系统,仅有部分牵引供电设备的状态监测系统,且其存在如下问题:①设备健康状态评价依据的监测信息单一。当前方法一般只依赖单个监测量(温度/振动/局放等),据此对健康状态的评价不够全面、准确,受外界干扰(电磁干扰、传感器误差)的影响较大。②没有考虑故障相互之间的耦合关系,可能造成对设备健康状态的误判。系统中设备之间是相互关联、相互影响的,某一个设备的故障可能会引起其他设备特征的变化,当前的监测系统没有考虑设备相互之间的耦合作用。③大多只利用了设备当前的运行值,没有考虑设备本身的特性(如出厂试验值)、历史监测数据等对设备/系统健康状态有较大关联的历史信息,缺乏对设备/系统健康状态的全面把握。④设备的健康评价只有正常和故障两种状态,只能根据监测数据对设备是否发生故障进行判断,不能准确把握设备/系统健康状态发展的趋势,无法实现对运行趋势恶化的判断、识别,从而无法对运行、维修起到很好的指导作用。

　　针对以上问题,建立了高速铁路牵引供电系统健康状态评估体系,如图 12-1所示。

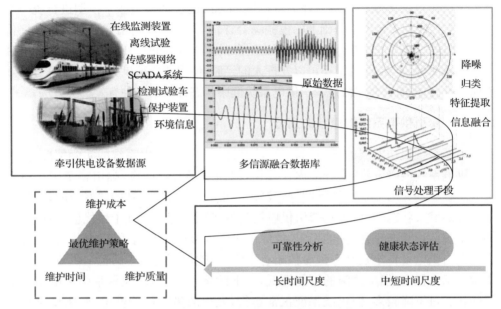

图 12-1　高速铁路牵引供电系统健康状态评估体系框架图

　　高铁牵引供电系统的健康状态评估是通过采集在线监测装置、离线试验、传感器网络、SCADA 系统、检测试验车、保护装置和环境信息等多信息源的数据,形成牵引供电设备数据源,建立多信源融合数据库;通过多种信号处理手段对这些数据进行降噪、归类、特征提取与信息融合,并通过分析设备运行的历史数据,确定设备状态运行与转化的趋势;结合当前的结构特性、参数、环境条件等,在中短时间尺度对设备当前的健康状态进行准确判断,并对未来的运行趋势进行合理预测,为提前发现故障、避免故障损失提供可靠依据;与长时间尺度对系统进行的可靠性分析相结合,对牵引供电系统可能造成的影响和损失的可能性进行合理判断评估,利用评估的结果对牵引供电系统进行针对性的维护,可以有效提高系统运行的可靠性和健康水平。

12.1　高速铁路牵引供电系统健康评估方法

　　随着越来越多的高速铁路投入运营,牵引供电系统运营维护的工作量越来越大,因此有必要研究针对牵引供电系统的健康状态评估方法[1],为牵引供电系统实施状态检修提供前提。

对牵引供电系统进行健康状态评估,面临着以下主要困难:评估因素众多且复杂,评价对象具有层次性,评价标准存在模糊性,评价影响因素存在模糊性和不确定性,评价定性指标部分难以量化,评价结论之间不存在明确界限等。以上困难决定了牵引供电系统健康状态的评估难以用"非此即彼"的经典数学模型进行统一度量。建立在模糊集合理论基础上的模糊综合评估方法,可以利用多个指标对被评价事物隶属等级状况进行综合性评判,考虑对象的层次性,同时考虑评价标准和影响因素的模糊性;另外,在评价中还可以发挥人的经验,使得评价结果更客观、更符合实际情况。可见,模糊综合评估是牵引供电系统健康状态评估的一种有效解决方法。

12.1.1　牵引供电系统健康状态划分

根据系统损伤发展的规律,为了更清楚地反映牵引供电系统的实际情况,体现牵引供电系统故障发生、演变的内在规律,以便现场实际操作,提出将牵引供电系统健康状态划分为 5 个等级,即"好,较好,一般,较差,差"。其中,"好"和"较好"属于系统的健康状态,"好"表示牵引供电设备的各项指标参数处于最优值附近,牵引供电系统运行状态正常、性能稳定,故障的可能性极低,可以长期安全运行;"较好"表示牵引供电设备个别状态量参数略有下降,但能保证向机车的稳定供流,供电系统状态基本稳定,发生故障的可能性低,可继续运行;"一般"表示牵引供电系统的某些状态量下降较多,但仍能保证正常运行,发生故障的可能性增加,需要密切关注其状态发展,安排相关人员进行巡检;"较差"表示某些指标参数反映牵引供电系统的运行状态欠佳,较易发生供电故障,需要安排人员对其进行维护;"差"表示牵引供电系统的整体状态欠佳,某些设备参数严重偏离设计值,易发生供电事故,需要立即进行相关处理。

为了对牵引供电系统健康状态的评价更为直观,也可用健康值来对其各个状态进行描述。健康状态、健康值之间的对应关系如图 12-2 所示。

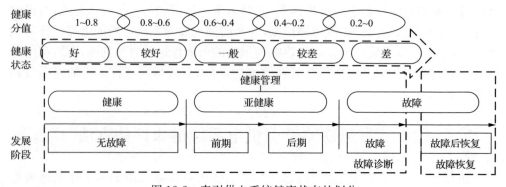

图 12-2　牵引供电系统健康状态的划分

对牵引供电系统健康状态进行评估的首要前提是确定评估的指标。科学合理的评估指标是健康状态评价的依据,因此,牵引供电系统健康评估的指标必须科学合理、客观全面地反映影响牵引供电系统健康状态[2]。确定牵引供电系统健康评估的指标时应遵循下列原则。

(1) 层次性。牵引供电系统健康指标体系要具有层次性,各层次之间要相互关联、相互一致,上下层之间要有切实具体的指标相互对应。

(2) 相关性。牵引供电系统是由众多设备构成的一个有机整体,需要对设备相互之间的关联关系进行分析,合理地组织评价指标。

(3) 整体性和综合性。不仅要注意单个供电设备的健康状态,还要注意整体健康的评价标准;不仅要有反映正常状况的指标,更重要的还要有反映隐患的指标。

(4) 可行性与实用性。健康评价的标准要概念明确,定义清楚,要能方便地采集和收集,要考虑现行的技术条件和手段。

(5) 定性和定量相结合。牵引供电系统健康评估的指标体系应满足定性与定量相结合的原则,即在定性分析的基础上,还要进行定量分析。

综上所述,对牵引供电系统健康状态进行评估所涉及的设备众多,评价指标复杂,评价结果需要对现场运营维护人员的工作起到指导作用,因而需要考虑众多因素对其进行综合评价。

12.1.2　牵引供电系统健康状态的模糊综合评估

牵引供电系统的健康状态评估中所涉及的评价指标较多且性质各异,既有定性指标,又有定量指标;评价结果的健康等级相互之间不存在明确的界限,认知存在着一定的模糊性。模糊综合评估方法可以较好地解决牵引供电系统健康状态评估中的上述问题。

1. 健康状态的多因素评估模型

牵引供电系统涉及的设备众多,相关的评价因素复杂,其健康状态的评价实际是一个多因素决策模型。

对于多因素决策模型,设一个有限目标集合 $U = \{U_i \mid i = 1, 2, \cdots, p\}$ 和一个有限备择集合 $V = \{V_j \mid j = 1, 2, \cdots, n\}$,备择决策集用来解释行动的合理性。多指标评价问题可归结为确定最优备择集 x,使之在最大程度上贴近相关目标 G_i,如果用 V 的模糊子集来表示,则为 $G_i = [\mu_{i,1}(v_1) \mid v_1, \mu_{i,2}(v_2) \mid v_2, \cdots, \mu_{i,n}(v_n) \mid v_n]$。对于牵引供电系统健康状态的评价,实际上就是将评价集中为评价因素集寻找一个最优的评价结果。

1) 评价因素集

因素是指评价对象的各种属性和性能,也称为参数指标或质量指标,综合反映出对象的质量。因素集是指由影响评价对象的各因素组成的一个集合 $U = \{u_1, u_2, \cdots, u_n\}$。

牵引供电系统健康状态综合评估的因素集是指对系统健康状态评价的具体内容,如各种指标、参数、性能、状态等。

由于牵引供电系统健康状态涉及的设备众多,相关的评价因素复杂。为便于评估,可按评价因素的属性将其分成适当的层次,使之与牵引供电系统的组成结构相对应,便于我们对牵引供电系统设备、子系统及整个系统健康状态的认知。

2) 评价集

设 v_i 是对第 i 个评价对象可能作出的评价结果,由 v_i 构成的集合 $V = \{v_1, v_2, \cdots, v_m\}$ 称为评价集。

具体到牵引供电系统健康状态的评估,由于传统的二元评估方法结果较为简单。为了更为真实地反映牵引供电系统健康状态变化发展的趋势,按前面所述,建立健康状态评价集 $\{好,较好,一般,较差,差\}$,其对应的健康值评价集 $V = \{1, 0.8, 0.6, 0.4, 0.2\}$。

3) 权重集

不同的评价因素在评估过程中的重要性程度是不一样的,权重集 $W = \{w_1, w_2, \cdots, w_n\}$ 体现了各因素的重要程度。

权重满足归一性的要求,即

$$\sum_{i=1}^{n} w_i = 1, (w_i \geqslant 0) \tag{12-1}$$

对于不同的评价目的,评价因素的权重值可能各不相同,需要针对具体问题进行具体分析,常用的分析方法有统计实验法、分析推理法、专家评分法、层次分析法、熵权法等。

牵引供电系统的组成复杂,涉及的评价因素众多,各因素指标权重的合理确定,对牵引供电系统健康状态的评估结果会产生相应的影响,因而,牵引供电系统中合理、可行的权重确定方法需要进行进一步的分析和研究。

4) 模糊综合评价

首先,从单因素出发,建立各评价因素到评价集的隶属度,即建立从 U 到 V 的模糊映射:

$$\underset{\sim}{f}: U \to V, \forall u_i \in U, u_i \to \underset{\sim}{f}(u_i) = \frac{r_{i1}}{v_1} + \frac{r_{i2}}{v_2} + \cdots + \frac{r_{im}}{v_m} \tag{12-2}$$

式中,r_{ij} 为 u_i 属于 v_j 的隶属度。

由 $\underset{\sim}{f}(u_i)$ 得到单因素评价集 $R_i = \{r_{i1}, r_{i2}, \cdots, r_{im}\}$,以各因素的评价集为行向

量组成一个矩阵,称为单因素评价矩阵:

$$\boldsymbol{R} = \begin{bmatrix} r_{11} & r_{12} & \cdots & r_{1m} \\ r_{21} & r_{22} & \cdots & r_{2m} \\ \vdots & \vdots & & \vdots \\ r_{n1} & r_{n2} & \cdots & r_{nm} \end{bmatrix} \qquad (12\text{-}3)$$

评价矩阵中的第 i 行反映了第 i 个评价因素对各评价结论的支持程度,第 j 列反映了所有评价因素对第 j 个评价结论的支持程度。同时考虑所有因素的综合影响时,对各因素作用以相应的权重系数,即可得到综合考虑众多因素的综合评估结果。

$$\boldsymbol{B} = \boldsymbol{W} \circ \boldsymbol{R} = (w_1, w_2, \cdots, w_n) \begin{bmatrix} r_{11} & r_{12} & \cdots & r_{1m} \\ r_{21} & r_{22} & \cdots & r_{2m} \\ \vdots & \vdots & & \vdots \\ r_{n1} & r_{n2} & \cdots & r_{nm} \end{bmatrix} = (b_1, b_2, \cdots, b_m) \quad (12\text{-}4)$$

式中, b_j 表示在综合考虑所有因素影响时,对第 j 个评价结论的支持程度;$\circ$ 为模糊算子,常见的有以下几种。

(1) M($\wedge$, $\vee$),主因素决定型。

$$b_j = \bigvee_{i=1}^{P} (w_i \wedge r_{ij}) = \max_{1 \leqslant i \leqslant P} \{ \min_{1 \leqslant j \leqslant m} (w_i, r_{ij}) \}, j = 1, 2, \cdots, m$$

这种算子的结果 b_j 的值仅由 w_i 与 r_{ij} 中的某一个确定(先取小,再取大运算),因而该算法只考虑了主要因素,其他因素对评价结果的影响不大。

(2) M($\cdot$, $\vee$),主因素突出型。

$$b_j = \bigvee_{i=1}^{P} (w_i \cdot r_{ij}) = \max_{1 \leqslant i \leqslant P} (w_i, r_{ij}), \quad j = 1, 2, \cdots, m$$

与 M($\wedge$, $\vee$)较接近,对 r_{ij} 乘以小于 1 的权重 w_i 表明是在考虑多因素时的修正值,不丢失任何信息,但评价结果与主要因素有关,忽略了次要因素。

(3) M($\wedge$, $\oplus$),不均衡平均型。

$$b_j = \bigoplus_{i=1}^{P} (w_i \cdot r_{ij}) = \min \left\{ 1, \sum_{i=1}^{P} (w_i \wedge r_{ij}) \right\}, \quad j = 1, 2, \cdots, m$$

式中, $\oplus$ 为有界和,即 $a \oplus b = \min(1, a+b)$。

算法(1)、(2)、(3)都强调了主因素的主导作用,评价结果往往会丢掉一部分有用信息。

(4) M($\cdot$, $\oplus$),加权平均型。

$$b_j = (1 \wedge \sum_{i=1}^{P} (w_i \cdot r_{ij}), \quad j = 1, 2, \cdots, m$$

加权平均算法对所有因素依权重大小均衡兼顾,对于需要考虑众多评价因素的牵引供电系统的健康状态评估较适宜。

以上 4 种模糊算子的比较如表 12-1 所示[3]。

表 12-1　几种模糊算子的比较

	M(∧,∨)	M(·,∨)	M(∧,⊕)	M(·,⊕)
类型	主因素决定型	主因素突出型	不均衡平均型	加权平均型
权系数的体现程度	不明显	明显	不明显	明显
综合程度	弱	弱	强	强
利用 R 的信息	不充分	不充分	比较充分	充分

5）评价指标的处理

模糊评价的结果是牵引供电系统对各健康等级的隶属度，它构成一个模糊向量，能提供更为丰富的信息。若对多个状态进行评估，则得到最终结果需要对模糊综合评价结果向量作进一步处理。常见的处理方法有以下几种。

（1）最大隶属度原则方法。

若 $b_r = \max_{1 \leqslant j \leqslant m} \{b_j\}$，则 b_r 对应的评价集 v_r 为健康状态评价的最终结果，这种方法简单、直观，是实际中较为常用的一种方法。但有时候会损失较多的信息，其应用需要满足一定的条件，阈值原则方法就是在此基础上的改进。

（2）阈值原则方法。

对于阈值选取，给出以下定义：

$$\alpha = \frac{m\beta - 1}{2\gamma(m-1)} \tag{12-5}$$

式中，$\beta = \max(b_j) = \max_{1 \leqslant j \leqslant m} \{b_j\} \Big/ \sum_{j=1}^{m} b_j$；$\gamma = \sec_{1 \leqslant j \leqslant m} \{b_j\} \Big/ \sum_{j=1}^{m} b_j$。利用 α 作为最大隶属度原则适用的阈值，α 越大，最大隶属度原则越有效。

（3）加权平均原则方法。

加权平均方法将各评价等级看成一种相对位置，并对其秩进行加权求和，得到被评价对象的相对位置。

$$C = \frac{\sum_{j=1}^{m} b_j^k \cdot l}{\sum_{j=1}^{m} b_j^k} \tag{12-6}$$

式中，k 为待定系数，一般取 $k = 1$ 或 $k = 2$，当 $k \to \infty$ 时，加权平均原则就成为最大隶属度原则。

（4）模糊向量单值化方法。

$$C = \frac{\sum_{j=1}^{m} b_j^k \cdot c_j}{\sum_{j=1}^{m} b_j^k} \tag{12-7}$$

根据牵引供电系统健康状态评估的目的,可采用最大隶属度原则来确定牵引供电系统的健康等级,利用加权评价方法来确定牵引供电系统对应的健康值。

2. 健康状态评价因素权重的确定方法

牵引供电系统健康状态评估涉及的是多层次多指标评价,不同的评价指标对系统健康状态影响程度的大小各不相同。评价因素的权重能定量反映各评价指标在综合评估中所起作用大小的比例,使评价工作能做到主次有别、重点突出。常用的指标权重确定方法如下[4]。

(1) 主观赋权法:根据决策者的主观经验和判断测算出指标权重。

(2) 客观赋权法:利用决策矩阵提供的评价指标的客观信息确定指标权重。

(3) 组合赋权法:综合运用主、客观赋权法确定指标权重。

主观赋权法的权重由专家根据经验和对实际的判断给出,一般能和现场实际情况相符,但专家经验对赋权结果的影响较大;客观赋权法权重信息来自于实际的原始数据,具有客观性,但易受数据采集过程中干扰的影响,有时确定的权重大小和实际不符。牵引供电系统健康状态评估过程中不同的指标要结合具体的实际情况进行具体分析,选取合适的权重确定方法以使评估结果更接近实际。

1) 层次分析法

主观赋权法的特点是评价指标的权重由专家根据自己的经验和对实际的判断给出,具有很大的主观性。由于牵引供电系统由牵引变电所、接触网、AT 所等子系统组成,这些子系统相互之间的重要程度很难由检测数据体现出来,但通过各子系统相互之间的连接关系和功能的分析,对各部分的重要性程度可以有所认识;同时牵引供电系统的组成具有典型的层次结构。这些特点和主观赋权中常用的层次分析法(Analytic Hierarchy Process,AHP)之间具有较高的一致性,因而可考虑采用层次分析法来确定牵引供电系统中各子系统和设备的影响权重。

层次分析法能把复杂系统的决策思维层次化,可把决策过程中定性和定量的因素有机结合起来,比较适宜于牵引供电系统健康评估时各设备层次权重的分析。利用层次分析法确定牵引供电系统的层次影响权重时,首先建立牵引供电系统的递阶层次结构,然后利用成对比较法构造成对比较矩阵,对于每一个成对比较矩阵计算最大特征根及对应特征向量,利用一致性指标做一致性检验。当满足一致性指标时,该矩阵的最大特征值对应的特征向量元素就是各因素或对象对其上层的影响权重[5]。

(1) 建立分层递阶结构模型。递阶结构模型是层次分析法的核心和关键,一般由目标层、准则层和方案层组成。对于牵引供电系统的健康状态评估,其递阶层次结构模型如图 12-3 所示。

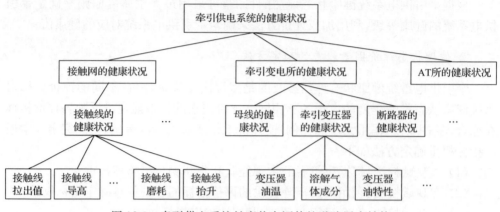

图 12-3　牵引供电系统健康状态评估的递阶层次结构

（2）构建判断矩阵。分层递阶结构模型体现了相互之间的支配和隶属关系，以该关系中上层某元素为准则进行下层元素之间的两两对比，按 9 级评分标准形成判断矩阵（如式（12-8））。判断矩阵是确定下层元素对上层元素相对重要性的基础。

$$\boldsymbol{A} = \begin{bmatrix} a_{11} & a_{12} & a_{13} & \cdots & a_{1k} \\ a_{21} & a_{22} & a_{23} & \cdots & a_{2k} \\ a_{31} & a_{32} & a_{33} & \cdots & a_{3k} \\ \vdots & \vdots & \vdots & & \vdots \\ a_{k1} & a_{k2} & a_{k3} & \cdots & a_{kk} \end{bmatrix} \tag{12-8}$$

矩阵元素满足：

$$a_{ii} = 1, \quad a_{ij} = 1/a_{ji}, \quad a_{ij} = a_{ik}/a_{jk} \tag{12-9}$$

定义一致性指标 $CI = (\lambda_{\max} - n)/(n-1)$，$\lambda_{\max}$ 为矩阵 $\boldsymbol{A}$ 的最大特征值；一致性比率 $CR = CI/RI$，其中 RI 为与判断矩阵同阶的矩阵随机指标，其取值如表 12-2 所示。当 $CR \leqslant 0.1$ 时，判断矩阵具有满意的一致性。

表 12-2　1～11 阶成对比较矩阵的 RI 值

n	1	2	3	4	5	6	7	8	9	10	11
RI	0.00	0.00	0.58	0.90	1.12	1.24	1.32	1.41	1.45	1.49	1.51

（3）计算权重向量。对每一个判断矩阵，计算其最大特征值 $\lambda_{\max}$ 及其对应的最大特征向量，为其元素对其上层的影响权重。

2）熵权法

信息论中采用熵来表示系统的紊乱程度，熵权数的基本思想是：如果指标的信息熵越小，不确定性越小，则该指标提供的信息量越大，在综合评价中所起作用就越大,权重就越高;反之,不确定性越大,信息量越小,熵越大,在综合评价中所占的权重越低[6]。

熵的定义为

$$H_j = -k \sum_{i=1}^{m} P_{ij} \ln P_{ij} \tag{12-10}$$

式中,k 为调节系数,$k = 1/\ln m$;$P_{ij} = h_{ij} \Big/ \sum_{i=1}^{m} h_{ij}$ 为待求指标变量的概率,h_{ij} 为第 j 个指标的第 i 个测量值的归一值。

第 j 个指标的熵权为

$$w_H^j = (1 - H_j) \Big/ \sum_{j=1}^{n} (1 - H_j) \tag{12-11}$$

由此得到基于熵权的评价指标权重向量 $\boldsymbol{W} = (w_H^1, w_H^2, \cdots, w_H^n)$。

设有 n 个评价对象,m 个评价指标,熵权法确定指标权重的步骤如下。

(1)计算第 j 项指标下第 i 个被评价对象指标值所占的比例:

$$P_{ij} = h_{ij} \Big/ \sum_{i=1}^{m} h_{ij} \tag{12-12}$$

(2)计算指标的熵值:

$$w_H^j = (1 - H_j) \Big/ \sum_{j=1}^{n} (1 - H_j) \tag{12-13}$$

(3)计算指标的权重:

$$H_j = -k \sum_{i=1}^{m} P_{ij} \ln P_{ij} \tag{12-14}$$

式中,$(1 - H_j)$ 也称为差异系数,某项指标的熵值越小,其差异系数就越大,说明指标值的变异程度越大,在评价中所占的比例就越大。

12.2　高速铁路牵引供电系统健康评估实例

12.2.1　牵引变电所的健康状态评估

1)牵引变电所健康评估的递阶结构模型

牵引变电所中的高压设备较多,监测的参数各异。目前存在着部分在线监测设备,主要通过设备参数与阈值的比较来判断该设备的状态,而将牵引变电所看作一个整体进行健康状态评估,对其安全运营具有重要的意义。

图 12-4 是一个典型的牵引变电所主接线图,从图中可以看到各设备相互之间的连接关系。

建立牵引变电所状态评估的层次结构模型如图 12-5 所示。

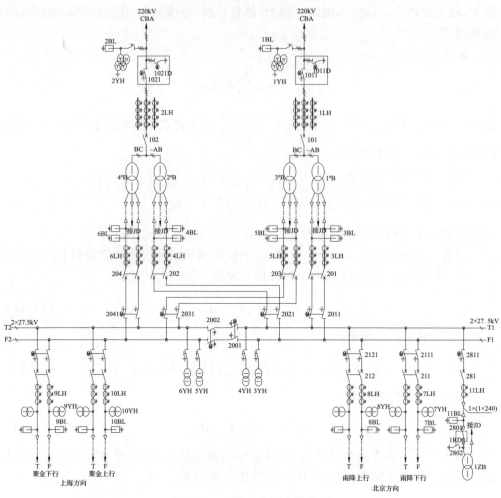

图 12-4　牵引变电所主接线图

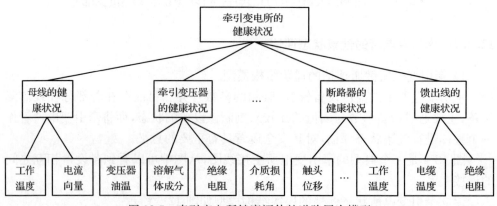

图 12-5　牵引变电所健康评估的递阶层次模型

递阶层次模型可将牵引变电所健康状态评价这一复杂的决策思维层次化,使得众多的评价问题具体化,更易实现。

2) 递阶层次的影响权重

该牵引变电所为典型的 AT 供电方式,采用 2 台单相变压器供电,同时,采用单母线分段给 4 条牵引馈线供电,2 组变压器中 1 组工作,另 1 组备用。以左侧进线的断路器 102DL,变压器 $2\#B$、$4\#B$,牵引侧母线 M,4 条馈线 $L1$、$L2$、$L3$、$L4$ 为监控对象,构成监控对象集($102DL$、$2\#B$、$4\#B$、M、$L1$、$L2$、$L3$、$L4$),根据式(12-8)和式(12-9)建立重要尺度成对比较矩阵为

$$\boldsymbol{A}_{S1} = \begin{bmatrix} 1.00 & 4.00 & 4.00 & 3.00 & 2.00 & 2.00 & 2.00 & 2.00 \\ 0.25 & 1.00 & 1.00 & 1.00 & 2.00 & 2.00 & 2.00 & 2.00 \\ 0.25 & 1.00 & 1.00 & 2.00 & 2.00 & 2.00 & 1.00 & 1.00 \\ 0.33 & 0.50 & 0.50 & 1.00 & 2.00 & 2.00 & 2.00 & 2.00 \\ 0.50 & 1.00 & 0.50 & 0.50 & 1.00 & 1.00 & 1.00 & 1.00 \\ 0.50 & 0.50 & 0.50 & 0.50 & 1.00 & 1.00 & 1.00 & 1.00 \\ 0.50 & 0.50 & 0.50 & 0.50 & 1.00 & 1.00 & 1.00 & 1.00 \\ 0.50 & 0.50 & 0.50 & 0.50 & 1.00 & 1.00 & 1.00 & 1.00 \end{bmatrix} \tag{12-15}$$

该矩阵的最大特征值 $\lambda_{\max} = 8.331$,一致性指标 $\mathrm{CI} = (\lambda_{\max} - n)/(n-1) = 0.0473$,$\mathrm{CR} = \dfrac{\mathrm{CI}}{\mathrm{RI}} = \dfrac{0.0473}{1.41} = 0.0335 < 0.1$,满足一致性指标要求。求 $\lambda_{\max}$ 对应的特征向量,并将其转换为单位特征向量,得到各监控对象对牵引变电所健康状态的影响权重:

$$w_{s1} = (w_{102DL}, w_{2\#B}, w_{4\#B}, w_M, w_{L1}, w_{L2}, w_{L3}, w_{L4})$$
$$= (0.2768, 0.1277, 0.1277, 0.1214, 0.0866, 0.0866, 0.0866, 0.0866) \tag{12-16}$$

具体到不同的供电设备,监测参数各不相同,其成对比较矩阵也各不相同,以重要的牵引变压器为例,设变压器的状态监测量包括变压器油温 $P1$、变压器油气成分 $P2$、绝缘电阻 $P3$、介质损耗角正切值 $P4$ 等变量,构造其重要尺度成对比较矩阵为

$$\boldsymbol{A}_{S1B} = \begin{bmatrix} 1.00 & 3.00 & 2.00 & 2.00 \\ 0.33 & 1.00 & 2.00 & 2.00 \\ 0.50 & 0.50 & 1.00 & 2.00 \\ 0.50 & 0.50 & 0.50 & 1.00 \end{bmatrix} \tag{12-17}$$

经验证,上述矩阵满足一致性要求。计算得各监测指标对牵引变压器健康状态的影响权重分别为

$$Wf_{S1B} = (0.4307, 0.2456, 0.1890, 0.1346) \tag{12-18}$$

3）牵引变电所的健康状态评估

故障通常表现为一个或多个传感器的输出异常，一般输出异常的传感器的数量越多，故障越严重。现假设图 12-4 中牵引变压器 $2\#B$ 发生故障[7]，它对应的传感器 $P1$、$P2$ 输出参数异常，且输出参数对应于评价集的 5 个评价状态的隶属度分别为

$$\boldsymbol{R}_{P1} = \begin{bmatrix} 0 & 0 & 0 & 0.18 & 0.82 \end{bmatrix}$$
$$\boldsymbol{R}_{P2} = \begin{bmatrix} 0 & 0 & 0 & 0.24 & 0.76 \end{bmatrix}$$
$$\boldsymbol{R}_{P3} = \begin{bmatrix} 0 & 0.87 & 0.13 & 0 & 0 \end{bmatrix}$$
$$\boldsymbol{R}_{P4} = \begin{bmatrix} 0 & 0.37 & 0.63 & 0 & 0 \end{bmatrix}$$

(12-19)

由此构成单因素评价矩阵为

$$\boldsymbol{R}_{S1B} = \begin{bmatrix} 0 & 0 & 0 & 0.18 & 0.82 \\ 0 & 0 & 0 & 0.24 & 0.76 \\ 0 & 0.87 & 0.13 & 0 & 0 \\ 0 & 0.37 & 0.63 & 0 & 0 \end{bmatrix}$$

(12-20)

该牵引变压器健康状态的综合评价为

$$\boldsymbol{B}_{S1B} = \boldsymbol{W}f_{s1B} \circ \boldsymbol{R}_{S1B}$$

$$= \begin{bmatrix} 0.4307 & 0.2456 & 0.1890 & 0.1346 \end{bmatrix} \times \begin{bmatrix} 0 & 0 & 0 & 0.18 & 0.82 \\ 0 & 0 & 0 & 0.24 & 0.76 \\ 0 & 0.87 & 0.13 & 0 & 0 \\ 0 & 0.37 & 0.63 & 0 & 0 \end{bmatrix}$$

$$= \begin{bmatrix} 0 & 0.2142 & 0.1094 & 0.1365 & 0.5398 \end{bmatrix}$$

(12-21)

取 $1, 0.8, 0.6, 0.4, 0.2$ 依次表示评价结果 $v_i (i = 1, \cdots, 5)$ 的秩，利用(12-6)对其秩进行加权求和，得其健康值为

$$\text{vh}_B = \frac{\sum_{i=1}^{n} u(v_i) b_i^k}{\sum_{i=1}^{n} b_i^k} = 0.1332 < 0.2$$

(12-22)

评价结果为"差"级，该定量评估的结果能直观表明应对该变压器立即安排检修。

依据变压器健康状态的评价结果，可采取相对应的处理措施，消除隐患的影响，避免故障的发生。对不同的健康评价结果，可采取的处理策略如表 12-3 所示[8]。

表 12-3　变压器健康分类与维修策略

健康值	0.00～0.20	0.21～0.40	0.41～0.60	0.61～0.90	0.90～1.00
维护策略	立即维修	尽快维修	优先维修	延期维修	保持

此时,若牵引变电所中无其他设备异常,则对评价对象(102DL、2♯B、4♯B、M、$L1$、$L2$、$L3$、$L4$)构建的多因素评价矩阵为

$$\boldsymbol{R}_{S1} = \begin{bmatrix} 0.950 & 0.050 & 0 & 0 & 0 \\ 0 & 0.2142 & 0.1094 & 0.1365 & 0.5398 \\ 0.950 & 0.050 & 0 & 0 & 0 \\ 0.950 & 0.050 & 0 & 0 & 0 \\ 0.950 & 0.050 & 0 & 0 & 0 \\ 0.950 & 0.050 & 0 & 0 & 0 \\ 0.950 & 0.050 & 0 & 0 & 0 \\ 0.950 & 0.050 & 0 & 0 & 0 \end{bmatrix} \qquad (12\text{-}23)$$

对该牵引变电所健康状态的综合评估为

$$\begin{aligned}
\boldsymbol{B}_{S1B} &= \boldsymbol{W}f_{s1} \circ \boldsymbol{R}_{S1} \\
&= \begin{bmatrix} 0.2768 & 0.1277 & 0.1277 & 0.1214 & 0.0866 & 0.0866 & 0.0866 & 0.0866 \end{bmatrix} \\
&\quad \times \begin{bmatrix} 0.950 & 0.050 & 0 & 0 & 0 \\ 0 & 0.2142 & 0.1094 & 0.1365 & 0.5398 \\ 0.950 & 0.050 & 0 & 0 & 0 \\ 0.950 & 0.050 & 0 & 0 & 0 \\ 0.950 & 0.050 & 0 & 0 & 0 \\ 0.950 & 0.050 & 0 & 0 & 0 \\ 0.950 & 0.050 & 0 & 0 & 0 \\ 0.950 & 0.050 & 0 & 0 & 0 \end{bmatrix} \\
&= \begin{bmatrix} 0.8287 & 0.0710 & 0.0140 & 0.0174 & 0.0689 \end{bmatrix} \qquad (12\text{-}24)
\end{aligned}$$

依据最大隶属度原则,该变电所的整体健康状态属于"好"的等级,对其进行加权评价求和,得其健康值为

$$\mathrm{vh}_{S1} = \frac{\sum_{i=1}^{n} u(v_i) b_i^k}{\sum_{i=1}^{n} b_i^k} = 0.9146 \qquad (12\text{-}25)$$

结果表明,虽然该所的牵引变压器 2♯B 的健康状态较差,需要立即进行检修,但由于变电所中变压器设有备用,所以该所整体的健康状态仍处于一个较好的状态,在仅变压器故障的情况下,其健康值高达 0.9146,说明其整体状态运行较好。

12.2.2　接触网的健康状态评估

1)接触网评估指标集

高铁列车正常运行的前提是受电弓和接触线之间的良好取流,而受流质量的

好坏和接触悬挂与受电弓之间的配合有关。与之有关的接触网的自身结构包括各项机械和电气参数,这些参数是评价接触网运营质量的重要手段。

依据接触网的结构特性,结合当前的检测手段,建立接触网状态模糊综合评估的指标体系,如图 12-6 所示。该评估指标体系中所有的子指标都是当前接触网检测常见的检测项目,数据易于获得;未来随着 6C 检测系统的开展(即高速弓网综合检测装置(CPC)、接触网安全巡检装置(CCV)、车载接触网运行状态检测装置(CCL)、接触网悬挂状态检测监测装置(CCH)、受电弓滑板监测装置(CPV)、接触网及供电设备地面检测装置(CCG)),还有更多的检测项目都可以扩展到这个评估指标体系中。

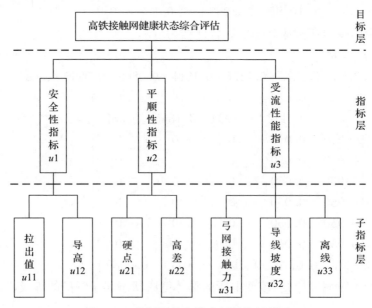

图 12-6　接触网状态综合评估指标体系

2)接触网健康状态评判集

确定评判接触网健康状态的影响因素后,需要划分接触网健康程度的不同状态,即建立接触网健康状态的评判集。与当前的成败型二元评判不同,为了更清楚地反映接触网的实际情况,体现接触网故障发生、演变的内在规律,以便现场实际操作,将接触网健康状态划分为 5 个等级,得到其健康状态评价集为

$$V = \{v_1, v_2, v_3, v_4, v_5\} \tag{12-26}$$

式中,v_1 为"好";v_2 为"较好";v_3 为"一般";v_4 为"较差";v_5 为"差"。"好"表示接触网的各项指标参数处于最优值附近,接触网运行状态正常,性能稳定,能保证和受电弓之间良好的配合,故障的可能性极低,可以长期安全运行;"较好"表示接触网个别状态量参数略有下降,但能保证向机车的稳定受流,接触网状态基本稳定,

发生故障的可能性低,可继续运行;"一般"表示接触网的某些状态量下降较多,但仍能保证正常运行,发生故障的可能性增加,需要密切关注其状态发展,安排相关人员进行巡检;"较差"表示某些指标参数反映接触网的运行状态欠佳,较易发生弓网故障,机车的受流质量变差,需要安排人员对其进行维护;"差"表示接触网的整体状态欠佳,某些结构参数严重偏离设计值,易发生弓网事故,需要立即进行相关处理。

参照《接触网运行检修规程》和现场评价经验,各指标的评价标准界限值如表 12-4 所示。

表 12-4　接触网健康状态评价标准界限值

指标	等级				
	好（v_1）	较好（v_2）	一般（v_3）	较差（v_4）	差（v_5）
接触线拉出值/mm	400	450	500	550	600
接触线导高/mm	6415	6415±15	6415±45	6415±85	6415±135
硬点/g	30	40	50	60	70
高差/mm	0	25	50	100	150
弓网压力/N	120	120±30	120±60	120±80	120±100
坡度/‰	0	0.8	1	2	3
弓网离线时间/mS	0	20	40	60	80

若用[0 1]的数值来表示接触网对应的 5 个健康等级,接近 1 表示状态良好,接近 0 表示状态恶化,将接触网健康状态的评估进行量化,取 $V=\{1,0.8,0.6,0.4,0.2\}$,则可求出接触网状态评估的健康值,评价结果将更为直观,同时可建立接触网健康状态评估的历史数据库,更易于揭示其发展演化规律。

确定了评估指标和评判集之后,如何利用模糊理论对获得的检测数据进行处理、确定各个不同指标的影响权重是进行接触网状态综合评估的关键。

3）接触网指标参数的模糊化处理

在确定了指标集后,针对检测获得的指标参数,因为各个指标的量纲不同,需要对其进行归一化处理。由于接触网健康状态评估的指标都为定量指标,且都为越小越优型,故其归一化公式为

$$x_i = (x_a - x_i')/(x_a - x_b) \quad i = 1,2,\cdots,m \qquad (12\text{-}27)$$

式中,x_i' 为指标的测量值;x_a 为该指标的极限值;x_b 为该指标的最优值;x_i 为归一化之后的值。

接触网作为一种机械结构的装置,其可靠性指标特性和等级模糊集合采用三角型隶属函数公式[9],其示意图如图 12-7 所示。

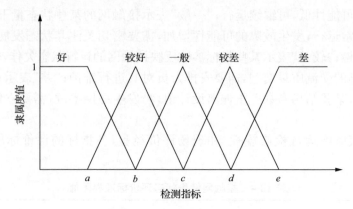

图 12-7　三角形隶属函数示意图

对应的隶属函数为

$$
\mu_1(x) = \begin{cases} 1, & x \leqslant a \\ (b-x)/(b-a), & x \in (a,b) \\ 0, & x \geqslant b \end{cases}
$$

$$
\mu_2(x) = \begin{cases} 0, & x \leqslant a \text{ 或 } x \geqslant c \\ (x-a)/(b-a), & x \in (a,b) \\ (c-x)/(c-b), & x \in (b,c) \end{cases}
$$

$$
\mu_3(x) = \begin{cases} 0, & x \leqslant d \\ (x-d)/(e-d), & x \in (d,e) \\ 1, & x \geqslant e \end{cases}
$$

(12-28)

式中，a,b,c,d,e 分别为表 12-4 确定的各界限值对应的归一化之后的值。

4）基于熵权理论的权重分配

熵的定义为和第 j 个指标的熵权可分别参见式(12-10)和式(12-11)。

5）接触网健康状态的模糊综合评估

根据隶属度函数可对各指标属于评判集的隶属度进行评估，得到不同检测值时隶属于该评判集的程度。设 u_j 是评估指标集中的第 j 个因素，v_l 是评判集中的第 $l(l=1,2,\cdots,L)$ 个对象，u_j 属于 v_l 的隶属程度为 r_{jl}，则 $R_j = (r_{j1},r_{j2},\cdots,r_{jl})$ 称为 u_j 的单因素评估集，由各个单因素评估集为行向量构成的矩阵 $\boldsymbol{R} = (R_1, R_2,\cdots,R_n)$ 称为模糊评判矩阵。

对接触网的健康状态进行综合评判可通过式(12-4)实现。

根据不同要求有不同的选择。因为接触网健康状态的影响因素较多，为不遗失信息，综合考虑各因素的影响，可选择加权平均算子 $M(+,\cdot)$，则

$$
b_l = \sum_{j=1}^n w_j r_{jl}
$$

(12-29)

若 $b_r = \max_{1 \leqslant l \leqslant L}(b_l)$ 是模糊综合结果 B 的最大元素,则根据隶属度最大原则,b_r 对应的评语 v_r 可作为最终的评估结果。

表 12-5 所示为某段接触网 2010 年 10 月 14 和 10 月 15 日两天检测的相关数据。该段线路路况为路基,检测车运行速度分别为 247km/h 和 253km/h。

表 12-5　某段接触网动态检测数据

时间	拉出值/mm	导高/mm	硬点/g	高差/mm	接触力/N	坡度/‰	离线/ms
10 月 15 日	405	6537	45	146	140	2.5	44
10 月 14 日	412	6450	48	120	150	1.5	32

对各指标值进行归一化之后的标准化矩阵为

$$\begin{bmatrix} 0.975 & 0.096 & 0.625 & 0.027 & 0.800 & 0.167 & 0.450 \\ 0.940 & 0.881 & 0.550 & 0.200 & 0.700 & 0.500 & 0.600 \end{bmatrix} \tag{12-30}$$

由 $f(u_i)$ 得到单因素评价集 $R_i = \{r_{i1}, r_{i2}, \cdots, r_{im}\}$,以各因素的评价集为行向量组成一个矩阵,称为单因素评价矩阵。结合表 12-4 所列各等级的标准界限值和隶属度函数,求得 10 月 15 日所测数据的单因素评判集,7 项检测指标的单因素评判集构成的模糊评判矩阵为

$$\boldsymbol{R} = \begin{bmatrix} 0.900 & 0.100 & 0 & 0 & 0 \\ 0 & 0 & 0 & 0.259 & 0.741 \\ 0 & 0.500 & 0.500 & 0 & 0 \\ 0 & 0 & 0 & 0.081 & 0.919 \\ 0.333 & 0.667 & 0 & 0 & 0 \\ 0 & 0 & 0 & 0.500 & 0.500 \\ 0 & 0 & 0.800 & 0.200 \end{bmatrix}$$

对两次检测数据构成的时间序列求熵得

$$\boldsymbol{H} = \begin{bmatrix} 0.356 & 0.165 & 0.355 & 0.188 & 0.356 & 0.289 & 0.351 \end{bmatrix} \tag{12-31}$$

可求得最后的权重向量:

$$\boldsymbol{W}_H = \begin{bmatrix} 0.130 & 0.168 & 0.131 & 0.164 & 0.130 & 0.144 & 0.131 \end{bmatrix} \tag{12-32}$$

进行综合评估后的结果为

$$\boldsymbol{B}_{C1} = \begin{bmatrix} 0.160 & 0.166 & 0.170 & 0.156 & 0.348 \end{bmatrix} \tag{12-33}$$

此时,若根据最大隶属度原则,则可看出最终的评估结果为"差"。若用 $V = \{1, 0.8, 0.6, 0.4, 0.2\}$ 来代替 5 个等级对应的分值,则进行加权平均后,可得接触网的健康评价值为

$$v = 0.1756 < 0.2 \tag{12-34}$$

可见,接触网依然处于"较差"等级,但是定量评估的结果更为直观。图 12-8

所示为利用该方法对该段线路 10 月 11 日~10 月 20 日共计 10 天的接触网健康值评估结果图。从图中可以看出,14 日起接触网的健康状态开始恶化,15、16 日状态变得较差,经 16 日的维修后,接触网状态明显好转。因而,采用这种定量化的评估结果更为直观,更能反映接触网状态发展变化的规律,经过一段时间的积累后,还能通过历史数据对其未来的发展趋势进行预测,从而实现提早预防,这对保证接触网的可靠性、减少故障损失是有重要意义的。

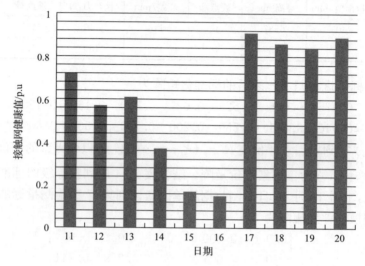

图 12-8　某段接触网健康评估状态图

12.2.3　牵引供电系统的健康状态评估

在牵引变电所、接触网健康状态评估的基础上,可实现对整个牵引供电系统健康状态的评估。以图 12-9 所示某一段牵引供电系统为例,该段共包括 2 座牵引变电所、1 座 AT 分区所和 2 座 AT 所。

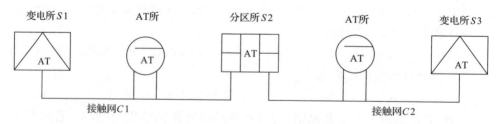

图 12-9　某段牵引供电系统示意图

设该段牵引供电系统中,变电所 S1 的状态如 12.2.1 中所述,接触网 C1 的状态如 12.2.2 中所述,其他部分包括分区所 S2,变电所 S3,接触网 C2 等的检测数据都设为正常,对该段牵引供电系统,构成监控对象(C1、C2、S1、S2、S3)。分析可知,接触网无备用,变电所 $S1$、$S2$ 可通过分区所实现越区供电,从而互为备用,相对而言,AT 分区所的故障对供电的影响要小,据此建立该监控对象间的重要尺度成对比较矩阵:

$$A = \begin{bmatrix} 1.00 & 1.00 & 4.00 & 2.00 & 3.00 \\ 1.00 & 1.00 & 3.00 & 2.00 & 4.00 \\ 0.25 & 0.33 & 1.00 & 2.00 & 1.00 \\ 0.50 & 0.50 & 0.50 & 1.00 & 0.50 \\ 0.33 & 0.25 & 1.00 & 2.00 & 1.00 \end{bmatrix} \qquad (12\text{-}35)$$

该矩阵的最大特征值 $\lambda_{\max} = 5.2673$,一致性指标 $CI = (\lambda_{\max} - n)/(n-1) = 0.0668$,$CR = CI/RI = 0.0596 < 0.1$ 满足一致性指标要求。求 $\lambda_{\max}$ 对应的特征向量,并将其转换为单位特征向量,得各监控对象对系统的影响权重:

$$w = (w_{c1}, w_{c2}, w_{s1}, w_{s2}, w_{s3}) = (0.3265, 0.3265, 0.1220, 0.1049, 0.1220) \qquad (12\text{-}36)$$

可见,接触网对该段系统的影响权重为 0.3265,是几个监控对象中最大的,这与接触网无备用的特性是一致的。

根据前面计算,变电所 $S1$ 和接触网 $C1$ 对应于 5 个状态的单因素评价集为

$$R_{S1} = \begin{bmatrix} 0.8287 & 0.0710 & 0.0140 & 0.0174 & 0.0689 \end{bmatrix}$$
$$R_{C1} = \begin{bmatrix} 0.1600 & 0.1660 & 0.1700 & 0.1560 & 0.3480 \end{bmatrix} \qquad (12\text{-}37)$$

其他几个正常健康对象的单因素评价集为

$$R_{S2} = R_{S3} = R_{C2} = \begin{bmatrix} 0.9500 & 0.0500 & 0 & 0 & 0 \end{bmatrix} \qquad (12\text{-}38)$$

根据式(12-4)可得该段牵引供电系统健康状态的综合评估为

$$B = \begin{bmatrix} 0.6791 & 0.0886 & 0.0572 & 0.0531 & 0.1220 \end{bmatrix} \qquad (12\text{-}39)$$

依据最大隶属度原则,该段牵引供电系统的健康状态为"好",对应的健康值 $vh = 0.8298$。可见,利用模糊综合评估方法,考虑的因素更为全面、评价结果更为客观,且利用加权综合方法可实现对牵引变电所及接触网健康值的定量评估。同时,可分别实现对牵引变电所、接触网的健康状态评估,并在此基础上可实现对整段牵引供电系统健康状态的评估。

12.3　本章小结

本章简要介绍了在中短时间尺度下对高速铁路牵引供电系统进行健康状态评估的方法。建立了牵引供电系统健康状态评估模型,分析影响健康状态的评价指标集,并利用模糊综合评估方法对健康状态进行定量评估,对指导牵引供电系统的运营维护工作具有重要意义。

参 考 文 献

[1] 程宏波. 计及不确定性的牵引供电系统健康诊断及风险评估方法研究[D]. 成都:西南交通大学,2014.

[2] 王斌. 交通安全不确定测度理论研究[D]. 成都:西南交通大学,2012:9-15.

[3] 王爽. 铁路危险货物办理站及专用线运输安全现状综合分析与管理对策研究[D]. 北京:北京交通大学,2012.

[4] 吴晓平,汪玉. 舰船装备系统综合评估的理论与方法[M]. 北京:科学出版社,2007:90-103.

[5] 董肇君. 系统工程与运筹学[M]. 北京:国防工业出版社,2011:59-65.

[6] Xu Z S, Xia M M. Hesitant fuzzy entropy and cross-entropy and their use in multi-attribute decision-making[J]. International Journal of Intelligent Systems,2012,27(9):799-822.

[7] 王谦. 基于模糊理论的电力变压器运行状态综合评估方法研究[D]. 重庆:重庆大学,2005.

[8] 吴立增. 变压器状态评估方法的研究[D]. 保定:华北电力大学,2005.

[9] 乔巍巍. 数控系统可靠性建模及熵权模糊综合评价[D]. 长春:吉林大学,2008.

第13章 高速铁路牵引供电系统风险状态评估

第12章的健康状态评估是可靠性分析在不同时间尺度上的体现,但它仅体现了系统内部性态的变化,以及系统内元件间的耦合关系与相互影响。当外部环境因素对系统产生较大影响时,健康状态评估将不再适用,此时需要应用风险评估来对系统发生性能变化和损失的可能性进行量化评估。因此,本章将以高速铁路牵引供电系统为例,从考虑外部环境因素影响的角度介绍风险状态评估的理论方法和实际应用。

高速铁路运营环境极其复杂,跨越高寒(如京哈线)、高温、高湿(如武广线)、强腐蚀(如海南通道)、多风沙(如兰新线)、高原(如沪昆线)等气候和自然环境差别极大的不同区域,致使高速铁路长期服役于极端气候、地理环境下,沿线自然灾害分布广泛、类型众多、发生频繁,严重威胁高速铁路的行车安全[1,2]。

高速铁路牵引供电系统的运行条件比较恶劣,绝大多数牵引供电设备暴露在外,而且高铁的接触网大部分架设于高架桥上,这些都决定了牵引供电系统的运行受外部气象环境尤其是雷击的影响较大。通过分析牵引供电系统事故与外部气象条件之间的关系,发现气象条件中雷电对牵引供电系统故障的影响程度最高。同时,现场实际的运行资料也证明了雷击对牵引供电系统的影响较大。因此,本章以雷击风险为例,介绍牵引供电系统的雷击灾害风险状态评估。

具体来说,牵引供电系统的雷击灾害风险评估需要评估地区的相关气象信息,由于气象条件的不确定性,气象参数多在某一范围内变动,如某地的月落雷次数、月降水量等。同样,评估过程中雷击危险区的面积及雷击造成的损失等也存在着不确定性,而在某一范围内变动,采用以确定的数值进行代替往往掩盖了这些不确定性所造成的影响,而使得评估结果与实际情况不相符。因此,本章将介绍利用区间数学对气象条件、危险区面积及服务损失的不确定性进行描述,进而对牵引供电系统的雷击灾害进行风险状态评估。

13.1 牵引供电系统故障的气象关联建模方法及实例[1]

13.1.1 牵引供电系统故障规律分析

牵引供电系统运行的外部环境具有随时间变化的特征,因而牵引供电系统的故障分布也将随时间呈现一定的规律性。研究牵引供电系统故障的时间分布情况,可有针对性地在不同的时段制定相应的防范措施和处理对策,以进行有效的预防,减少故障的发生。

以铁路某供电段近三年的故障为研究对象,分析其故障随时间的变化规律。统计数据包括该供电段管辖下的所有牵引变电所及全部接触网的故障。

1) 牵引供电系统故障的月变化规律

由于牵引供电系统露天布置,受天气的影响较为明显,而天气具有显著的季节性和周期性,所以牵引供电系统的故障次数随时间不同具有一定的分布规律。图13-1为该供电段近三年统计的牵引供电系统故障的月变化曲线,将其按照春夏秋冬四季的时间顺序进行排列。

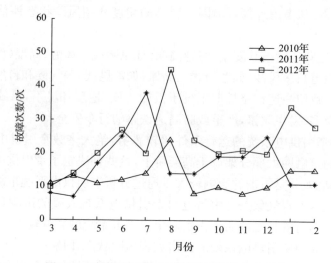

图 13-1　某段牵引供电系统故障的月变化曲线

由图 13-1 可知,牵引供电系统的故障整体呈上升趋势,次数在逐年增加,说明随着运行时间的增多,运行造成的损害在逐渐积累,导致的故障也在逐步增加:2010 年的年故障次数为 151 次,2011 年的年故障次数为 208 次,2012 年的年故障次数为 283 次,年故障次数增加明显。另外,从图 13-1 还可以看到,牵引供电系统的故障分布具有明显的季节性,夏季和冬季是牵引供电系统故障发生的高峰期;其中,2010 年的故障高峰期出现在 8 月,其值为 24 次/月,2011 年的故障高峰期出现在 7 月,其值为 38 次/月,2012 年的故障高峰出现在 8 月份,达到 45 次/月。近三年的故障高峰都出现在夏季,冬季是另一个故障高峰期。

2) 高铁牵引供电系统故障的日变化特征

在一天不同时间段内列车运行的频繁程度不同,由此导致一天内牵引供电系统的故障分布也有所不同。图 13-2 和图 13-3 所示为该段牵引供电系统在不同季节里故障的日变化曲线。

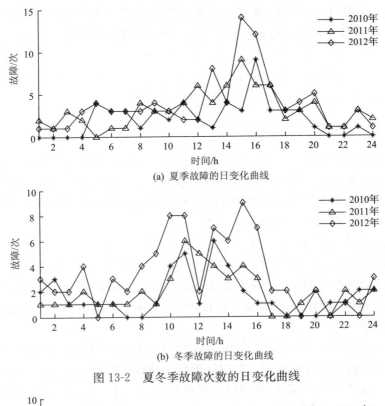

(a) 夏季故障的日变化曲线

(b) 冬季故障的日变化曲线

图 13-2　夏冬季故障次数的日变化曲线

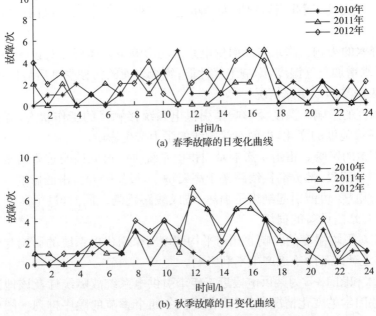

(a) 春季故障的日变化曲线

(b) 秋季故障的日变化曲线

图 13-3　春秋季故障次数的日变化曲线

图 13-2 和图 13-3 表明,夏季故障次数较其他季节要多,且故障高峰出现在 15、16 点,此时多为夏季午后温度较高时段。冬季故障的时间分布也较为明显,故障高峰较为集中的分布在 9~11 点和 13~15 点。

从图 13-3 可以看到,春秋季故障的日变化曲线较为平均,故障次数分布的时间段较长,在 8~12 点,13~18 点有较小的故障高峰。

13.1.2　牵引供电系统气象规律统计

引发高铁牵引供电系统故障的原因是多方面的,恶劣的气象条件是诱发高铁牵引供电系统故障的一个重要因素,媒体报道的大部分高铁停电事故都和恶劣天气有关。根据气象条件对高铁牵引供电系统可能受到的影响进行预测和评估是可靠的高铁调度管理的重要内容之一。

由于牵引供电设备多为露天布置,工作状态易受外部气象环境如风、雨、雪、雷电、雾霾等的影响,而且我国的高速铁路多架设于高架桥上,牵引供电系统受各种气象条件的影响更为明显[3]。从理论上讲,考虑气象环境的影响因素越多越好,但根据一般性、简单性和实用性原则,本书对可能影响牵引供电系统工作状态的气象因素分析如下。

(1)风速的影响。风对牵引供电系统的影响主要体现在接触网上:接触网在风的作用下可能会使线索的内力超过许用值,引起导线拉断;风引起的接触网振动会导致结构疲劳;大风引起接触网舞动影响受电弓的正常受流。风的作用强度和风速的平方成正比,因此当风速增大到超过一定程度之后,对接触网设备的影响更为突出。

(2)降水的影响。降水对牵引供电系统的影响主要体现在对设备绝缘性能的影响上:降水增加空气湿度,影响绝缘性能;绝缘表面的污秽受潮后易出现污闪;水流在设备表面易造成短路情况。

(3)温度的影响。温度会影响牵引供电系统接触线的工作状态,温度的变化会引起接触线弛度的变化,进而对接触线的张力产生影响。

(4)雷击的影响。雷击是影响牵引供电系统供电可靠性的重要因素之一。由于接触网露天架设,部分高铁线路架于高架桥上,极易受到雷击的影响。雷击接触网会产生过电压,可能引起绝缘子损坏,造成线路跳闸。同时,过电压会侵入牵引变电所,引起站内设备的损坏。

(5)相对平均湿度的影响。相对平均湿度对牵引供电系统的影响与降水的影响相似,多是对设备的绝缘产生不利影响。

图 13-4 和图 13-5 为某供电段近三年牵引供电系统故障统计及该地区近三年对应的气象因素的变化情况,时间按春夏秋冬四个季节的顺序排列。图中列出了风速、温度、降水量、雷击次数及平均相对湿度的变化情况。从图中可以看到,牵引

供电系统的故障与雷击次数之间的关系明显,三年的雷击次数高峰基本对应了当年的故障次数高峰;故障高峰期和温度高峰期也具有高度的一致性,两者都出现在每年的夏季;故障次数与风速、月平均降水量及平均相对湿度之间也呈现出一定的相关性。

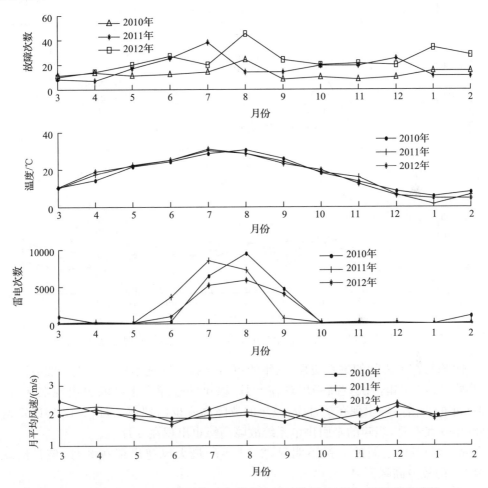

图 13-4　某供电段近三年的故障变化及该地区的温度、雷电、风速变化曲线

从图 13-4 故障次数与温度之间的关系对比可以看出,故障高峰期和温度高峰期具有一致性,两者都出现在夏季,2010 年的平均温度最高值与当年的故障高峰同样出现在 8 月,2011 年的平均温度最高值与当年的故障高峰同时出现在 7 月,两者高度一致;2012 年的温度最高值出现在 7 月,在 8 月出现了当年故障次数的最高值。

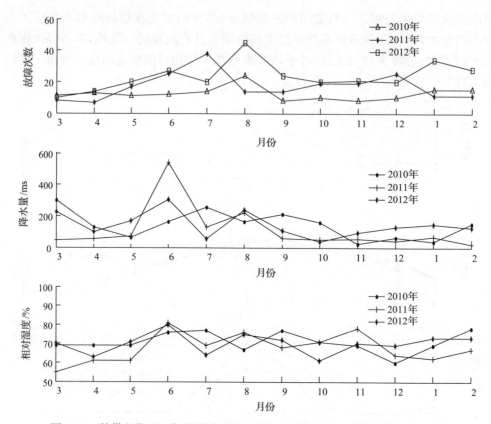

图 13-5　某供电段近三年的故障变化及该地区的降水量、相对湿度变化曲线

故障与雷击之间的关系明显,三年的雷击次数高峰基本对应了当年的故障次数高峰,2010 年雷击次数高峰出现在 8 月,该年的故障发生高峰也出现在 8 月;2011 年的雷击高峰出现在 7 月份,该年的故障高峰也出现在 7 月;2012 年的雷击高峰出现在 8 月,当年的牵引供电系统故障高峰也出现在 8 月。

故障与风速之间的关系不明显,2012 年的最大风速出现在 8 月,该月出现 2012 年的故障高峰。

图 13-5 所示为近三年故障与该地区月平均降水量、月平均相对湿度之间的关系。从图中可以看到,牵引供电系统的故障次数与月平均降水量,以及平均相对湿度之间的关系不是很明显。

从上述的分析可以看到,牵引供电系统的故障和气象因素之间具有一定的关联关系,且和不同气象因素之间的关联程度各不相同。利用统计学的方法计算出该段牵引供电系统近三年的故障次数与同步的气象因素之间的相关系数如表 13-1 所示,相关系数可以反映出统计变量相互之间的关系密切程度。

表 13-1　某段牵引供电系统事故起数与气象条件的相关系数

项目	相关系数		
	2010 年	2011 年	2012 年
温度	0.3816	0.3990	0.4577
雷击次数	0.5945	0.5819	0.6438
风速	0.4777	0.4232	0.4585
相对湿度	0.3498	0.3672	0.3043
降水	0.3391	0.1998	0.2501

从表 13-1 中可以看到,气象因素与牵引供电系统事故起数之间都呈现正相关。根据相关程度的划分:$|r| < 0.4$ 为低度线性相关,$0.4 \leqslant |r| < 0.7$ 为显著性相关,$0.7 \leqslant |r| < 1$ 为高度线性相关[4],雷击次数、风速与牵引供电系统的事故灾害之间为显著性相关;温度与事故起数之间有一年(2012 年)呈现显著性相关,另两年呈现低度线性相关;相对湿度、降水量和牵引供电系统的事故起数之间呈现低度线性相关。

相关系数表明牵引供电系统的故障次数和气象条件之间存在联系,但在实际工作中,仅知道它们之间存在着相关关系是不够的,还需要进一步明确它们之间具有怎样的关系,因而需要对它们之间具体的联系关系进行进一步的分析。

13.1.3　牵引供电系统故障的气象关联建模

1. 牵引供电系统故障气象关联模型的选元

影响牵引供电系统工作状态的因素是多方面的,其中有些因素影响较为显著,有些因素的影响较为轻微,从众多的因素中选择对牵引供电系统事故影响比较重要的因素作为气象分析模型的自变量,对于整个分析模型的确定非常重要。

选用逐步回归法对牵引供电系统事故灾害气象分析模型的变量进行选择。逐步回归法的基本思路如下[3]。

(1) 利用牵引供电系统的事故起数 y 与前述的气象因素 $x_i (i = 1, 2, \cdots, m)$ 分别进行回归分析,得到其显著性检验 F 的值,若最大的 F 值在给定的显著性水平下是显著的,则对应的气象因素被选中。

(2) 在剩下的 $m-1$ 个变量中再利用偏检验来选择一个变量加入模型中,偏 F 统计量为

$$F = \frac{\mathrm{SSR}(X_j | X_i)/k}{\mathrm{MSE}(X_i, X_j)} \sim F(1, n-2) \tag{13-1}$$

式中,$\mathrm{SSR}(X_j | X_i) = \mathrm{SSR}(X_i, X_j) - \mathrm{SSR}(X_i)$,表示模型在已存在变量 X_i 的条件下新加入变量 X_j 对因变量的贡献,$\mathrm{SSR} = \sum (\hat{y}_i - \bar{y})^2$ 表示回归平方和;

$MSE(X_i,X_j) = SSR(X_i,X_j)/(n-k-1)$，$SSR = \sum (y_i - \hat{y})^2$ 表示残差平方和。

（3）对已知模型中的每个变量进行显著性检验。若检验不显著，则去掉该变量，再重复进行（2）和（3）；否则保留该变量，重复进行（2）和（3）。直到待选的全部变量根据给定的显著性水平没有一个再能被选入模型或排除出刚构成的回归模型。

可以看到，逐步回归选元是一个不断吐故纳新的过程，对牵引供电系统事故影响不重要的气象因素最终是不会被引入的，即使开始时被引入，最后也会被剔除。直到既无新变量引入又无变量被剔除时，逐步回归宣告完成。

2. 牵引供电系统故障气象关联模型的建立

在确定了影响牵引供电系统工作状态的气象因素之后，需要进一步明确牵引供电系统的事故灾害与气象因素之间的关系，以便实际工作中能根据气象条件的变化情况来确定牵引供电系统工作状态的变化程度。核心问题为参数的估计及评价问题。

用 Y 表示牵引供电系统事故灾害的统计样本，X 表示气象因素的观测样本，Y 和 X 之间的关系可用带有条件期望的方程表示：

$$Y = E(Y|X) + \varepsilon \tag{13-2}$$

式中，$E(Y|X)$ 为变量 Y 关于变量 X（可以是一个变量，也可以是由多个变量构成的向量）的条件均值；ε 为随机误差。

用 $\boldsymbol{B} = [\beta_0, \beta_1, \beta_2, \cdots, \beta_n]^{\mathrm{T}}$ 表示回归系数，回归方程可以表示为 $Y = \boldsymbol{XB} + \varepsilon$，则参数的最小二乘估计量为

$$\hat{\boldsymbol{B}} = (X'X)^{-1}X'Y \tag{13-3}$$

在估计出回归方程后，需要对回归模型进行诊断，本书采用方程拟合优度指标 R^2 和残差分析来反映方程拟合的好坏。拟合优度指标为

$$R^2 = \frac{SSR}{SST} = \frac{SSR}{SSR + SSE} \tag{13-4}$$

式中，回归平方和 SSR 反映了自变量对总离差的贡献；残差平方和 SSE 反映了误差项对总离差的贡献；拟合优度 R^2 越大，表明拟合越好。

如果回归模型对样本数据的拟合是良好的，误差项的估计量 $\hat{\varepsilon}$ 应满足零均值、同方差、不相关和正态性，记残差 $r_i = \hat{\varepsilon}_i = y_i - \hat{y}_i$，标准化残差 $e_i = \dfrac{r_i}{\sigma} = \dfrac{r_i}{\sqrt{MSE}} \sim N(0,1)$，即标准化残差的估计量应近似服从标准正态分布。

在回归模型通过以上各种检验后，就可根据自变量的实际变化情况对因变量进行预测了。回归预测就是根据已知的气象条件 X_0，对牵引供电系统的事故起数的平均值 $E(Y_0|X_0)$ 进行预测。

当估计出回归方程 $\hat{Y} = X\hat{B}$ 后,平均值 $E(Y_0 \mid X_0)$ 的 $100(1-\alpha)\%$ 置信区间估计为

$$(\hat{Y}_0 - t_{\alpha/2}(n-p-1)s(\hat{Y}_0), \hat{Y}_0 + t_{\alpha/2}(n-p-1)s(\hat{Y}_0)) \tag{13-5}$$

式中, $s(\hat{Y}_0)$ 是 $\hat{Y}_0$ 的方差的估计的平方根,有

$$s(\hat{Y}_0) = \hat{\sigma} \sqrt{X'_0 (X'X)^{-1} X_0} \tag{13-6}$$

13.1.4　牵引供电系统故障气象关联模型应用实例

以铁路某供电段近三年(2010~2012 年)的牵引供电系统故障为研究对象,分析该段牵引供电系统故障灾害与该地区气象条件之间的关系,建立牵引供电系统事故灾害起数与气象因素之间的关联模型。牵引供电系统的故障统计数据包括了该供电段管辖下的所有牵引变电所及全部接触网的故障,气象资料来源于该地区气象局的资料统计。

将该供电段近三年牵引供电系统的事故情况进行整理,分别得到牵引供电系统近三年来每月的事故起数,将其作为因变量 Y;将该地区的对应气象情况进行整理,分别得到该地区近三年来每月的雷击次数 x_l,月平均温度 x_t,月平均风速 x_w,月平均降水量 x_r,月平均相对湿度 x_h,记为自变量 $X = x_t x_l x_r x_w x_h$。变量 Y 与 X 的变化情况如图 13-4 所示。

首先在不进行回归选元的情况下,直接对故障次数与气象因素的 5 个变量进行回归分析,得到故障次数 Y 与气象因素之间的关系:

$$Y = -21.0347 - 0.0248x_t + 0.0013x_l - 0.0010x_r + 3.7900x_w + 0.3320x_h \tag{13-7}$$

回归后所得的残差区间杠杆图如图 13-6 所示。残差杠杆图显示,残差均匀分布在 0 点线附近,没有发现高杠杆点,说明统计数据中没有强影响点和异常观测点。返回的统计值中检验指标 $R^2 = 0.7043$ 说明模型拟合得不是很好,F 检验值 $= 1.7191 > p$,符合要求。但是,与显著性概率相关的 p 值 $= 0.1606 > 0.05$,这说明回归方程中有些变量可以剔除。

进行逐步回归选元后,得到的回归方程为

$$Y = 1.5347 + 0.0013x_l + 3.7432x_w \tag{13-8}$$

拟合参数如表 13-2 所示。

表 13-2　两种回归模型的评估参数比较

方法	比较项目			
	R^2	F	P	RMSE
不进行选元	0.7043	1.7191	0.1606	8.1805
逐步选元后	0.8690	5.7112	0.0150	6.8178

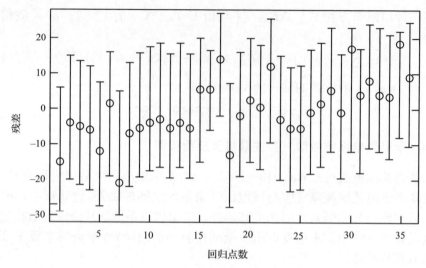

图 13-6　回归分析所得的残差杠杆图

　　表 13-2 中均方根误差(Root-Mean-Square error,RMSE)表示拟合的均方根误差,其值越小,说明拟合的数据与真实值之间的偏离越小,拟合效果越好。从表 13-2 中的数据可以看出,对模型的变量进行了选元后,回归的情况要更好,拟合优度 R^2 进一步提高,均方根误差进一步减小,表明拟合的结果更为理想。

　　此时,回归方程中保留了原始变量 x_l、x_w,分别为月雷击次数和月平均风速。此时模型的评估参数分别为:$R^2 = 0.8690$,F 检验值 $= 5.7112 > p$,与显著性概率相关的 p 值为 $0.0150 < 0.05$。以上指标值表明回归效果比较理想。回归结果表明牵引供电系统的故障次数和雷击及风速紧密相关,这与实际情况的经验判断相一致。

　　通过该实例分析表明,在众多的气象条件中,雷击对牵引供电系统故障的影响是最大的。因而,针对牵引供电系统的雷击灾害进行风险评估是首要而迫切的。

13.2　牵引供电系统雷击灾害风险评估方法及实例

13.2.1　牵引供电系统的雷击风险

1. 雷击危险区域

　　牵引供电系统主要由牵引变电所和接触网两部分组成,通过分析遭受雷击的原因和途径,将牵引供电系统分为牵引变电所和接触网两部分研究,分别确定其可能受到雷击放电危险影响的区域。

目前,牵引供电系统的自动化程度越来越高,各种集成的电子和计算机设备已成为牵引供电系统正常运行必不可少的保证,而它们也更容易受到雷电冲击电压和冲击电流的影响而发生损坏。因而,牵引变电所雷击危险区的确定,不仅要考虑雷击对变电所一次设备的损害,也要考虑雷电电压和电流通过传导耦合、磁耦合或电耦合对变电所内电子设备所造成的损坏[5]。综合考虑雷击对变电所一次设备和电子设备的影响,可得到变电所内的雷击危险区如下。

1) 雷击变电所的截收危险区 A_d

A_d 危险区是与变电所每年遭受直击雷次数同值的等效平面面积,它与变电所建筑物的空间尺寸,以及与周围其他建筑物的相对位置等有关[6]。

对于平地上的孤立建筑物,截收危险区 A_d 是与建筑物上沿接触的斜率为 1/3 的直线围绕建筑物一周后在地面上划出的面积。设位于平坦地面的孤立的建筑物长为 L,宽为 W,高为 H(单位为 m),其面积示意图如图 13-7 所示。

$$A_d = LW + 6H(L+W) + 9\pi (H)^2 \tag{13-9}$$

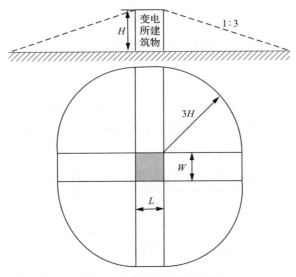

图 13-7　A_d 危险区示意图

对于一些形状复杂的建筑物,如有突兀屋顶的,可以通过分部作图法得到准确的 A_d[7]。

因同等面积每年遭受直击雷的次数是不同的,长期统计值会在一定的范围内波动,考虑这种不确定性的影响,采用区间数来表示截收危险区的面积为

$$[A_d] = [1-\lambda_s, 1+\lambda_s]A_d = [\underline{\lambda}_s, \bar{\lambda}_s]A_d = [\lambda_s]A_d \tag{13-10}$$

式中,$[\lambda_s]$ 表示面积修正系数 λ_s 的区间值,$\underline{\lambda}_s = 1-\lambda_s$,$\bar{\lambda}_s = 1+\lambda_s$。

2) 雷击变电所邻近区域的危险区 A_m

A_m 危险区是指变电所周围地面遭受雷击,雷电流通过阻性耦合或磁耦合可能对变电所电子设备产生危害的区域。在此区域内,雷击在 100m^2 地回路内产生感应磁场,并产生大于或等于 1.5kV 的过电压,超过内部系统可承受的脉冲电压水平。一般取从建筑物周边延伸至 250 m 所形成的区域,如图 13-8 所示。

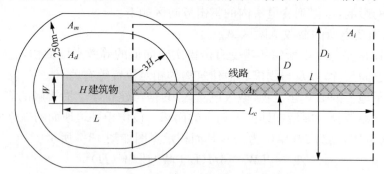

图 13-8　牵引变电所的危险区域示意图

考虑不确定性的影响,采用区间数的形式表示为

$$[A_m] = [\lambda_s]A_m \tag{13-11}$$

3) 雷击线路的危险区 A_l

变电所的架空进线、馈线电缆等在遭受雷击时,产生的过电压、过电流,会沿线路窜入设备引起危害。雷击线路的危险区 A_l 和线路的长度及架设方式有关,A_l 的计算方法见表 13-3。

表 13-3　随线路特征变化的 A_l 和 A_i 计算方法

面积	类型	
	架空	地下
A_l	$(L_c - 3H) \times 6H_c$	$(L_c - 3H) \times 0.8\sqrt{\rho}$
A_i	$L_c \times 1000$	$L_c \times 50\sqrt{\rho}$

表 13-3 中,H_c 为地上导线的高度(m);ρ 为埋有电缆的地面的电阻率($\Omega \cdot$ m);L_c 为从变电所建筑物到线路第一分支点(如高/低压电站)或截至第一个浪涌保护器件(Surge Protection Device,SPD)安装处的长度(m)。

由于接触网和牵引变电所中的架空线路形式相似,接触网的雷击危险区可按变电所线路相同的方法进行确定,计算时要计入线路高架桥的高度。

区间表达形式为

$$[A_l] = [\lambda_s]A_l \tag{13-12}$$

4) 雷击线路邻近区域的危险区 A_i

雷击变电所线路附近区域时,会在线路上产生感应过电压、过电流,对沿线路分布的设备产生危害。线路的危险区 A_i 由线路长度 L_i 和横向距离 D_i(图 13-8)确定,在此距离内,雷击线路邻近区域会产生不低于 1.5kV 的感应过电压。A_i 的计算方法见表 13-3。区间表达形式为

$$[A_i] = [\lambda_s]A_i \qquad (13\text{-}13)$$

2. 概率系数及影响因子

牵引供电系统会采取一些减弱雷电影响的防护措施,这使得实际发生危险影响的概率会比理论计算的要低,牵引供电系统对雷电影响的减弱特性包括以下几个方面。

(1) 建筑物和设备固有的保护特性,如建筑物的钢筋、具有绝缘保护层的电缆、无金属的光纤等。

(2) 为防雷而采取的雷电防护措施,如采用雷电防护系统(Lightning Protection System,LPS),在线路上安装避雷器等浪涌保护器件。

(3) 建筑物的防雷接地和设备电磁兼容措施等。

为此在风险评估中引入概率系数 P,以使计算结果更符合实际。

除此以外,牵引供电系统是否易受雷击还会受到所处位置的影响,例如,处于被其他物体或树木包围的环境与处于山顶上的孤立位置,所受雷击的可能性是不同的。考虑此类影响,引入影响因子 C。雷电灾害评估需要考虑的概率系数与影响因子见表 13-4。

表 13-4　雷电灾害评估需要考虑的概率系数与影响因子

雷击对象	应考虑的概率系数					影响因子	
	活体损害	实体损害	内部失效	感应损害	影响概率取值的因素	位置影响	变压影响
建筑物	P_A	P_B	P_C	P_M	雷电防护措施,SPD 的防护等级	C_d	—
线路	P_U	P_V	P_W	P_Z	线路的屏蔽特征,与线路相连的内部系统可承受的脉冲电压,所采用的 SPD	C_d	C_t

概率系数和影响因子的取值可参考文献[5]的方法进行确定。

13.2.2　雷击灾害风险评估方法

1. 雷击灾害损失量

雷击损失 L 用来表示雷击对牵引供电系统损害的程度及造成的后果。对于牵引供电系统,它的值取决于下列因素:牵引供电系统所在线路的类型及重要性;列车运行受雷击影响而停留的时间。

对于高铁牵引供电系统,主要考虑以下两种雷击损失。

1) 雷击导致的服务损失

雷击导致的服务损失的年平均相对量为

$$L_S = (n/n_t) \cdot (t/8760) \tag{13-14}$$

式中,n 为受雷击影响的列车的数目;n_t 为运行的列车总数;t 为列车每年在危险区域停留的时间,h。

2) 设备损坏导致的损失

设备损失的年平均相对量为

$$L_D = c/c_t \tag{13-15}$$

式中,c 为对牵引供电系统进行估计,得出损失的平均值(用货币表示);c_t 为牵引供电系统设备的总价值(用货币表示)。在 n,n_t 和 t 不确定或难以确定时,可采用文献[5]推荐值进行计算。

因雷击牵引供电系统导致的全部损失为

$$L_L = L_S + L_D \tag{13-16}$$

雷击发生的时间及强度不同时,受到影响的列车总数和设备损失也各不相同,因雷击导致的灾害损失量也存在着较多的不确定性,引入损失量修正系数 λ_i,则损失量的区间表达形式为

$$[L_L] = [1-\lambda_l, 1+\lambda_l]L_L = [\underline{\lambda_l}, \bar{\lambda_l}]L_L = [\lambda_l]L_L \tag{13-17}$$

2. 雷击灾害的风险评估

牵引供电系统的雷击灾害风险是牵引变电所和接触网不同部分风险组成的总和。

每个部分的雷击风险:$[R_j] = [N]P_j[L_j]$。其中,$[N]$ 为牵引供电系统遭受雷击的年可能次数,P_j 为该部分遭受雷击影响的概率系数,$[L_j]$ 为该部分因雷击而引起的损失。

雷击牵引变电所建筑物的年度次数为

$$[N_D] = [N_g][A_d]C_d 10^{-6} \tag{13-18}$$

式中,$[N_g]$ 为雷对地闪击的密度(雷击/km²/年),可由气象部门的雷电自动监测定位系统获得,$[N_g] = [\underline{N_g}, \bar{N_g}]$;$[A_d]$ 为建筑的截收危险面积(m²),$[A_d] = [\lambda_s]A_d$;C_d 为计入受保护物体相对位置影响的系数。

同理,雷击牵引变电所建筑物邻近区域的年度次数:$[N_M] = [N_g][A_m]10^{-6}$;雷击线路的年度次数:$[N_L] = [N_g][A_l]C_d C_t 10^{-6}$;雷击线路邻近区域的年度次数:$[N_I] = [N_g][A_i]C_e C_t 10^{-6}$。

雷击牵引供电系统导致灾害的风险为

$$[R] = ([N_D](P_A + P_B + P_C) + [N_M]P_M$$
$$+ [N_L](P_U + P_V + P_W) + [N_I]P_Z)[L_L] \tag{13-19}$$

若有必要,则可将风险评估分区域分项进行,确定出雷电灾害风险中比例较大的项,从而可有针对性地采取防雷措施。雷击接触网导致的风险为

$$[R_J] = [R_U] + [R_V] + [R_W] + [R_Z]$$

$$\begin{cases} [R_U] = [N_L]P_U[L_U] \\ [R_V] = [N_L]P_V[L_V] \\ [R_W] = [N_L]P_W[L_W] \\ [R_Z] = ([N_I] - [N_L])P_Z[L_Z] \end{cases} \qquad (13\text{-}20)$$

式中,$[R_U]$、$[R_V]$、$[R_W]$ 分别为雷击接触网导致人身伤害、一次设备损害、二次系统失效的风险;$[R_Z]$ 为雷击接触邻近区域而引起的牵引供电系统设备损坏的风险。

牵引供电系统雷击风险评估系统流程图如图 13-9 所示。

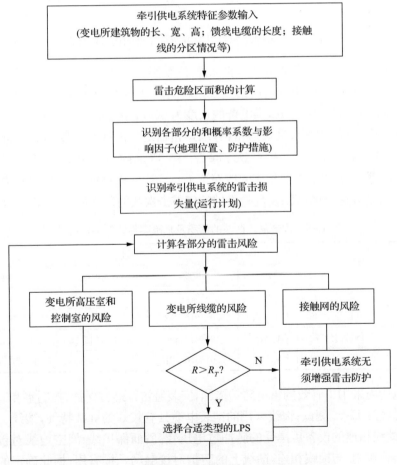

图 13-9　牵引供电系统雷击风险评估系统流程图

13.2.3 雷击灾害风险评估实例

以合蚌高铁合肥北城牵引变电所及其供电臂为例,该变电所进线电压 220kV,进线间隔采用中型布置,牵引变压器采用单相 V/V 接线,控制室和高压室并列布置,馈线采用铠装电缆。该牵引变电所及接触网连接关系的一个断面如图 13-10 所示。

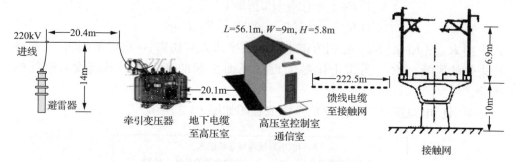

图 13-10　合肥北城牵引变电所及接触网连接断面图

该变电所处于远离建筑和树木的位置,位置影响因子 $C_d = 1$,变电所内的土壤电阻率 $\rho = 400\Omega \cdot m$。牵引变电所给复线接触网供电,接触网的结构如图 13-10 所示,两线路之间的线间距为 4.6m,供电臂的长度为 50km,接触网除在某些特殊位置装设避雷器外,每个锚段内都会装设避雷器,取避雷器之间的线路长度为 2km,该地区的雷对地闪击密度 $[N_g] = [4,5]$ 次 /km² / 年,取危险区面积的修正系数 $[\lambda_s] = [0.95, 1.05]$,对于和变压器相连的线路取 $C_t = 0.2$。依据前面介绍的方法,计算得到的各部分危险区域的面积及危险事件的年雷击次数的范围如表 13-5 所示。

表 13-5　雷击危险区域的面积及危险事件的年平均次数

建筑物		线路			
		统计项	进线	馈线电缆	接触网
$[A_d]$(m²)	$[3535, 3907]$	$[A_t]$(m²)	$[2402, 2655]$	$[3117, 3445]$	$[201400, 222600]$
$[N_d]$(次)	$[0.0141, 0.0195]$	$[N_t]$(次)	$[0.0019, 0.0027]$	$[0.0125, 0.0173]$	$[0.8056, 1.1130]$
$[A_m]$(m²)	$[21874, 24077]$	$[A_i]$(m²)	$[19380, 21420]$	$[194845, 215355]$	$[1900000, 2100000]$
$[N_m]$(次)	$[0.8750, 1.2039]$	$[N_i]$(次)	$[0.0155, 0.0214]$	$[0.1558, 0.2154]$	$[1.5200, 2.1000]$

变电所内采用了有效的雷电防护措施,安装避雷针进行保护,控制室和通信室内的设备都经过 EMC 测试;馈线采用的铠装电缆具有较好的屏蔽特性,馈线上装有避雷器,与馈线相连的设备可承受的脉冲过电压较高;而保护线、架空地线对接触网有一定的屏蔽作用,与馈线相连,馈线上的防护对接触网一样有用;据此确定的各部分的概率系数如表 13-6 所示。

表 13-6　合肥北城牵引变电所雷击损失概率系数

概率系数	建筑物	概率系数	线路		
			变电所进线	馈线电缆	接触网
P_A	0.010	P_U	0.060	0.040	0.060
P_B	0.020	P_V	0.040	0.040	0.040
P_C	0.020	P_W	0.050	0.050	0.050
P_M	0.010	P_Z	0.006	0.006	0.006

每天通过该区间的列车数为 30 对,列车发车间隔 15min,每列车在该供电臂范围内停留的时间为 30min,则列车每天在危险区的停留时间计 7.5h,每年在危险区的停留时间为 $7.5×365$h,设雷击引起的停电时间为 1h,则由雷击导致的牵引供电系统服务损失为

$$L_s = (n/n_t) \cdot (t/8760) = \frac{7.5 \times 365}{24 \times 365} \times \frac{8}{60} = 0.0417 \tag{13-21}$$

由雷击损坏导致的设备损失根据文献[5]取推荐值: $L_D = c/c_t - 0.001$;考虑损失的修正系数 $[\lambda_t] = [0.95, 1.05]$,则供电服务损失的区间表达为: $[L_s] = [0.0396, 0.0438]$;设备损失的区间表达为: $[L_D] = [0.00095, 0.00105]$;总的雷击损失为: $[L_L] = [0.0405, 0.0448]$。雷击该段牵引供电系统并由此导致的经济损失的风险如表 13-7 所示,牵引变电所和接触网因不同原因导致的雷击损害风险如图 13-11 所示。

表 13-7　雷击各部分导致损失的风险　　　　　　（数值·10^{-3}）

变电所					风险项	接触网
风险项	高压室、控制室	风险项	变电所进线	馈线电缆		
R_B	[0.0114, 0.0174]	R_V	[0.0031, 0.0048]	[0.0203, 0.0310]	R_V	[1.3051, 1.9950]
R_C	[0.0114, 0.0174]	R_W	[0.0039, 0.0060]	[0.0253, 0.0388]	R_W	[1.6314, 2.4931]
R_M	[0.3544, 0.5393]	R_Z	[0.0037, 0.0058]	[0.0379, 0.0578]	R_Z	[0.3694, 0.5645]
合计	[0.3772, 0.5741]	合计	[0.0107, 0.0166]	[0.0835, 0.1276]	合计	[3.3059, 5.0526]

$$[R_s] = [N_d]P_B[L_L] = [0.0141, 0.0195] \cdot 0.02[0.0405, 0.0448]$$
$$= [0.0114, 0.0174] \cdot 10^{-3} \tag{13-22}$$

雷直击引起变电所一次设备损坏的风险:[0.0348, 0.0532];雷直击引起变电所二次设备损坏的风险:[0.0406, 0.0622];雷击变电所邻近区域引起设备损坏的风险:[0.3960, 0.6029];变电所总的雷击风险:[0.4714, 0.7183]。

从图 13-11 中可以看到,牵引变电所的雷击风险较小,变电所总的雷击灾害风险:$[R_s] = [0.4714, 0.7183] \times 10^{-3}$;根据 IEC 雷击灾害风险管理的标准,变电所可承受的最大雷击风险为:$R_T = 10^{-3}$;可以看到 $R_S < R_T$。这表明变电所的雷击风险

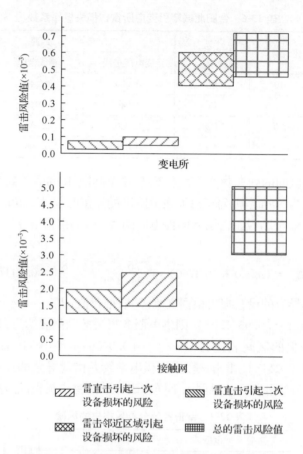

图 13-11　雷击牵引供电系统时各部分的雷击风险

在可承受的风险范围内,且变电所的雷击风险主要由雷击变电所邻近区域产生感应电压对变电所内电子控制设备产生损害而引起。

　　通过前述计算结果可以看到,接触网是整个牵引供电系统中雷击灾害风险最大的部分,接触网因雷击导致的灾害风险为

$$[R_L] = [3.3059, 5.0526] \times 10^{-3} > R_T \tag{13-23}$$

　　超过可承受的风险范围,由图 13-11 可以看出,由雷击接触网而导致的一次供电设备和二次控制设备的损坏占到主要因素,雷击接触网邻近区域而导致的损坏相对较小。

　　设高架桥的高度为 H_B,取雷击密度 $N_g = 4$ 次 $/(\mathrm{km}^2 \cdot$ 年$)$,危险区面积修正系数 λ_s 取 1 时,接触网遭雷击的风险与 H_B 之间的关系为

$$R_L = (0.184464 H_B + 1.824224) \times 10^{-3} \tag{13-24}$$

　　可以看到,无论如何减小 H_B 的值,R_L 总是会大于 R_T。这说明无法仅通过降低

高架桥的高度来使接触网雷击的风险降低到可承受的风险范围内，必须采取综合措施来降低因雷击接触网而导致的高铁运行风险，如增设屏蔽、提高雷电防护等级、提高与接触线相连设备可承受脉冲过电压的水平、增强二次设备电磁兼容能力、制定抢修预案等措施以减小停电损失。

13.3　本章小结

本章简要介绍了针对不确定问题的高速铁路牵引供电系统风险状态评估方法。建立了牵引供电系统风险评估的模型，分析了风险评估的组成因素，并对遭受风险的程度进行定量评估，确定牵引供电系统的薄弱环节，从而为牵引供电系统的设计和建设阶段提高系统耐风险能力提供依据，为运行阶段提供工作指导，对提高牵引供电系统的可靠性及对铁路供电部门的运营维护具有重要的意义。在此基础上，在牵引供电系统监测数据逐渐积累的情况下，继续研究如何从众多的历史数据中挖掘出对牵引供电系统的可靠性研究有指导意义的信息；同时需要进一步研究牵引供电系统风险因素发展变化的规律，确定其发展变化的趋势，实现对牵引供电系统风险的预测与控制。

参 考 文 献

[1] 程宏波. 计及不确定性的牵引供电系统健康诊断及风险评估方法研究[D]. 成都：西南交通大学，2014.

[2] 程宏波，何正友，胡海涛. 高速铁路牵引供电系统雷电灾害风险评估及预警[J]. 铁道学报，2013,35(5)：21-26.

[3] Cheng H B, He Z Y, Wang Q, et al. Relationship between meteorological factors and accidents of traction power supply system of high-speed railway[C]. 2013 International Conference on Electrical and Information Technologies for Rail Transportation，EITRT2013,2013：7-9.

[4] 岳朝龙，黄永兴. SAS 与现代经济统计分析[M]. 合肥：中国科学技术大学出版社，2009：216-220.

[5] 程宏波，伦利. 牵引变电所雷击灾害风险评估[J]. 城市轨道交通研究，2012,15(12)：65-68.

[6] International Electro-technical Commission. IEC62305. 2-2006. Protection against lightning. Part 2：Risk management[S]. 2006.

[7] 中华人民共和国国家标准化管理委员会. GB/T 21714. 2-2008 雷电防护. 第 2 部分：风险管理[S]. 北京：中国标准出版社，2008.